AF142224

Umfrage zum Forschungsdatenmanagement an der FH Potsdam

Projektbericht

Verlag der
Fachhochschule
Potsdam

Umfrage zum Forschungsdatenmanagement an der FH Potsdam

Projektbericht

Heike Neuroth und Michael Ortgiese (Hrsg.)

FH;P **Fachhochschule Potsdam**
University of
Applied Sciences

Verlag der
Fachhochschule
Potsdam

Impressum

**Verlag der
Fachhochschule
Potsdam**

Verlag der Fachhochschule Potsdam
www.fh-potsdam.de/verlag

Heike Neuroth (ORCID 0000-0002-3637-3154) und Michael Ortgiese (Hrsg.)
Umfrage zum Forschungsdatenmanagement an der Fachhochschule Potsdam

Projektbericht
© 2018 Fachhochschule Potsdam
Texte und Abbildungen in Verantwortung der Autorinnen und Autoren der Beiträge

ISBN	978-3-934329-95-9
URN	urn:nbn:de:kobv:525-20245
DOI	https://doi.org/10.5281/zenodo.1161792 (Projektbericht)
DOI	https://doi.org/10.5281/zenodo.1181895 (Forschungsdaten)

Layout und Satz: Melanie Ullrich
Herstellung und Vertrieb: tredition GmbH, Hamburg
Gesetzt in der TheAntiquaSun

Dieses Buch ist auch als freie Onlineversion über zenodo
https://doi.org/10.5281/zenodo.1161792, sowie über den
Publikationsserver der Fachhochschule Potsdam verfügbar.
http://nbn-resolving.de/urn/resolver.pl?urn:nbn:de:kobv:525-20245

Bibliografische Information der Deutschen Nationalbibliothek:
Die Deutsche Nationalbibliothek verzeichnet diese Publikation in der
Deutschen Nationalbibliografie; detaillierte bibliografische Daten sind im
Internet über http://dnb.d-nb.de abrufbar.

Die elektronische Version dieses Werks ist lizensiert
unter einer Creative Commons Namensnennung 4.0
International Lizenz (CC BY 4.0):
https://creativecommons.org/licenses/by/4.0/

Herausgeber

Heike Neuroth (ORCID 0000-0002-3637-3154)
Michael Ortgiese

Autorinnen und Autoren

Oleksandra Arndt, FH Potsdam
Laura Glatz, FH Potsdam
Benedikt Hummel, FH Potsdam (ORCID 0000-0003-2016-7441)
Magdalena Porst, FH Potsdam (ORCID 0000-0003-2884-1445)
Wassili Schabalowski, FH Potsdam
Sophia Skubatz, FH Potsdam

**Masterprojekt im Fachbereich Informationswissenschaften
der FH Potsdam, Wintersemester 2017/2018
Magdalena Porst, Laura Glatz, Wassili Schabalowski, Sophia Skubatz,
Heike Neuroth, Oleksandra Arndt, Benedikt Hummel (von links nach rechts)**

Inhalt

Abkürzungsverzeichnis

BMBF	Bundesministerium für Bildung und Forschung
DFG	Deutsche Forschungsgemeinschaft
DMP	Datenmanagementplan
ETH Zürich	Eidgenössische Technische Hochschule ETH Zürich
FAIR	Findable, Accessible, Interoperable, Reusable
FB	Fachbereich
FDM	Forschungsdatenmanagement
FHP	Fachhochschule Potsdam
HU Berlin	Humboldt-Universität zu Berlin
IaF	Institut für angewandte Forschung Urbane Zukunft
OECD	Organisation für wirtschaftliche Zusammenarbeit und Entwicklung
QUAMP	Sociolutions QUAMP, Modul qSurveyor
SNF	Schweizerischer Nationalfonds zur Förderung der wissenschaftlichen Forschung
TH	Technische Hochschule
WWU Münster	Westfälische Wilhelms-Universität Münster

Abbildungs- und Tabellenverzeichnis

Entgegen der wissenschaftlichen Praxis, dass in einer Arbeit Tabellen und Abbildungen in getrennten Verzeichnissen aufgeführt werden, wurde in dieser Dokumentation darauf verzichtet. Diese Entscheidung wurde getroffen, um für das jeweilige Antwortverhalten eine angemessene Darstellungsform wählen zu können, ohne den Lesefluss einer eindeutigen Nummerierung, kongruent der Fragenummerierung, unterbrechen zu müssen.

Vorwort

Forschungsdaten, Forschungsdatenmanagement und Forschungsinfrastrukturen spielen eine immer größer werdende Rolle. Auch der aktuelle Koalitionsvertrag (Stand April 2018) dokumentiert (ab Zeile 1390): „Wir wollen mit einer nationalen Forschungsdaten-Infrastruktur wissenschaftliche Datenbestände systematisieren und einen nachhaltigen Zugang sicherstellen. So stärken wir unser Wissenschaftssystem auch für den internationalen Wettbewerb."

Um Datenbestände zu systematisieren und nachhaltig zugänglich machen zu können, brauchen wir zuerst an den jeweiligen Einrichtungen einen Überblick darüber, ob und welche Forschungsdaten anfallen und mit welchen Maßnahmen die Wissenschaftlerinnen und Wissenschaftler dabei unterstützt werden können, von ihnen erhobene und weiterverarbeitete oder nachgenutzte Forschungsdaten wieder in den Forschungskreislauf zurückzuführen. Die nachvollziehbare Dokumentation und Publikation von Forschungsdaten dient dabei nicht nur der Kostenersparnis, sondern auch der Transparenz und Validität von Forschungserkenntnissen.

An der Fachhochschule Potsdam wurde dazu Ende 2017 eine Umfrage gestartet, die im Rahmen eines Master-Projekts im Fachbereich Informationswissenschaften konzipiert, durchgeführt, ausgewertet und veröffentlicht wurde. Die Studierenden haben sich dabei nicht nur inhaltlich mit der Thematik Forschungsdaten(management) beschäftigt, sondern auch in vorbildlicher Art ihre eigenen Forschungsdaten dokumentiert und publiziert. Es ist die erste Umfrage dieser Art, die an einer Fachhochschule in Deutschland durchgeführt wurde. Zu Beginn stand die These im Raum, dass an Fachhochschulen keine nennenswerten Forschungsdaten anfallen und es wohl von Seiten der Wissenschaftlerinnen und Wissenschaftler kaum Bedarfe und Wünsche bezüglich Unterstützungsmaßnahmen gibt. Die Ergebnisse der Umfrage überraschen daher in mehreren Punkten.

An dieser Stelle sei dem Studierenden-Projektteam sehr gedankt, welches sich mit großem Engagement und nicht nachlassender Sorgfalt weit über den veranschlagten zeitlichen Rahmen hinaus eingebracht hat – ohne diesen Einsatz wären wir nicht so weit gekommen! Auch der Gesellschaft der Freunde und Förderer der Fachhochschule Potsdam e.V. sei für das Sponsoring des Gewinnpreises herzlich gedankt. Des Weiteren gebührt Frau Dr. Bettina Röder ein großes Dankeschön für ihre Hilfe und Beratung bei der Auswertung der Umfrageergebnisse. Für die Gestaltung des Gutscheins sei Herrn Nikolas Ripka vom Fachbereich Design gedankt. Und nicht zuletzt hat der Forschungsreferent Herr Matthias Hauf das Vorhaben eng begleitet und stand jederzeit bei Fragen, zeitlichen Engpässen etc. unkompliziert zur Verfügung. Dafür ein großes Dankeschön.

Zusammen mit allen Beteiligten hoffen wir, dass diese Publikation hilfreiche Anregungen und Anleitungen für ähnlich gelagerte Vorhaben gibt und freuen uns über fachlichen Austausch.

Heike Neuroth und Michael Ortgiese
Potsdam im April 2018

1. Einleitung, Zielsetzung und Motivation

Forschungsdaten bilden die Grundlage für daraus folgende Forschungsergebnisse und stellen somit einen wesentlichen Bestandteil für die Erkenntnisgewinnung in den verschiedenen Wissenschaften dar. Die durch Forschungsdaten gewonnenen Erkenntnisse spiegeln sich in unterschiedlichen wissenschaftlichen Anwendungsbereichen wider und finden auch Eingang in den aktuellen öffentlichen Diskurs über die Schlagworte Open Science[01] und Open Research Data[02]. Zudem spielen, neben klassischen Beiträgen in Form von Monographien oder Zeitschriftenartikeln, sogenannte Datenpublikationen in Data-Journals[03] eine immer bedeutendere Rolle.

Mit dieser Entwicklung einhergehend empfiehlt auch die Deutsche Forschungsgemeinschaft (DFG) im Herbst 2015 in ihren Leitlinien zum Umgang mit Forschungsdaten, „Forschungsdaten in der eigenen Einrichtung oder in einer fachlich einschlägigen, überregionalen Infrastruktur für mindestens 10 Jahre"[04] zu archivieren. Ein nachhaltiges Forschungsdatenmanagement (FDM) verfolgt somit das Ziel, eine Qualitätssicherung innerhalb der Wissenschaft anzustreben, die eine langfristige Nachprüfbarkeit von wissenschaftlichen Ergebnissen gewährleistet. Zum anderen wird der Erkenntnisgewinn durch Nachnutzung von Daten für Meta- oder Re-Analysen wesentlich verbessert. Zur aktuellen Umsetzung des FDM ist ein Datenmanagementplan (DMP) das Instrument der Wahl. In diesem werden systematisch Informationen dokumentiert, die für das Handling von Forschungsdaten essentiell sind, wie beispielsweise die Ordnung und Strukturierung (einheitliche Benennung von Dateien und Ordnern), Metadaten, Speicherung und Backup, Sicherheit und Zugriffsrechte, Langzeitarchivierung sowie die Publikation von Forschungsdaten. Auch von Seiten des Bundesministeriums für Bildung und Forschung (BMBF) wird beispielsweise in der „Richtlinie zur Förderung transnationaler Verbundvorhaben auf dem Gebiet der Systemmedizin" gefordert, dass ein DMP in allen Projektanträgen zum oben genannten Förderbereich enthalten sein muss.[05]

Wer aktuell beim Schweizerischen Nationalfond zur Förderung der wissenschaftlichen Forschung (SNF), dem Pendant zur DFG in der Schweiz, einen Projektantrag stellt, muss zum Zeitpunkt der Antragseinreichung einen von der SNF vordefinierten DMP mit Mindestanforderungen vorlegen beziehungsweise

---

01 vgl. Helmholtz-Gemeinschaft. 2018. „Helmholtz Open Science: Helmholtz Open Science". 2018. http://os.helmholtz.de/.

02 vgl. Europäische Kommission. 2017. „Open Research Data". 2017. https://ec.europa.eu/research/openscience/index.cfm?section=monitor&pg=researchdata.

03 vgl. „Scientific Data", zugegriffen 3. Dezember 2017, https://www.nature.com/sdata/.

04 s. Deutsche Forschungsgemeinschaft, 2015. „Leitlinien zum Umgang mit Forschungsdaten". 2015. S. 1. http://www.dfg.de/download/pdf/foerderung/antragstellung/forschungsdaten/richtlinien_forschungsdaten.pdf.

05 vgl. Bundesministerium für Bildung und Forschung. 2017. „Bekanntmachung – Richtlinie zur Förderung transnationaler Verbundvorhaben auf dem Gebiet der Systemmedizin innerhalb des ERA-Netzes ERACoSysMed". Bundesministerium für Bildung und Forschung – BMBF. 2017. https://www.bmbf.de/foerderungen/bekanntmachung-1309.html.

ausfüllen.[06] Es findet sich ebenfalls ein Vorschlag für die Gestaltung eines DMP vonseiten des SNF, der konkrete Themenfelder eines DMP auflistet wie

- Datenerhebung und -dokumentation,
- ethische, rechtliche und Sicherheitsfragen,
- Datenspeicherung und Datenerhalt und
- Datenaustausch und Weiterverwendung von Daten.

Zu den Themenfeldern werden jeweils zwei bis vier Fragen gestellt, deren Beantwortung aus Sicht des SNF zu einem dezidierten DMP führt.[07]

Auch im europäischen Forschungskontext wird im aktuellen Rahmenprogramm Horizon 2020 der Wert von frei zugänglichen Forschungsdaten - neben Open-Access-Publikationen - erkannt, finanziell gefördert und gefordert. Daten, die im Rahmen von fast allen EU-Projekten anfallen, sind standardmäßig („by default") frei zur Verfügung zu stellen. Ein DMP, der sich an den Kriterien „Findable, Accessible, Interoperable, Reusable" (FAIR) orientiert, muss zu Beginn eines Projektes vorgelegt werden: „After the project has started, beneficiaries of the ERC projects participating in the ORD Pilot have to formulate a Data Management Plan (DMP), a brief plan to define what data sets the project will generate or process, whether and how the data will be made accessible, and how they will be curated, stored and preserved. The DMP should also provide information on the measures taken to safeguard and protect sensitive data."[08]

An dieser Stelle sei auch auf zwei aktuelle Publikationen hingewiesen, die das Thema Forschungsdaten aufgreifen und weiterdenken. Zum einen werden im Bericht „Business models for sustainable research data repositories" der Organisation für wirtschaftliche Zusammenarbeit und Entwicklung (OECD) die Langzeitverfügbarkeit von Forschungsdaten im Zusammenhang mit der enormen Herausforderung zur Finanzierung dieser Infrastruktur betrachtet.[09] Zum anderen trägt der Knowledge-Exchange-Bericht „The Evolving Landscape of Federated Research Data Infrastructures" dem aktuellen Umstand Rechnung, dass Forschungsdaten vermehrt im Verbund unterschiedlicher Akteure, die sich im Bereich Forschung und Forschungsinfrastrukturen etabliert haben, in Forschungsdaten-Repositorien abgelegt, genutzt und wiederverwendet werden. Um die zunehmende Komplexität, aber auch die bevorstehenden Herausforderungen auf dem Gebiet föderierter Forschungsdateninfrastrukturen besser

---

06   vgl. Schweizerischer Nationalfonds zur Förderung der wissenschaftlichen Forschung. 2017. „Data Management Plan (DMP) - Leitlinien für Forschende". http://www.snf.ch/de/derSnf/ forschungspolitische_positionen/open_research_data/Seiten/data-management-plan-dmp-leitlinien-fuer-forschende.aspx.

07   vgl. dazu ausführlich Schweizerischen Nationalfond zur Förderung der wissenschaftlichen Forschung. 2017. „Data Management Plan – mySNF Formular". 2017. http://www.snf.ch/SiteCollection Documents/DMP_content_mySNF-form_de.pdf.

08   s. European Research Council. 2017. S. 6 „Guidelines on Implementation of Open Access to Scientific Publications and Research Data". 2017. http://ec.europa.eu/research/participants/data/ref/ h2020/other/hi/oa-pilot/h2020-hi-erc-oa-guide_en.pdf.

09   vgl. OECD. 2017. „Business Models for Sustainable Research Data Repositories" https://doi.org/10.1787/302b12bb-en.

verstehen zu können, wurden 16 Interviews mit Forschungsdateninfrastruktureinrichtungen geführt, wie beispielsweise aus Deutschland GeRDI – Generic Research Data Infrastructure, GFBio – German Federation for Biological Data und DNA Bank Network/GGBN – Global Genome Biodiversity Network.[10]

Inner- und außerhalb Deutschlands wird das Thema Forschungsdaten, wie bereits oben angeführt, breit diskutiert. Wie gestaltet sich jedoch konkret der Umgang mit Forschungsdaten an der Fachhochschule Potsdam (FHP)? Forschungsdaten und FDM spielen keine große Rolle an der FHP. Das ist eine Hypothese der Studierenden-Arbeitsgruppe, die sich mit dem Umgang von Forschungsdaten an der FHP im Wintersemester 2018 beschäftigt hat.

In diesem Bericht wird auf die oben genannte Situation näher eingegangen und die Lage an der FHP mit ihren multidisziplinären Studiengängen bezüglich des Umgangs von Professor(inn)en, akademischen Mitarbeiter(inne)n und Doktorand(inn)en/Stipendiat(inn)en mit Forschungsdaten erstmals systematisch beleuchtet. Ausgangspunkt dafür bildet eine Bestandsaufnahme der verfügbaren Forschungsdaten an der FHP in Form einer Umfrage, in der die Eigenschaften, die aktuelle Praxis in der Erhebung, (Nach-)Nutzung, Archivierung und Zugänglichkeit von Forschungsdaten und Anforderungen an mögliche Serviceleistungen erhoben werden.

2. State of the Art

Um sowohl die Umfrage zum FDM an der FHP als auch die Analyse der Daten und Ergebnisse in einen Kontext zu setzen, erfolgt an dieser Stelle eine Zusammenfassung bisher veröffentlichter Erhebungen zur gleichen Thematik und Fragestellung. Die Zusammenfassung beschränkt sich auf in Deutschland durchgeführte Erhebungen, die sich sowohl in der Zielsetzung als auch von den jeweiligen Voraussetzungen, ausgehend von der an der FHP durchzuführenden Umfrage, gleichen. Neben diesem Kriterium wurde ebenfalls beachtet, dass bei den berücksichtigten Umfragen eine Dokumentation bzw. ein Projektbericht einsehbar ist. Die Projektberichte enthalten weitergehende Informationen über den genauen Projektverlauf, inklusive Angaben zum Fragebogen, zu den Teilnehmer(inne)n sowie zur Auswertung.

Dennoch soll an dieser Stelle darauf hingewiesen werden, dass auf internationaler Ebene bereits vielfach Umfragen zum FDM, auch in verschiedenen Fachdisziplinen und anhand unterschiedlicher Fragestellungen, durchgeführt wurden. Die folgenden Nennungen stellen daher nur einen knappen und beispielhaften Ausschnitt dar. Beispielsweise wurden bereits 2012 an der Eidgenössische Technische Hochschule (ETH) Zürich in der Schweiz[11] sowie an der

---

10 vgl. Goldstein, Stephane. 2017. „The Evolving Landscape Of Federated Research Data Infrastructures". Zenodo. https://doi.org/10.5281/zenodo.1064730.

11 vgl. Töwe, Matthias. 2012. „Langzeitarchivierung von Forschungsdaten – und mehr", gehalten auf der Bibliothek Information Schweiz: Kongress 2012, Konstanz. https://www.sbt.ti.ch/doc/forum/BIS_Konstanz_2012/Bytes_Bibliothek/Matthias_Toewe_Langzeitarchivierung.pdf.

University of Oxford in England[12] Befragungen zum FDM durchgeführt. Im Jahr 2014 folgte die Präsentation der Ergebnisse einer Umfrage an der University of Central Florida.[13] Darauf folgten im Jahr 2015 die Umfragen in Österreich von e-infrastructures Austria[14] sowie in Frankreich die Befragung der Université de Lille 3.[15] Einen ausführlichen sowie internationalen Überblick über FDM an Hochschulen geben Marleen Burger et. al.[16]

Festzuhalten ist, dass die jetzige Umfrage an der FHP einer ersten Erhebung zum Umgang mit Forschungsdaten dient, da hierzu bislang keine Daten erfasst wurden. Aus diesem Grund werden zu der gleichen Thematik publizierte Umfragen an Hochschulen in Deutschland nachfolgend vorgestellt und hinsichtlich des Erhebungsjahres, ihrer Laufzeit, Zielgruppe, Beteiligung etc. zusammengefasst.

Seit dem Jahr 2013 wurden neun Umfragen zum FDM an deutschen Hochschulen durchgeführt und veröffentlicht.[17] Zusätzlich ist hier die 2014 erfolgte Umfrage am Deutschen Archäologischen Institut zu nennen.[18] Diese Umfrage wird aufgrund der bereits beschriebenen Kriterien sowie aufgrund der publizierten Projektdokumentation in die Betrachtungen miteinbezogen. Eine Ausnahme bilden auch die an der Technischen Hochschule (TH) Brandenburg durchgeführten Interviews, deren Ergebnisse in einer Masterarbeit behandelt und veröffentlicht wurden. Der entscheidende Aspekt ist hierbei, dass die TH Brandenburg ebenfalls eine Hochschule des Landes Brandenburg ist. Auch die 2016 im Rahmen einer Masterarbeit erstellte Anforderungsanalyse, die sich mit dem FDM an der TH Brandenburg befasst, wurde berücksichtigt.[19] Die erste Universität, die eine solche Erhebung in Auftrag gegeben hat, war die Hum-

---

12   vgl. Wilson, James A. J. 2015. „University of Oxford Research Data Management Survey, 2012". https://doi.org/10.5072/bodleian:s4655h060.

13   vgl. Beile, Penny. 2014. „The UCF research data management survey report". In: University of Central Florida. https://works.bepress.com/penny-beile/16/.

14   vgl. Bauer, Bruno, Andreas Ferus, Christian Steineder, Juan Gorraiz, Veronika Gründhammer, Christian Gumpenberger, Nikolaus Maly u. a. 2015. „Forschende und ihre Daten. Ergebnisse einer österreichweiten Befragung: Report 2015". https://phaidra.univie.ac.at/view/o:407513.

15   vgl. Prost, Hélène, Cécile Malleret und Joachim Schöpfel. 2015. „Hidden Treasures: Opening Data in PhD Dissertations in Social Sciences and Humanities". Journal of Librarianship and Scholarly Communication 3 (2). https://doi.org/10.7710/2162-3309.1230.

16   vgl. Burger, Marleen, Maxi Kindling, Lisa Liebenau, Claudia Lienhard, Svantje Lilienthal, Paulina Plewka, Svenia Pohlkamp u. a. 2013. „Forschungsdatenmanagement an Hochschulen". Report. Humboldt-Universität zu Berlin, Philosophische Fakultät I. http://dx.doi.org/10.18452/13561.

17   Anm.: Die Umfrageergebnisse der Universität Potsdam wurden dem Projektteam vor ihrer Veröffentlichung zur Verfügung gestellt.

18   vgl. IANUS-Forschungsdatenzentrum Archäologie & Altertumswissenschaften. 2015. „Stakeholderanalyse zu Forschungsdaten in den Altertumswissenschaften". IANUS - FDZ Archäologie & Altertumswissenschaften. https://doi.org/10.13149/000.jah37w-q.

19   Anm.: Bei der an der TH Brandenburg erstellten Analyse handelt es sich nicht um eine Befragung, sondern um Einzelinterviews mit ausgewählten Personen. Vgl. dazu Heinrich, Marcus. 2016. „Forschungsdatenmanagement an der Technischen Hochschule Brandenburg". https://opus4.kobv.de/opus4-fhpotsdam/frontdoor/index/index/docId/1336.

boldt-Universität (HU) zu Berlin.[20]

Für einen besseren Überblick werden die Umfragen nach ihren Erhebungs-jahren und Instituten aufgeführt:

- 2013: HU Berlin
- 2014: Christian-Albrechts-Universität zu Kiel[21], Deutsches Archäolo-gisches Institut, Philipps-Universität Marburg[22], Westfälische Wilhelms-Universität (WWU) Münster[23]
- 2015: Leibniz Universität Hannover[24]
- 2016: Technische Universität (TU) Hamburg[25], Universität Trier[26], TH Brandenburg[27]
- 2017: Universität Potsdam[28]

Im Folgenden werden die Rahmenbedingungen der Umfragen vorgestellt und verglichen.

Der Zeitraum der Teilnahmemöglichkeit der Umfrage lag bei mindestens drei Wochen (WWU Münster), höchstens aber bei sechs Wochen (HU Berlin). Sofern eine Erinnerungs-Mail versendet wurde, geschah dies eine Woche vor Beendi-gung der Umfrage (TU Hamburg und Universität Trier).

Der Umfang der gestellten Fragen beziehungsweise die gesamte Anzahl der Fragen wich ebenso voneinander ab. Dies ist auf die unterschiedliche Ausrich-

---

20 vgl. Simukovic, Elena, Maxi Kindling und Peter Schirmbacher. 2013. „Umfrage zum Umgang mit digitalen Forschungsdaten an der Humboldt-Universität zu Berlin". Report. http://dx.doi.org/10.18452/13568.

21 vgl. Paul-Stüve, Thilo, Georg Rasch und Sören Lorenz. 2015. „Ergebnisse der Umfrage zum Umgang mit digitalen Forschungsdaten an der Christian-Albrechts-Universität zu Kiel (2014)". Zenodo. https://doi.org/10.5281/zenodo.32582.

22 vgl. Krähwinkel, Esther. 2015. „Forschungsdatenmanagement an der Philipps-Universität Marburg. Die Ergebnisse der Umfrage zum Forschungsdatenmanagement im November 2014". https://doi.org/10.17192/es2015.0019.

23 vgl. Herwig, Sebastian, Raimund Vogl und Dominik Rudolph. 2014. „Forschungsdatenmanagement an der WWU. Ergebnisse einer Umfrage zu Status Quo & Entwicklungsperspektiven." http://www.forschungsdaten.org/images/3/36/Herwig_FDM_Umfrage_DINI_nestor_201401002_web.pdf.

24 vgl. Hauck, Reingis, Reiko Kaps, Hans Georg Krojanski, Anneke Meyer, Janna Neumann und Volker Soßna. 2016. „Der Umgang mit Forschungsdaten an der Leibniz Universität Hannover. Auswertung einer Umfrage und ergänzender Interviews 2015/16". Report. Hannover: Institutionelles Repositorium der Leibniz Universität Hannover. http://dx.doi.org/10.15488/265.

25 vgl. Feldsien-Sudhaus, Inken und Beate Rajski. 2016. „Digitale Forschungsdaten für die Zukunft sichern: Umfrage zum Umgang mit Forschungsdaten an der TU Hamburg: Auswertung". https://doi.org/10.15480/882.1326.

26 vgl. Lemaire, Marina, Yvonne Rommelfanger, Jan Ludwig, Alexander Lürken-Uhl, Benjamin Merkler und Peter Sturm. 2016. „Umgang mit Forschungsdaten und deren Archivierung. Bericht zur Online-Bedarfserhebung an der Universität Trier". 2016. http://nbn-resolving.de/urn:nbn:de:hbz:385-10156.

27 vgl. Heinrich, Marcus 2016.

28 Anm.: Die Ergebnisse dieser Umfrage lagen dem Projektteam vor.

tung der Umfragen zurückzuführen. Außerdem kann die jeweilige innere Struktur der einzelnen Umfrage, die je nach Antwortauswahl verschiedene Stränge enthielt, eine Rolle spielen. Die Umfrage am Deutschen Archäologischen Institut war mit 16 Fragen diejenige mit dem geringsten Umfang an Fragen. Die höchste Anzahl an Fragen hatte die Befragung an der Universität Kiel mit 68 Fragen.

Die Fragebogen folgten unterschiedlichen Strukturen. Erhoben wurden Angaben zu Aspekten wie dem/der Teilnehmer(in), dem Fachbereich oder der Zugehörigkeit zum jeweiligen Institut, Fragen zu Datentypen (Art und Umfang), Datenspeicherung und Datensicherung, Zugang und Zugriff, Datenrepositorien, Richtlinien und Leitlinien, Servicebedarf sowie Problemen.

Die Zielgruppen der Umfragen umfassten Studierende, Lehrende, Promovierende, technische und wissenschaftliche Mitarbeiter(innen), IT-Beauftragte, studentische Mitarbeiter(innen) sowie insbesondere Bachelor- und Masterabsolvent(innen). Oftmals wurde die Gruppe der Studierenden, inklusive der Absolvent(innen), nicht befragt, so zum Beispiel an der Universität Trier, der Philipps-Universität Marburg oder der TU Hamburg. Auch wurde die Verwaltung als Zielgruppe nicht eingebunden.

Die Zahl der befragten Personen schwankte aufgrund der unterschiedlichen Größe der Institutionen sowie der jeweiligen Auswahl der Befragungsgruppen in jeder der Umfragen stark. So wurden an der TU Hamburg 751 Personen zur Umfrage eingeladen, an der WWU Münster hingegen 6.000 Personen.

Die Beteiligung bei allen Umfragen bewegte sich insgesamt im unteren Viertel: Die niedrigste Beteiligung hatte die Universität Kiel mit nur 6,6 % zu verzeichnen. Insgesamt wurden 3.283 Personen befragt, von denen 218 den Fragebogen beantwortet haben. Die höchste Beteiligung mit 24 % erzielte die HU Berlin. Insgesamt wurden ca. 2.079 Personen[29] befragt, von denen 499 teilgenommen und 446 Personen einen vollständig ausgefüllten Fragebogen abgesendet haben.

Wünschenswert wäre es gewesen, zusätzlich zu den Angaben zur Beteiligung in den Dokumentationen anzumerken, inwiefern angefangene beziehungsweise abgebrochene Fragebögen in die Wertung miteinbezogen oder inwieweit die Ergebnisse hiervon bereinigt worden sind. Eine Vergleichbarkeit zu anderen Umfragen ist somit nicht vollständig gegeben.

Die technische Umsetzung wurde mit Hilfe folgender Tools umgesetzt (sofern diese in den Veröffentlichungen Erwähnung fanden):

- UPsurvey/QUAMP (kurz für „Sociolutions QUAMP, Modul qSurveyor")[30]: Universität Potsdam
- LimeSurvey[31]: HU Berlin, Universität Hannover, WWU Münster

---

29 Anm.: Diese Schätzung berechnet sich anhand der Angaben zur relativen und absoluten Beteiligung der HU Berlin.

30 Sociolutions GmbH. 2018. „QUAMP". 2018.
    https://www.sociolutions.de/article/quamp-software.html.

31 LimeSurvey GmbH. 2018. „LimeSurvey". 2018. https://www.limesurvey.org/de/.

- Questback/EFS Survey 10.3[32]: Universität Marburg
- Softwaresystem Unipark[33]: Universität Trier

Ziel und inhaltliche Basis der hier aufgeführten Umfragen war die Erhebung von Daten zu den Themen Umgang mit Forschungsdaten und FDM. Die Ergebnisse boten eine solide Grundlage, um Serviceleistungen und Beratungsangebote für die jeweilige Hochschule – anhand der spezifischen Voraussetzungen der unterschiedlichen Einrichtungen – zu entwickeln.

Bei der Analyse des aktuellen Forschungsstands und der Befragungen sind einige Punkte aufgefallen. Es gilt aufzuzeigen, welche Aspekte der bisher erfolgten Umfragen zu diskutieren und zu verbessern sind.[34]

So ist besonders die geringe Beteiligung an den betrachteten Umfragen zum FDM auffällig. Teilweise liegt die Teilnahmequote so niedrig, dass zum Teil keine repräsentativen Ergebnisse erzielt wurden. Fraglich war also, mit welchen Mitteln der Rücklauf erhöht werden kann, sodass eine repräsentative Teilnahmequote erreicht wird. In einigen Studien wurde bestätigt, dass ein Zusammenhang zwischen einer hohen Teilnahmequote sowie einem ausgeschriebenen Gewinn besteht.[35] Aus diesem Grund wurde beschlossen, als Anreiz für die Teilnahme einen Preis auszuschreiben, der an den Fachbereich mit der höchsten Beteiligung an der Umfrage vergeben wird. Dies stellte ebenfalls sicher, dass sich alle Fachbereiche und Institute gleichermaßen beteiligten. Zusätzlich wurde so auch eine Motivation durch den Wettbewerbsgedanken zwischen den verschiedenen Fachbereichen[36] geschaffen.

Neben der geringen Rücklaufquote fällt auf, dass unklare Angaben zu der Teilnahmequote gemacht werden. Es ist nicht immer ersichtlich, inwiefern abgebrochene oder unvollständig ausgefüllte Fragebögen mit in die Ergebnisanalyse einbezogen wurden. Wünschenswert ist daher für die Umfrage an der FHP, dass transparent dargestellt wird, in welcher Art und Weise sich die Rücklaufquote zusammensetzt, da dies ebenfalls die Ergebnisse erheblich beeinflusst.

Insgesamt wird als Ziel für die FHP-Umfrage die Verbesserung der Transparenz sowie eine höhere Umfragebeteiligung festgehalten.

---

32 Questback GmbH. 2018. „Questback". https://www.questback.com/de/online-befragungstool/.

33 Unipark & QuestBack. 2018. „Unipark". https://www.unipark.com/.

34 Anm.: Feststehende Bedingungen, wie beispielsweise der Zeitraum der Befragung, sind hiervon ausgenommen.

35 vgl. Fick, Patrick und Claudia Diehl. 2013. „Incentivierungsstrategien bei Minderheitenangehörigen: Ergebnisse eines Methodenexperiments". Methoden, Daten, Analysen 7 (1):59–88. https://doi.org/10.12758/mda.2013.003, S. 63f.

36 Anm.: Bei dem Wettbewerb und der Vergabe des Preises wurden Institute, wie beispielsweise das Institut für angewandte Forschung Urbane Zukunft (IaF), aufgrund der kleineren Größe und damit besseren Wettbewerbschancen der Fairness halber ausgeschlossen.

3. Projektbegleitung

In diesem Kapitel erfolgt eine kurze Beschreibung zur Erstellung des Projektberichts sowie zu den Rahmenbedingungen der Umfrage. Des Weiteren werden im ersten Unterkapitel 3.1 Projektmanagement die projektorganisatorischen Aspekte der Durchführung der Umfrage beleuchtet.

3.1 Projektmanagement

Um das Projekt und die Umfrage zum Umgang mit Forschungsdaten durchzuführen sowie die anfangs aufgestellte Forschungsfrage mit ihren Spezifikationen zu beantworten, ist der Einsatz von Methoden und Strategien des Projektmanagements unumgänglich.

Im Rahmen des 2. Mastersemesters Informationswissenschaften am Fachbereich Informationswissenschaften der FHP haben sich für die Durchführung des Master-Projekts zum einen eine Projektleitung, zum anderen ein Projektteam, im vorliegenden Fall bestehend aus sechs Mitgliedern, gefunden. Zu betonen ist an dieser Stelle, dass die Projektmitglieder aus unterschiedlichen Fachrichtungen (Archiv, Bibliothek und Dokumentation) stammen und mit unterschiedlichen Fähigkeiten sowie heterogenem Wissensstand ihre Arbeit mit in das Projekt tragen. Die Projektleitung erfolgt durch Prof. Dr. Heike Neuroth.

In regelmäßigen, wöchentlichen Sitzungen findet der Austausch der Projektleitung sowie der Projektmitglieder statt. Hierbei wird anfangs die Agenda für das Zusammentreffen festgelegt und miteinander besprochen. Die Zusammenkünfte werden von einem Teammitglied dokumentiert und allen Gruppenmitgliedern im Anschluss an die Sitzung zur Verfügung gestellt. Festgehalten werden Inhalte, Entscheidungen, Aufgaben sowie offene Fragen.[37] Diese Sitzungsdokumentation dient als Werkzeug, um die gemeinsame Arbeit zu strukturieren und zu organisieren.

Innerhalb der Projektgruppe werden verschiedene, temporäre Unterarbeitsgruppen gebildet, die gemeinsam bestimmte Aufgabenbereiche in Arbeitsteilung erarbeiten, welche anschließend mit der gesamten Gruppe besprochen werden. Die Unterarbeitsgruppen werden im Verlauf des Projekts unterschiedlich zusammengesetzt und richten sich nach den anstehenden und zu erledigenden Aufgaben. Dieser Austausch ist notwendig, damit alle Teammitglieder sowie die Projektleitung auf dem gleichen Kenntnisstand sind. Zusätzlich hierzu werden einzelne Personen mit verschiedenen Aufgaben betraut, für die sie verantwortlich sind.

Bestandteil jeder Gruppensitzung ist die Überprüfung der zeitlichen Zielsetzungen und Vorgaben. Dies erfolgt mithilfe eines ständig aktualisierten GANTT-Charts.[38] Hierin werden einzelne Projektschritte und -fortschritte, Zielvorgaben,

---

37   s. Anhang 01 Sitzungsdokumentation

38   s. Anhang 02 GANTT-Chart

Termine und der gesamte zeitliche Rahmen sowie Management des Projekts festgehalten. Das GANTT-Chart dient als Tool für das Zeitmanagement, damit regelmäßig geprüft werden kann, inwiefern gesetzte Termine und Aufgaben eingehalten und erledigt werden. Um eventuelle Risiken zu erkennen und ihnen entgegen zu wirken, wird zum Anfang der Projektarbeit eine Fehler- und Risikoanalyse aufgestellt, die im Laufe des Projekts spezifiziert und an die aktuelle Situation angepasst wird.[39]

3.2 Erstellung des Projektberichts

Der kollaborativ erstellte Projektbericht stellt das Projektergebnis dar. Hierin werden Zielsetzung und Motivation, Stand der Forschung, Methodik, technische Umsetzung der Befragung, Durchführung der Befragung, Ergebnisse der Umfrage, Datenauswertung und die Analyse der gewonnenen Daten sowie Fazit und Ausblick beschrieben. Verschiedene Teammitglieder haben somit in Aufgabenteilung die unterschiedlichen Kapitel verfasst, korrigiert und miteinander in Beziehung gesetzt.

Das gemeinschaftliche Arbeiten am Projektbericht erforderte ein hohes Maß an Verbindlichkeit und Absprachen. Die erste Version des Berichts wurde auf der Plattform Google Drive, in einem für alle Projektmitglieder freigeschalteten Ordner, erstellt. Nachdem die erste stabile Fassung des Berichts fertiggestellt wurde, wurden mehrere Korrekturen von verschiedenen Personen vorgenommen. Hierfür wurde der Bericht mit jeweils einer neuen Versionsnummer bezeichnet und ausschließlich per E-Mail, inklusive eines Statusberichts über erfolgte und notwendige Änderungen, weitergeleitet.

Ein weiteres Beispiel für das kollaborative Arbeiten stellt die Software „Zotero" dar.[40] Über dieses Programm haben alle Teammitglieder die von ihnen verwendete Literatur in einer gemeinsamen Gruppe gesammelt, sodass es möglich war, einen gemeinsamen Zitationsstil sowie ein einheitliches Literaturverzeichnis zu erstellen.[41]

---

39 s. Anhang 03 Risiko- und Fehleranalyse

40 Roy Rosenzweig Center for History and New Media. 2018. „Zotero", https://www.zotero.org/

41 Anm.: Der im Dokument verwendete Zitationsstil ist der „Chicago Manual of Style 17th edition".

4. Methodisches Vorgehen

Die Konzeptentwicklung sowie die Erstellung des Fragebogens zum Umgang mit digitalen Forschungsdaten an der FHP erfolgten in Anlehnung an zehn weitere Umfragen zum FDM an deutschen Einrichtungen. Sie wurde in vier Arbeitsschritten durchgeführt. Simultan wurde nach einem geeigneten Umfragetool recherchiert sowie systematische Tests mit denselben durchgeführt. Hierbei wurde bei jedem einzelnen Schritt die zukünftige Auswertung des Fragebogens bedacht. Nähere Erläuterungen zur Auswertung finden sich in Kapitel 7.

4.1 Zielgruppe

Im September 2017 waren laut der Personalabteilung der FH Potsdam an derselben 110 Professor(inn)en (Wintersemester 2017/2018), 107 Akademische Mitarbeiter(innen) (ebenda), 149 nicht-wissenschaftliche Mitarbeiter(innen) (ebenda) sowie 3.438 Studierende (Wintersemester 2016/2017) beschäftigt beziehungsweise immatrikuliert.

Als Zielgruppen der Umfrage wurden die an der Fachhochschule tätigen Professor(inn)en, akademische Mitarbeiter(innen) sowie Doktorand(inn)en definiert. Die Studierenden der FHP wurden bei der Umfrage als Zielgruppe indirekt berücksichtigt, indem ihre Arbeiten mit den dazugehörigen Forschungsdaten zum Forschungsdatenbestand des/der jeweiligen betreuenden Dozenten(in) gezählt wurden.

Für die korrekte Rücklaufquote hat sich die Projektgruppe darauf geeinigt, im November 2017 kurz vor dem Start der Umfrage noch einmal aktuelle Zahlen bezüglich der zuvor gewählten Zielgruppe abzufragen.[42] Somit ergaben sich im November 2017 die folgenden Eckdaten:

Fachbereich	Professor(inn)en	Akademische Mitarbeiter(innen)
FB 1: Sozial- und Bildungswissenschaften	22	31
FB 2: Stadt | Bau | Kultur	24	12
FB 3: Bauingenieurwesen	17	14
FB 4: Design	27	18
FB 5: Informationswissenschaften	15	14
Institut für angewandte Forschung (IaF)	3	12
Zentrale Einrichtungen	1	7
Gesamt	109	108

Abbildung 1: Aufschlüsselung der personellen Verteilung von Professor(inn)en und Akademischen Mitarbeiter(inn)en per Fachbereich/Hochschuleinrichtung.

42   Für eine Auswahl der Email-Kommunikation s. Anhang 04 Emails

Die Anzahl der potentiellen Teilnehmer(innen) der Umfrage lag somit insgesamt bei 217 Teilnehmer(inne)n plus einer nicht näher spezifizierten Anzahl an Doktorand(inn)en, welche über ein Stipendium mit der FHP assoziiert sind.

4.2 Konzeption der Befragung

4.2.1 Inhaltliche/strukturelle Basis des Fragebogens

Für die inhaltliche sowie strukturelle Gestaltung des Fragebogens zum Umgang mit digitalen Forschungsdaten an der FHP wurden insgesamt zehn Umfragen, welche näher in Kapitel 2 beschrieben werden, ausgewählt und auf deren Inhalt, Struktur sowie das methodische Vorgehen bei deren Erstellung analysiert. Dies ist zum einen eine Gewährleistung der Vergleichbarkeit der Ergebnisse. Zum anderen beziehen sich die Umfragen der weiteren Hochschulen aufeinander, was für die inhaltliche sowie strukturelle Übernahme seitens der Umfrage der FHP unter Berücksichtigung der strukturellen Bedingungen sowie formalen Benennungen innerhalb der Fachhochschule spricht. Auch die Fragen sowie Themenkategorien bei den zehn analysierten Umfragen der anderen Hochschulen ähneln sich.

Die Erstellung des Fragebogens erfolgte in vier Arbeitsschritten:

Schritt 1: Inhaltsanalyse und Festlegung von Kategorien
In diesem Schritt wurden die zehn genannten Umfragen auf ihre inhaltliche Ausrichtung der Fragen beziehungsweise Themenkategorien sowie ihre Struktur und die verwendete Methodik untersucht. Die Umfragekategorien der durch die Universität Potsdam durchgeführten Umfrage aus dem Jahr 2017[43] wurden für die Konzeptentwicklung der Umfrage der FHP übernommen. Die insgesamt sieben Umfragekategorien decken den gesamten Lebenszyklus der Forschungsdaten ab und sollen den Unterstützungsbedarf des FDM ermitteln. Es sind folgende Umfragekategorien gegeben:

- (Angaben zum/zur Teilnehmer(in))
- Art und Umfang der Daten
- Speicherung und Sicherung der Daten
- Praktisches Datenmanagement
- Leitlinien
- Nutzung von Datenrepositorien
- Probleme und Unterstützungsbedarf

Schritt 2: Tabellarische Zusammenfassung
Nach der Festlegung der Umfragekategorien wurde eine Excel-Tabelle mit den oben erwähnten Kategorien sowie den entsprechenden Einrichtungen angelegt.[44]

---

43 Anm.: Die Umfrageergebnisse der Universität Potsdam wurden dem Projektteam vor ihrer Veröffentlichung zur Verfügung gestellt.

44 s. Anhang 05 Tabelle zur Übersicht und Vergleich bisher erfolgter Umfragen

Als nächstes wurden die einzelnen Fragen aus den zehn bestehenden Umfragen den einzelnen Umfragekategorien zugeordnet und in die Tabelle unter der entsprechenden Kategorie eingetragen. Die Zuordnung der Fragen zu den entsprechenden Rubriken aus der Umfrage der Universität Potsdam erfolgte nach der genauen Vorlage des Originals. Der Übersichtstabelle wurde außerdem eine zusätzliche Kategorie „Sonstiges" zugefügt. Unter dieser Gruppe sollten jene Fragen fallen, welche keiner der bestehenden Umfragekategorien zuzuordnen waren.

Außerdem wurde eine weitere Tabelle mit der Beschriftung „Eckdaten" angelegt, welche formale Angaben zu den einzelnen Umfragen enthält.[45] Es wurden Angaben zu folgenden Kategorien in die Tabelle eingetragen:

- Belohnung für die Umfrage
- Besonderheiten
- Jahr (Erhebung)
- Inhaltliche Basis für die Umfrage
- Laufzeit der Umfrage (Zeitraum)
- Erinnerungs-E-Mail (Datum)
- Einladung ging an... (Anzahl)
- Umfrage-Zielgruppen
- Software
- Struktur der Umfrage
- Rücklauf-Quote (quantitativ sowie prozentual)

Die oben genannten Kategorien sollten Aufschluss über die Bedingungen geben, unter denen die bereits durchgeführten Umfragen stattgefunden haben. Somit konnte eine Orientierung hinsichtlich der strukturellen sowie organisatorischen Aspekte für die Durchführung der Umfrage an der FHP geschaffen werden.

Schritt 3: Vorauswahl der Fragen
Um die für die Umfrage an der FHP relevanten Fragen aus der Gesamtzahl der in der Übersichtstabelle notierten Fragen herausfiltern zu können, wurde als nächstes eine weitere Tabelle mit Umfragekategorien sowie möglichen Fragekandidaten erzeugt.[46] Die Auswahl der Fragen wurde unter Berücksichtigung der fachhochschuleigenen organisatorischen sowie strukturellen Aspekte innerhalb der Projektgruppe getroffen. Die ausgewählten Fragevorlagen wurden in der Übersichtstabelle zusätzlich rot markiert. Nachdem die Vorauswahl der Fragen beendet wurde, enthielt die Tabelle zur Vorauswahl folgende Daten:

- Umfragekategorien
- Fragen (mit kodierter Angabe der zugehörigen Einrichtungsumfrage)

---

45 s. ebenda
46 s. ebenda

Zur Vervollständigung der Fragen wurden in einer dritten Excel-Tabelle die ursprünglichen Antwortmöglichkeiten zu jeder Frage, die Begründungen für die Wahl der jeweiligen Frage sowie gegebenenfalls eigene Bemerkungen eingetragen.

Anschließend wurde jede Frage mit dem Vizepräsidenten für Forschung und Transfer der FHP besprochen, indem der komplette Fragebogen von ihm in der Betaversion von QUAMP beantwortet und durch das Projektteam bei Bedarf an die fachhochschuleigenen Bedingungen angepasst wurde.

Schritt 4: Einordnung und Anordnung der Fragen
Weiter wurde die Einordnung der einzelnen Kategorien und die Reihenfolge der Fragen innerhalb der Projektgruppe bestimmt. Die Reihenfolge der Kategorien wurde nicht genau aus der Umfrage der Universität Potsdam übernommen. Die Kategorie „Angaben zum/zur Teilnehmer(in)" wurde in der Umfrage der Universität Potsdam am Anfang der Umfrage platziert. Bei der Einordnung dieser Kategorie in die Umfrage zum Umgang mit digitalen Forschungsdaten an der FHP wurde hingegen entschieden, alle Fragen zu persönlichen Angaben an letzter Stelle zu platzieren. Somit soll die Situation vermieden werden, bei der die Platzierung der sensiblen Fragen am Anfang des Fragebogens die Motivation der Befragten dämmt und so einen Abbruch der Umfrage bewirkt.[47]

Die Reihenfolge der Fragen wurde auf den logischen Zusammenhang hin geprüft und in Anlehnung an die technischen Möglichkeiten der Software, siehe hierzu Kapitel 5.1., bestimmt.[48] Der Fragebogen enthält zwei Hauptstränge.[49] Die Aufspaltung des Fragebogens in Stränge erfolgt gleich mit der ersten Frage. Wird auf die Frage I-01-a/b „Fallen bei Ihren Tätigkeiten Forschungsdaten an?" eine positive Antwort gegeben, liegt die Anzahl der zu beantwortenden Fragen etwa bei 31 im Strang I.[50] Die negative Antwort ergibt den Strang II mit etwa 11 Fragen. Je nach Antwort werden die Befragten zu den Fragen weitergeleitet, die den logischen Zusammenhang zu den vorher gegebenen Antworten bilden. Während der Entwicklungsphase wurden die beiden Stränge sowie Fragenkombinationen des Fragebogens mehrmals auf Kontinuität sowie Reproduzierbarkeit geprüft.

---

47 Brosius, Hans-Berndt, Friederike Koschel und Alexander Haas. 2008. Methoden der empirischen Kommunikationsforschung. Bd. 4. Wiesbaden: VS Verlag für Sozialwissenschaften, S. 112.

48 s. Anhang 06 Struktur des Fragebogens

49 Anm.: Weiterhin entsprechend als Strang I bzw. Strang II bezeichnet.

50 Anm.: Hierbei ist anzumerken, dass die Anzahl der Fragen in den einzelnen Strängen je nach Antwortverhalten und damit verbundenen Sprüngen zu weiteren Fragen variiierte.

4.2.2 Prüfung von geeigneten Umfrage-Tools

Zur Ermittlung eines geeigneten Tools zur Umsetzung der Umfrage zum Umgang mit digitalen Forschungsdaten an der FHP wurden Kriterien zur Bewertung verschiedener Tools definiert.[51] Die Anforderungen wurden in vier Kategorien unterteilt. Es gibt Mindestanforderungen, sehr wichtige, wichtige und weniger wichtige Anforderungen. Eine Mindestanforderung bildet gleichermaßen ein Ausschlusskriterium. Alle weiteren Anforderungen wurden gemäß der genannten Abstufung bei der Auswahl des Tools berücksichtigt und Auffälligkeiten festgehalten.

Als Mindestanforderungen wurde festgelegt, dass mindestens 220 Personen an der Befragung teilnehmen können müssen. Außerdem musste das Tool ohne Installation, also über einen Webclient, nutzbar sein. Es wurde auch als unabdingbar betrachtet, dass ein Export der erhobenen Daten möglich ist. Weiterhin sollte die Nutzung für die FHP kostenlos sein. Zum Zeitpunkt der Tool-Auswahl wurde davon ausgegangen, dass die Umfrage 12-20 Fragen umfassen würde. Daher wurde die Mindestanforderung entsprechend der Anzahl der Fragen formuliert.

Als sehr wichtige Anforderungen wurden die Sprungmöglichkeiten sowie verschiedenen Funktionalitäten definiert. Die Sprungmöglichkeiten sollten ermöglichen, dass die Teilnehmer(innen) je nach ihren Antworten bestimmte Fragen (nicht) gestellt bekommen.

Bei den Funktionalitäten war wichtig, dass bei den Antwortmöglichkeiten zum Beispiel Mehrfachauswahl (Checkbox), Einfachauswahl (Radiobutton), freie Antworten sowie Matrix möglich sind. Als wichtige Anforderungen wurden auch ein Fortschrittsbalken und eine intuitive Bedienbarkeit, für diejenigen, die den Fragebogen anlegen, festgelegt. Außerdem wurde es als wichtig erachtet, dass die Datenablage in Deutschland erfolgt.

Weniger wichtig waren die Möglichkeiten der Oberflächengestaltung und Mailinglistenverwaltung. Auch die Möglichkeit zur Auswertung der Umfrage und zur kollaborativen Arbeit wurde der Kategorie „weniger wichtige Anforderung" zugeordnet. Die Länge der Freitextfelder wurde ebenfalls als weniger wichtige Anforderung definiert.

Folgende Tools wurden dahingehend überprüft, ob beziehungsweise inwiefern sie die genannten Anforderungen erfüllen:

- Doodle[52]
- Google Forms[53]
- Jotform[54]

---

51   s. Anhang 07 Tabelle zur Übersicht und Vergleich der technischen Tools

52   Doodle AG. o. J. „Doodle". https://doodle.com/de/. Letzter Zugriff: 8.1.2018

53   Google LLC. o. J. „Google Forms". https://docs.google.com/forms/u/0/. Letzter Zugriff: 8.1.2018

54   JotForm Inc. o. J. „JotForm". https://eu.jotform.com/. Letzter Zugriff: 8.1.2018

- LimeSurvey[55]
- MaQ Online[56]
- Pingo[57]
- Q-Set.de[58]
- Sociolutions QUAMP, Modul qSurveyor
  von der Sociolutions GmbH, Version 4.4.3[59]
- SoSci Survey[60]
- Sphinx-Survey[61]
- Surveymonkey[62]
- Survio[63]
- Typeform[64]
- umbuzzo[65]

Sphinx-Survey, Q-Set, Surveymonkey, Survio, Doodle, Pingo, LimeSurvey und Typeform erfüllten die Mindestanforderungen nicht. Das Tool Q-Set ist zwar kostenlos nutzbar, doch wird viel Werbung mit angezeigt. Um dies zu vermeiden, hätte die kostenpflichtige Version gewählt werden müssen. Für die Nutzung von Sphinx-Survey muss das Tool auf dem Gerät desjenigen, der den Fragebogen im Tool erstellt, installiert werden.

Bei einer kostenlosen Nutzung von Surveymonkey ist es lediglich möglich, einen Fragebogen mit zehn Fragen zu erstellen. Für Fragebögen mit mehr als zehn Fragen entstehen Kosten. Außerdem können kostenlos nur 100 Personen befragt werden. Ebenso verhält es sich bei Survio und Typeform – auch hier können kostenlos lediglich 100 Personen den Fragebogen ausfüllen. Bei Doodle und Pingo ist der Datenexport nicht möglich. Weiterhin kann bei Doodle kein Fragebogen mit der nötigen Anzahl an Fragen (Mindestanforderung: 12–20 Fragen) erstellt werden. Lime Survey kann generell nicht kostenlos genutzt werden. Die Möglichkeit, einen Fortschrittsbalken bei umbuzzo einzufügen, konnte erst nach dem Anlegen eines Benutzerkontos aufgedeckt werden. Zu diesem Zeitpunkt war die Entscheidung, QUAMP für die Umsetzung der Umfrage einzuset-

55   LimeSurvey GmbH. 2018. „LimeSurvey". 2018.
     https://www.limesurvey.org/de/. Letzter Zugriff: 8.1.2018

56   Ullmann, Thomas. o. J. „maQ-online.de".
     http://maq-online.de/index.php. Letzter Zugriff: 8.1.2018

57   Universität Paderborn. o. J. „Pingo". https://pingo.upb.de/. Letzter Zugriff: 8.1.2018

58   Goldecker GmbH. o. J. „Q-Set.de". https://www.q-set.de/. Letzter Zugriff: 8.1.2018

59   Sociolutions GmbH. 2018. „QUAMP". 2018.
     https://www.sociolutions.de/article/quamp-software.html. Letzter Zugriff: 9.1.2018

60   SoSci Survey GmbH. o. J. „SoSci Survey".
     https://www.soscisurvey.de/index.php?page=home. Letzter Zugriff: 8.1.2018

61   Sphinx-survey. o. J. „Sphinx Survey". http://www.sphinx-survey.de/. Letzter Zugriff: 8.1.2018

62   SurveyMonkey. 2018. „SurveyMonkey". 2018.
     https://www.surveymonkey.de/. Letzter Zugriff: 8.1.2018

63   Survio s.r.o. 2017. „Survio". 2017. https://www.survio.com/de/. Letzter Zugriff: 8.1.2018

64   TYPEFORM S.L. o. J. „Typeform". https://www.typeform.com/. Letzter Zugriff: 8.1.2018

65   Dooler UG. 2017. „Umbuzoo". 2017. https://www.umbuzoo.de/. Letzter Zugriff: 8.1.2018

zen, bereits gefallen. An diesem Entschluss wurde wegen des zu hohen Risikos, konkret aufgrund der begrenzten Zeit und dem geringeren Erfahrungswert mit umbuzzo, festgehalten.

SoSci Survey wurde in Bezug auf die sehr wichtige Anforderung hinsichtlich der Funktionalitäten als extrem vielseitig und dadurch unübersichtlich eingeschätzt und befand sich daher nicht in der engeren Wahl. Die Datenablage bei Jotform erfolgt in den USA. Dies war der Grund, das Tool nicht für die Umfrage einzusetzen. MaQ Online bietet nicht die Möglichkeit, einen Fortschrittsbalken einzufügen. Außerdem ist die Bedienbarkeit nicht vollständig intuitiv möglich. Eine übersichtliche, tabellarische Darstellung der erfüllten beziehungsweise nicht erfüllten Anforderungen ist im Anhang 07 Tabelle zur Übersicht und Vergleich der technischen Tools zu finden.

Google Forms erfüllt alle Mindestanforderungen sowie alle sehr wichtigen Anforderungen. Bei den wichtigen Anforderungen ist nicht klar, wo die Datenablage erfolgt. Aufgrund der sehr einfachen Bedienbarkeit und der Tatsache, dass alle Funktionalitäten sowie die Sprungmöglichkeiten problemlos umsetzbar sind, wurde Google Forms nur verwendet, um im Notfall über eine Fallback-Lösung zu verfügen. Es haben also zum Start der Umfrage vollständig umgesetzte Fragebögen in zwei Tools vorgelegen, um das Risiko, die Umfrage verschieben zu müssen und damit den gesamten Projektfortschritt zu gefährden, zu minimieren.

QUAMP erfüllt alle Anforderungen. Die Nutzung ist für die Projektgruppe der FHP kostenlos, da es einen laufenden Vertrag zwischen der FHP und der Sociolutions GmbH gibt. Über die Sociolutions GmbH konnte Unterstützung bei der Erstellung des Fragebogens sowie bei allen anderen Fragen zum Tool in Anspruch genommen werden. Diese Tatsache und die verspätete Aufdeckung der Möglichkeit zur Erstellung eines Fortschrittbalkens haben den Ausschlag für QUAMP gegenüber umbuzzo gegeben. Mit dem Tool umbuzzo hatte kein Projektmitglied Erfahrung. Durch den Support der Sociolutions GmbH wird das Risiko minimiert, dass auftretende Probleme mit dem Tool nicht adäquat gelöst werden können. QUAMP wurde daher für die Umsetzung der Umfrage genutzt.

5. Technische Umsetzung der Befragung

Wie bereits in Kapitel 4.2.2 beschrieben, wurden anhand verschiedener Kriterien webbasierte Umfragetools getestet und bewertet. Hierbei wurden „Google Forms" von Alphabet Inc. mit Stand von November 2017, „Q-Set" mit Stand von November 2017 und „QUAMP" von Sociolutions GmbH in der Version 4.4.3 als für das Vorhaben geeignet, bewertet.

Für die endgültige Entscheidung wurden testweise Ausschnitte des Fragebogens in die Tools eingegeben. Hierbei zeigte sich, dass sowohl Google Forms als auch Q-Set bedienungsfreundlich sind und eine angemessene intuitive Eingabe ermöglichen. Als problematisch erwies sich jedoch, dass bei Google Forms nicht endgültig geklärt werden konnte, wo die Datenhaltung stattfindet und bei Q-Set der Fragebogen von großformatiger, personalisierter Werbung eingerahmt wurde. Um die Einblendung der Werbung zu verhindern, hätte die kostenpflichtige Version genutzt werden müssen oder aber jede/r Nutzer(in) hätte einen Adblocker installieren müssen. QUAMP benötigt zwar eine intensive Einarbeitungsphase und ist nur als Rahmenkonzept einigermaßen intuitiv zu bedienen, für spezifische Details hingegen sind Anleitungen notwendig. Es ist jedoch, anders als seine Mitbewerber, bereits auf das Corporate Design der FHP angepasst, die Datenhaltung findet in Deutschland statt und es erfolgt keine Werbung. Infolge dieser Sachlage wurde von der Projektgruppe entschieden, Q-Set nicht zu nutzen, Google Forms, sobald der endgültige Fragebogen formuliert wurde, als Fallback-Lösung zu verwenden und QUAMP als Hauptumfragetool auszuwählen und aufzubauen.

5.1 Erstellung der Produktivumfrage mit QUAMP

In QUAMP wurden verschiedene Prototypen des Fragebogens angelegt und getestet. Hierbei wurde zum einen systematisch die Gliederung des Fragebogens, die innere Logik des Fragebogens und die Sprunglogik getestet. Zum anderen wurde die Rechtschreibung sowie die Anpassung an die zuvor abgestimmten Konventionen, beispielsweise hinsichtlich einer einheitlichen Bezeichnungsform zur gendergerechten Formulierung von Begriffen, überprüft und gegebenenfalls korrigiert. Des Weiteren wurden systematische Tests der Eingabe- und Ausgabemöglichkeiten von QUAMP, sowohl durch die Projektgruppenmitglieder, als auch durch externe Tester, vorgenommen. Auf den ersten Teilbereich der Auswertung, die Logik des Fragebogens, wird in der weiteren Betrachtung nur dahingehend Bezug genommen, wenn sie zu Anpassungen bestimmter Sachverhalte in QUAMP zwangen.

Das folgende Kapitel beschäftigt sich weitgehend mit den systematischen Ein- und Ausgabetests und ist weniger eine Beschreibung der Eingabe der Befragung als eine Fehler- und Problemanalyse.

Distribution
Im Zuge der Umfrageveröffentlichung war es wichtig, dass ein statischer und kein personalisierter Link verschickt wird, um eine höchstmögliche Anonymität der Nutzer(innen) zu gewährleisten.

Allgemeiner Aufbau
Als Einstieg zum eigentlichen Fragebogen wurde eine kurze Einleitung vor die Umfrage gesetzt. Ziel der Umfrage war es, eine erste überblicksmäßige sowie statistische Aufbereitung des Ist-Zustands an der FHP über die Nutzung und den Stellenwert von Forschungsdaten zu generieren. Hierfür wurde eine Frage als eine „Matrixfrage", einzelne Fragen als „Freitextantworten" sowie mehrere Fragen als „Einfachauswahl" oder „Mehrfachauswahl" modelliert. Es wurden vornehmlich Fragen der Kategorien „Einfachauswahl" und „Mehrfachauswahl"

zur Formulierung des Fragebogens verwendet. Mehrfachantworten wurden des Weiteren vielfach durch Freitextfelder ergänzt, um so den Teilnehmer(inne)n zu ermöglichen, weitere für die Auswertung wertvolle Hinweise und Kommentare zu geben. Außerdem wurden einzelne Fragen von vornherein als Freitexteingaben formuliert, um ein ungefiltertes Bild an Meinungen, Kommentaren, Hinweisen oder auch Informationsquellen zu ermöglichen. Die Fragen wurden als Einzelabschnitte definiert. Für die Matrixfrage musste innerhalb der Gruppe entschieden werden, welcher Achse bezüglich Mehrfachantworten höhere Priorität zugeordnet wird, da Mehrfachantworten nicht für beide Achsen vorgesehen sind.

Für den allgemeinen Aufbau des Fragebogens wurde beim Tool QUAMP entschieden, dass zwei Fragebögen umgesetzt werden. Für dieses Vorgehen gab es verschiedene Gründe: In Abhängigkeit von der Beantwortung zweier Fragen sollten unterschiedliche Folgefragen beantwortet werden. Einfache Bedingungen sind laut QUAMP-Dokumentation vorgesehen, doppelte Bedingungen nicht. Als weiterer Hauptgrund ist zu nennen, dass durch den systemeigenen Rückwärtsbutton nicht das Sprungverhalten abgebildet wird.

Als weiteres Problem wurde identifiziert, dass der Fortschrittsbalken automatisch anhand der Position der Frage im Backend generiert wird, nicht anhand der Position im Umfrageablauf. Dies hätte wiederum bedeutet, dass für einen reibungslosen Frontendablauf eine Frage doppelt im Backend hätte angelegt werden müssen und die Sprünge innerhalb des Ablaufs entsprechend zur folgenden Frage hätten gelegt werden müssen. Zusätzlich hätten alle Antwortabläufe einheitlich „verwoben" im Backend dargestellt werden müssen, um ein gleichmäßiges Voranschreiten des Fortschrittsbalkens zu generieren. Daher wurde nach ausführlichen Tests und gemäß der Risikoanalyse entschieden eine Trennung der „Ja, es fallen Forschungsdaten an"- und „Nein, es fallen keine Forschungsdaten an"-Inhalte vorzunehmen sowie den Rückwärtsbutton auszuschalten.[66]
Der Teil „Ja, es fallen Forschungsdaten an", im Folgenden „Teil I" genannt, umfasst die längere Version des Fragebogens, welche nach Bejahung der Frage nach Erhebung eigener Forschungsdaten auch Fragen zur Generierung eigener Forschungsdaten enthält. „Nein, es fallen keine Forschungsdaten an" (Teil II) umfasst diese Fragen nicht. Beiden Teilen gleich ist die Kategorie „Angaben zum/zur Teilnehmer/in". Dieses Vorgehen hatte zur Folge, dass zwei getrennte Rohdatensätze entstanden.

Da eine gemeinsame Auswertung von Teil I und II angestrebt wurde, sollte die Vergabe der Bezeichnung der Variablen kongruent vorgenommen werden. Dies wurde, trotz der Anwendung des Vier-Augen-Prinzips, nicht durchgängig beibehalten. Die daraus resultierenden Abweichungen im Codebuch mussten beim manuellen Zusammenfügen der Rohdaten beachtet werden.

---

66   s. Anhang 03 Risiko- und Fehleranalyse

Layout

Neben dem Fortschrittsbalken sollte den Teilnehmer(inne)n die Umfragekategorien angezeigt werden. Hierfür wurden Abschnittsüberschriften definiert. Dieses Vorhaben wurde nach einem ersten Test aufgegeben, da die Abschnittsüberschriften als einzelne Reiter im Frontend abgebildet wurden, welche alle auf derselben Höhe positioniert waren und daher über normale Bildschirmdimensionen hinausragten.

Von verschiedenen Testern wurde die unterschiedliche graphische Aufbereitung zwischen Buttons der Einfach- und Mehrfachauswahl als irritierend empfunden. Diese graphische Differenz war auch in der Fallback-Lösung Google zu finden. Nach einer Rücksprache mit dem Entwickler und aufgrund des knappen zeitlichen Rahmens wurde an diesem Umstand nichts mehr verändert.

Freitextantworten wurden nur mit einem anklickbaren Auswahlbutton angezeigt, wenn eine weitere Freitextantwort in derselben Frage definiert wurde. Nach Rücksprache mit dem Entwickler, bezüglich Befürchtungen, dass diese Layout-Änderung als eine Kommentarmöglichkeit für die gesamte Frage missverstanden werden könnte, wurde auch dieses Layout als kleineres Problem akzeptiert.

Im Bereich des Layouts beziehungsweise der graphischen Umsetzung zeigte sich als weiteres Problem, dass QUAMP bereits vordefinierte Merkmalsausprägungen für verschiedene Zeichen hat. So ist dies zum Beispiel der Fall für das „Pipe"-Zeichen (||), welches Namensbestandteil des Fachbereich 2 „Stadt | Bau | Kultur" der FHP ist. Dies hatte zur Folge, dass im Frontend kein Pipe-Zeichen, sondern Textformatierungen (fett) beziehungsweise Texttrennungen dargestellt wurden. Nach Rücksprache mit dem Entwickler wurde eine Umsetzung des Pipe-Zeichens über Unicode getestet. Dieses Vorgehen erzeugte nicht den gewünschten Effekt, daher wurde auf eine Anwendung von Pipe-Zeichen und anderen vordefinierten Zeichen abgesehen.

Trotz der beschriebenen Herausforderungen und Einschränkungen wurde eine Produktivversion der beiden Umfrageteile erstellt. Nachdem zuvor an verschiedenen Stellen einzelne Variablenübertragungen in der Ergebnisauswertung getestet wurden, wurden in dem Produktivsystem Ergebnisausgaben systematisch getestet. Dennoch fielen die zuvor beschriebenen Variablenabweichungen an dieser Stelle nicht auf, da lediglich die im Klartext formulierte Ergebnisauswertung von QUAMP bezüglich der Antworten gegengeprüft wurde.

Für eine weitere Umfrageerstellung mit QUAMP wäre an dieser Stelle eine weitreichendere Ergebnisprüfung sowohl auf der Ebene des Klartexts als auch auf der Variablenebene wünschenswert. Des Weiteren wäre für potentielle Nutzer(innen) eine bessere Dokumentation des Tools, sowohl bezogen auf die technische Umsetzung als auch die inhaltliche Umsetzung und Konzepte, wünschenswert. Lehrgänge zur Erstellung von Umfragen in QUAMP werden an der FHP circa zweimal im Jahr angeboten. Die Teilnahme an diesem empfiehlt sich. Vonseiten der Entwicklung würde eine Trennung von Inhalt und Formatierung eine Verbesserung darstellen.

5.2 Erstellung des Fallbacks mit Google Forms

Google Forms[67] erfüllte bei der Auswahl eines geeigneten technischen Tools zur Umsetzung des Fragebogens einen Großteil der geforderten Bedingungen, wurde jedoch aufgrund von Bedenken hinsichtlich des Datenschutzes nicht für die Umfrageerstellung in Betracht gezogen. Bezugnehmend auf die umfassenden Möglichkeiten des Tools und des vergleichbar einfachen Handlings wurde es jedoch von der Projektgruppe als Fallback-Lösung gewählt.
Der inhaltliche und technische Aufbau orientierte sich an den bereits in QUAMP getesteten Aufbau. Die Fragen wurden als Einzelabschnitte definiert.

Für die Sprungmarken und den Fortschrittsbalken galten dieselben Probleme wie in QUAMP, dennoch wurde sich gegen eine Trennung in zwei physisch getrennte Fragebögen entschieden. Aufgrund der bereits mit QUAMP gesammelten Erfahrungen in der Modellierung war es möglich, Fragen doppelt zu modellieren, die Fragen bezüglich eines kontinuierlichen Verlaufes zu verknüpfen und Sprungmarken entsprechend der zuvor gegebenen Antworten zu definieren. Die visuelle Gestaltung ist in Google Forms nur begrenzt möglich, so wurde das Logo der FHP hinzugefügt und eine Farbpalette festgelegt. Elemente wie die Schriftgröße oder Schriftart ließen sich nicht ändern.

6. Durchführung der Umfrage

In diesem Kapitel sollen zusammenfassend Maßnahmen und Entscheidungen dargestellt werden. Hierzu zählt auch das allgemeine Management der Umfrage.

Die anhand des Fragebogens erstellte Umfrage via QUAMP war eine Online-Umfrage. Dabei wurde zur Wahrung der Anonymität statt eines in QUAMP bereitgestellten E-Mail-Verteilers, der an jede eingespeiste E-Mail-Adresse einen personalisierten Link verschickt hätte, ein statischer Link versendet. So wurde sichergestellt, dass die Antworten der Teilnehmer(innen) im Anschluss nicht mehr den jeweiligen Personen zugeordnet werden konnten.
  Die vom Projektteam verfasste Einladungs-E-Mail[68] wurde von Professor Dr. Michael Ortgiese, Vizepräsident für Forschung und Transfer der FHP, versendet. Der Verteiler, an den diese E-Mail versendet wurde, setzte sich dabei wie folgt zusammen: Als Zielgruppe für die Umfrage wurden Professor(inn)en, akademische Mitarbeiter(innen), Doktorand(inn)en und Stipendiat(inn)en eingeladen. Lediglich für die letzte Statusgruppe gab es keinen eigenen bereits vorgefertigten E-Mail-Verteiler, da nicht alle Doktorand(inn)en und Stipendiat(inn)en auch an der FHP immatrikuliert sind bzw. in einem Arbeitsverhältnis stehen. Dieser musste somit, nach einer Anfrage an die Verwaltung, manuell erstellt werden.

---

67   Anm.: In Ermangelung einer eindeutigen Versionsnummer kann an dieser Stelle nur angegeben werden, dass die Befragung am 19.11.2017 mit der zu dieser Zeit gültigen Version von Google Forms erstellt wurde.

68   s. Anhang 04 Emails

Der festgelegte Umfragezeitraum lag zwischen dem 20.11.2017 und dem 04.12.2017, insgesamt betrug die Laufzeit somit zwei Wochen. Nach einer Woche Laufzeit (27. November 2017) wurde ebenfalls vom Vizepräsidenten eine Reminder-E-Mail versendet. An dieser Stelle soll betont werden, dass vor allem nach der ersten E-Mail mit der Einladung zur Umfrage sowie nach der Reminder-E-Mail die meisten Teilnehmer(innen) an der Befragung teilgenommen haben. Dieses Phänomen ist auch der Dokumentationen der verschiedenen bisher erfolgten Umfragen zum FDM zu entnehmen.[69] Eine Verlängerung des Zeitraums für die Durchführung der Umfrage wurde diskutiert, jedoch aufgrund der oben beschriebenen Zusammenhänge zwischen Reminder-Mail und Antwortverhalten als nicht sinnvoll erachtet. Eine erneute Reminder-E-Mail wäre im Rahmen des engen Vorweihnachtszeitplans auch nicht möglich gewesen. Am 4. Dezember 2017 wurde die Umfrage nach ihrer Beendigung für die Öffentlichkeit gesperrt.

Es wurde eine erste Berechnung des Teilnahmequotienten je Fachbereich erstellt, um am 15. Dezember 2017 eine Übergabe des durch die Gesellschaft der Freunde und Förderer der Fachhochschule Potsdam e.V. gesponserten und von Herrn Nikolas Ripka (FB Design) gestalten Gutscheins[70] an den Gewinnerfachbereich vorzunehmen. Diese Übergabe erfolgte durch das Projektteam gemeinsam mit Herrn Matthias Hauf in seiner Funktion als Beisitzer der Gesellschaft der Freunde und Förderer. Frau Prof. Dr. Karin Schwarz in Ihrer Funktion als Dekanin des Fachbereichs Informationswissenschaften nahm den Gutschein für den Fachbereich entgegen.

Neben der Sperrung der Umfrage für die Öffentlichkeit wurde zugleich ein Rohdaten-Dump der Umfrageergebnisse in Excel[71] sowie der vorprozessierten Berichte von QUAMP[72] erstellt. Diese Rohdaten sind unverändert über die DOI https://doi.org/10.5281/zenodo.1181895 über Zenodo abrufbar. Wie bereits beschrieben, entstanden zwei Rohdatensätze. Die Rohdaten mit der Codierung „75c7b53e" umfassen die Rohdaten von Teil I (Produzenten von FD) und „d36dcde9" die Rohdaten von Teil II (Nicht-Produzenten von FD). Eine eindeutige Identifikation des Datenursprungs ist auch in der kombinierten Version der Excel-Tabelle durch den survey_key möglich.[73]

---

69   s. Anhang 05 Tabelle zur Übersicht und Vergleich bisher erfolgter Umfragen

70   s. Anhang 08 Gutschein

71   s. Anhang 09 Rohdatensätze des Projekts

72   s. Anhang 10 Vorprozessierte QUAMP-Berichte

73   s. Anhang 11 Auswertungstabelle

7. Datenauswertung

Das Kapitel zur Auswertung des Fragebogens schließt sich inhaltlich sowohl an das Kapitel zur Methodik des Fragebogens als auch den Ausführungen zur Auswahl des geeigneten technischen Tools zur Umsetzung an.

7.1 Allgemeines

Die dargestellten Grundsätze zur Auswertung, beziehungsweise die einzelnen Schritte zur Vorgehensweise, beruhen auf den in Kapitel 1 und 2 formulierten Zielen. In Zusammenarbeit mit Frau Dr. Bettina Röder, Projektleiterin bei der Entwicklung von Online Studienwahl-Assistenten an der FHP, wurden die Möglichkeiten der Auswertung diskutiert und erarbeitet. Nach näherer Betrachtung der von QUAMP automatisch generierten Berichte[74], fiel die Entscheidung, diese nicht zu verwenden. Stattdessen erhielt eine eigene, manuelle Auswertung den Vorzug.

Die Auswertungsmethode wurde nach genauer Betrachtung der Fragen und Antwortmöglichkeiten ausgewählt. Hierfür wurden Fragen einzeln besprochen, in Kategorien eingeteilt und Grundsätze der Statistik diskutiert. Dabei ergab sich, dass die Fragen sowohl nach Häufigkeit als auch deskriptiv ausgewertet werden können. Frau Röder hat dem Projektteam für Gruppen unter 100 Personen eine Darstellung von Häufigkeiten empfohlen. Ihre Erfahrung ist, dass diese Zahlen besser vorstellbar seien als andere statistische Betrachtungen. Da die gewonnenen Ergebnisse übersichtlich dargestellt und ein Überblick über den gesamten Fragebogen sowie einzelne Teile hiervon visualisiert werden sollen, wurde als Auswertungsmittel erster Wahl eine Betrachtung des Modalwertes angestrebt. Lediglich bei der Frage I-01 und den Fragen zu den Teilnehmenden selbst (I-28/II-08, I-29/II-09 und I-30/II-10) sah Frau Dr. Röder eine erweiterte Auswertung im Hinblick auf eine bestimmte Art und Weise der Streuung der Antworten als informativ an.

Mit Frau Dr. Röder wurden weiterhin die Möglichkeiten der Auswertung und die Wahl des geeigneten Tools besprochen. Zur Auswahl standen Excel sowie SPSS beziehungsweise PSPP. Ein entscheidendes Kriterium bei der Auswahl war die Tatsache, dass bei der vorigen Auswahl des technischen Tools zur Umsetzung des Fragebogens als Kriterium lediglich die Exportmöglichkeit der Rohdaten, nicht aber der genaue Umfang dieser Funktion geprüft wurde. Bei QUAMP konnte somit zwar eine CSV-Datei exportiert werden, jedoch war kein Export in Datendateien für SPSS beziehungsweise PSPP (Extension *.sav) möglich. Bei der Verwendung von SPSS beziehungsweise PSPP hätte dies zur Folge gehabt, dass sämtliche Daten manuell hätten eingepflegt werden müssen.

Aufgrund dessen und der Einschätzung Frau Dr. Röders, dass eine rein deskriptive Auswertung besser mithilfe von Excel möglich sei, wurde entschieden, dass die Auswertung Excel-basiert stattfinden solle. Als Ausnahme hierzu wurde dis-

74 s. Anhang 10 Vorprozessierte QUAMP-Berichte

kutiert, ob die bereits erwähnten Fragen (I-01, I-28/II-08, I-29/II-09 und I-30/
II-10) mithilfe von SPSS beziehungsweise PSPP ausgewertet werden könnten,
sodass eine erweiterte und gesonderte Betrachtung von Relationen an dieser
Stelle möglich wäre. Dies wäre sinnvoll gewesen, da an dieser Stelle beantwortet
werden musste, inwiefern Forschungsdaten bei den eigenen Tätigkeiten anfallen und inwieweit Fachzugehörigkeit, Statusgruppe sowie Alter eine tragende
Rolle in Bezug auf die gegebenen Antworten spielen. Diese Überlegungen wurden schlussendlich verworfen, da eine manuelle Dateneingabe in SPSS beziehungsweise PSPP zu aufwändig gewesen wäre und das nötige Fachwissen zur
Auswertung nicht in der Gruppe vorhanden gewesen ist.

Es soll außerdem darauf hingewiesen werden, dass bei der Auswertung beziehungsweise bei der Bearbeitung der Rohdaten alle angefangenen und abgebrochenen Fragebögen bereinigt wurden, sodass die Darstellung transparenter Ergebnisse möglich ist. Die genaue Vorgehensweise wird in Kapitel 7.2 dargestellt.
Dieses Vorgehen führte zu aufbereiteten Umfragedaten.[75]

7.2 Schritte zur Bereinigung der Rohdaten in Excel

Wie bereits dargelegt, wurden nach Beendigung der Umfrage am 04. Dezember
2017 die Befragungsdaten per Excel-Export aus dem Backend von QUAMP heruntergeladen. Hierbei entstanden zwei Exporte. Zum einen für den Strang I, bei
dem die Befragten angaben, Forschungsdaten zu generieren, und zum anderen
für den Strang II, bei dem die Befragten angaben, dass bei ihren Tätigkeiten
keine Forschungsdaten anfallen.[76] Diese Rohdaten-Exporte werden unverändert
im Rahmen dieses Berichts veröffentlicht.[77] Für die weitere Verwendung der
Daten sollten beide Teile der Befragungsdaten gemeinsam betrachtet sowie im
späteren Verlauf menschenlesbar gestaltet werden.

Wie bereits in Kapitel 5.1 angesprochen, enthalten die Stränge I und II des Fra-
gebogens Fragen, die sowohl in beiden Strängen als auch jeweils nur in einem
Strang gestellt wurden. Für die Zusammenführung der Befragungsdaten wurden
Fragen, welche nur im Stang I oder Strang II gestellt wurden sowie gemeinsame
Fragen identifiziert. In einer Excel-Tabelle mit den Befragungsdaten zum Strang
I wurden im Anschluss die Fragen, welche singulär für den Strang II vorkommen,
an geeigneter Stelle eingefügt.
   Der Header der Befragungsdaten wurde angepasst, sodass er die Nummerie-
rung des Fragebogens widerspiegelt.[78] Hierdurch sollte der Wiedererkennungs-
wert der alphanumerischen Kurzbezeichnungen gesteigert werden. Zur weiteren
Verbesserung der Menschenlesbarkeit wurden fragebezogene Stichworte zu der
alphanumerischen Signatur ergänzt.

---

75   s. Anhang 11 Auswertungstabelle

76   Anm.: Im weiteren Verlauf als römisch Eins [I] beziehungsweise römisch Zwei [II] bezeichnet.

77   s. Anhang 09 Rohdatensätze des Projekts

78   s. Anhang 06 Struktur des Fragebogens

Zur Ergänzung der Befragungsdaten für die singulär gestellten Fragen wurden über die temporär vergebenen User-IDs die Teilnehmer(innen) identifiziert, die nach Beantwortung der Frage I - 01 - a/b „Fallen bei Ihren Tätigkeiten Forschungsdaten an?" mit „Nein" in den Strang II wechselten. Diese Teilnehmer(innen) sind im weiteren Verlauf der Rohdaten für Strang I nach ihrem Wechsel als Variable „-998" verzeichnet. Diese Variable wird übersetzt zu „nicht gestellt". Die Variable „-998" wurde für in beiden Strängen gestellte Fragen gegen ihre tatsächlichen Antworten ausgetauscht. Ebenfalls wurden die Antworten der Teilnehmer(innen) für die singulären Fragen übernommen. Für die singulären Fragen von Teil I wurde die Variable „-998" beibehalten, da diese Fragen den Befragten des Strangs II nicht gestellt wurde. Des Weiteren wurden die Metadaten über die Befragten (zum Beispiel wie letzte Position, Endzeitpunkt der Befragung etc.) anhand der User-ID übertragen.

Da lediglich abgeschlossene Fragebögen in die Auswertung einbezogen wurden (mit Ausnahme der Freitextantworten), wurden im Anschluss alle Teilnehmer(innen) ohne Metadatum „end" (dem Zeitpunkt, zu dem der Fragebogen abgesendet und somit abgeschlossen wurde) aus der Datensammlung gelöscht.[79]

Beruhend auf dieser Datenzusammenführung und -bereinigung wurde zusätzlich jeweils ein Excel-Blatt mit Daten zu den Strängen I und II ergänzt, für den Fall, dass Betrachtungen von einem der beiden Stränge nötig werden. Auf einem weiteren Excel-Blatt wurden die Codebücher zur Auflösung der maschinenlesbaren Variablen von Strang I und II ergänzt.

In einem nächsten Schritt wurden die maschinenlesbaren Variablen gegen menschenlesbaren Klartext aus dem Codebuch ausgetauscht. Beispielsweise wurde für Frage I - 01 „Fallen bei Ihren Tätigkeiten Forschungsdaten an?" die Variable „1" mit dem Klartext „Ja" und Variable „2" mit „Nein" ersetzt. Die Ersetzung geschah anhand der teilweise händisch vergebenen Variablen aus QUAMP. Bei diesem Vorgehen wurde offensichtlich, dass die Vergabe von Variablen teilweise nicht komplett übereinstimmend zwischen Strang I und II geschah. Ein Beispiel für diese Anomalie ist die Frage I - 28 - i beziehungsweise II - 08 - i „Bitte wählen Sie den Fachbereich/das Institut aus, in dem Sie hauptsächlich beschäftigt sind:", Antwortkategorie „Doktorand(in)/ Stipendiat(in)". Für den Strang I ist die korrespondierende Variable „1", für den Strang II „9". Intellektuell wurden diese nicht übereinstimmenden Variablen identifiziert und entsprechend in dem zugehörigen Teil-Codebuch ersetzt. Diese Umwandlung wurde ebenfalls für die einzelnen Teilbetrachtungen vorgenommen.

In einem dritten Bearbeitungsschritt wurden verschiedene Vorgänge zur händischen Auszählung der Daten vorgenommen. Folgende Schritte wurden hierzu durchgeführt: Um die Anzahl der jeweils gegebenen Antworten zu identifizieren,

---

79   Anm.: Die Maßnahme, die nicht abgeschlossenen Fragebögen aus der Auswertung auszuschließen, entspricht dem Ziel der Projektgruppe, die Transparenz zu sichern sowie die Nachvollziehbarkeit der Daten zu erhöhen.

wurde die Funktion „Zählen wenn" angewandt. Die ausgezählten Antworten sowie die Angaben „nicht gestellt" und „nicht geantwortet" wurden zur Sicherstellung, dass die Funktion korrekt verwendet wurde beziehungsweise keine Fehler übersehen wurden, aufsummiert. Die auf diese Weise vollständig für die weitere Bearbeitung überarbeiteten Excel-Tabellen wurden für die Veröffentlichung letztmalig bearbeitet.

Die aufbereiteten Umfragedaten enthalten zusätzlich noch die Ergebnisse in Prozent. Auf diese Weise kann die Betrachtung der Ergebnisse je Frage in Bezug auf die jeweilige Anzahl derjenigen Personen betrachtet werden, denen die Frage auch tatsächlich gestellt wurde. Für die Auswertung ist dieser Schritt von Bedeutung, da die absoluten Zahlen für einen Vergleich zum Teil nicht herangezogen werden können.

Bei der Auswertung fiel auf, dass eine der befragten Personen zur Sicherstellung ihrer Anonymität beim Frageblock zu den persönlichen Angaben zum/zur Teilnehmer(in) selbst, alle möglichen Antworten per Mehrfachauswahl gewählt hat. Dies beeinflusst wiederum nicht die Grundgesamtmenge von 56 Personen, lediglich die Antwortzahl ist in diesem Fragebereich höher als die eigentliche Grundgesamtmenge.

8. Darstellung der Ergebnisse

Die Darstellung der Ergebnisse der Umfrage erfolgt in tabellarischer Form. Die Fragen wurden gemäß ihren übergeordneten Kategorien, die auch im Fragebogen ersichtlich sind, strukturiert. Für die Übersichtlichkeit und Verständlichkeit der Darstellung wurde für jede Frage eine Grundgesamtmenge der Befragten ermittelt. Dies ist wichtig, weil diese Grundgesamtmenge aufgrund der Struktur und der Stränge I und II des Fragebogens schwankt. Je nach Abhängigkeiten und Sprüngen variiert die Zahl der Befragten pro Frage. Ein Teil der Fragen kam jeweils nur in einem der beiden Teile des Fragebogens vor.

Bei den Ergebnissen wurden nur beendete und abgesendete Fragebögen berücksichtigt. Abgebrochene Fragebögen wurden von der Auswertung ausgeschlossen, ausgenommen von Freitextantworten, auf die später näher eingegangen wird.

Ausgehend von der Gesamtmenge pro Frage wurde für jede Antwortmöglichkeit pro Frage ein Prozentsatz ermittelt, mit welcher Häufigkeit die jeweilige Antwort gegeben wurde. Es wurde also ermittelt, wie viele Teilnehmer(innen) bei jeder einzelnen Frage welche Antwort gaben. Hierbei wurden Mehrfachnennungen beachtet, genauso wie nicht beantwortete Fragen.

Wie bereits erwähnt, entstanden durch mehrere, unterschiedliche Stränge im Fragebogen auch unterschiedliche Gesamtmengen. Die übergreifende Gesamtmenge, die alle Teilnehmer(innen) des Fragebogens zusammenfasst, beläuft sich auf 56 Teilnehmer(innen). Im ersten Strang des Fragebogens, bei dem die

Befragten angaben, dass bei ihren Tätigkeiten Forschungsdaten anfallen, wurden 50 Teilnehmer(innen) gezählt. Im zweiten Strang ergab sich die Grundgesamtmenge von sechs Personen, bei deren Tätigkeit keine Forschungsdaten anfallen. Weiterhin wurden noch Gesamtmengen festgestellt, die sich auf weitere Personenzahlen beliefen, was sich durch Sprünge beziehungsweise eine bestimmte Kombination von Antworten auf die gestellten Fragen ergab.

Für jede Frage wurden die prozentualen Häufigkeiten und Werte für jede einzelne Antwortmöglichkeit ermittelt. Das heißt, dass für jede Antwortmöglichkeit, auch bei Mehrfachnennungen, die Anzahl an Teilnehmer(inne)n, die diese gewählt haben, einzeln gezählt wurde. Somit kann der Bezug auf die zuvor ermittelte jeweilige Gesamtmenge für die entsprechende Frage hergestellt werden. Dabei wurden nicht beantwortete oder übersprungene Fragen nicht tiefergehend berücksichtigt, da der Fragebogen selbst abgeschlossen und abgesendet wurde.

Insgesamt haben von 76 Personen, die die Umfrage begonnen haben, 56 die Umfrage beendet. Dies entspricht einer Beteiligung von 24,67 %.[80] Dabei wurden die meisten vollständigen Fragebögen vom Fachbereich 5 Informationswissenschaften eingereicht. Hier haben 62,0 % beziehungsweise 18 Personen den Fragebogen ausgefüllt und abgesendet.[81] An zweiter Stelle steht der Fachbereich 1 Sozial- und Bildungswissenschaften mit 24,5 % (13 Personen), an dritter der Fachbereich 3 Bauingenieurwesen mit 22,5 % (7 Personen), gefolgt vom Fachbereich 4 Design mit 22,2 % (10 Personen) und an letzter Stelle steht der Fachbereich 2 STADT | BAU | KULTUR mit 19,4 % (7 Personen).

Bei einem Teil der im Fragebogen enthaltenen Fragen gab es Freitextfelder zur Beantwortung. Die Antworten, die an dieser Stelle gegeben wurden, wurden den einzelnen Kategorien mit einem Verweis auf die einzelnen Fragen zugewiesen, zu denen sie gehören. Wichtig ist hierbei anzumerken, dass dabei auch Volltextantworten aufgeführt werden, die aus nicht abgeschlossenen beziehungsweise nicht abgesendeten Fragebögen stammen. Diese Entscheidung wurde getroffen, um die bereits gegebenen und erstellten Antworten nicht verfallen zu lassen. Denn auch wenn die entsprechenden Fragebögen nicht beendet wurden, sind diese Volltextantworten wertvoll für das Ziel der Umfrage. Aus diesem Grund kann die Anzahl der in der Tabelle aufgeführten Volltextantworten von der Anzahl der nachgeführten Antworten abweichen. Antworten, welche aus abgebrochenen Fragebögen stammen, wurden kenntlich gemacht.

---

80   Anm.: Lediglich die prozentuale Zahl der Teilnehmer(inne)n wird mit zwei Nachkommastellen angegeben. Im Folgenden wird auf die erste Nachkommastelle gerundet.

81   Anm.: Ausschlaggebend für die höchste Beteiligung war die höchste prozentuale Beteiligung, gemessen an der Größe des jeweiligen Fachbereichs und der zur Umfrage eingeladenen Personen.

8.1 Art und Umfang der Daten

Nr.	Frage	Antwort	Anzahl	Prozent
I-01	Fallen bei Ihren Tätigkeiten Forschungsdaten an?	Ja	50	89,3 %
		Nein	6	10,7 %

Grundgesamtmenge: 56

Nr.	Frage	Antwort	Anzahl	Prozent
I-02	Wissen Sie, dass Sie zusätzliche Ressourcen (Sach- und Personalkosten) für Forschungsdatenmanagement bei diversen Förderorganisationen für Ihr Vorhaben extra beantragen können?	Ja	19	38,0 %
		Nein	31	62,0 %

Grundgesamtmenge: 50

Nr.	Frage	Antwort	Anzahl	Prozent
I-03	Wie hoch schätzen Sie den Stellenwert von Forschungsdaten für Ihre tägliche Arbeit bzw. Forschung ein?	Hoch	27	54,0 %
		Mittel	17	34,0 %
		Niedrig	6	12,0 %

Grundgesamtmenge: 50

Nr.	Frage	Antwort	Anzahl	Prozent
I-04	Auf welche Art und Weise gewinnen Sie Ihre Forschungsdaten hauptsächlich?	Quantitativen Umfragen und Interviews	23	46,0 %
		Qualitativen Befragungen	31	62,0 %
		Amtliche Statistik und Referenzdaten	15	30,0 %
		Sonstige Statistiken	11	22,0 %
		Logfiles und Nutzungsdaten	9	18,0 %
		Textdokumente	32	64,0 %
		Beobachtungen	16	32,0 %
		Labor-Experimente	13	26,0 %
		Feld-Experimente	13	26,0 %
		Simulationen	9	18,0 %
		Abbildungen von Objekten	12	24,0 %
		Klinische Studien	0	0,0 %
		Gendaten	0	0,0 %
		Synthetische Daten	2	4,0 %
		Analytische Methoden	18	36,0 %
		Messdaten	7	14,0 %
		Sonstiges: (Freitext)	5	10,0 %

Grundgesamtmenge: 50, Mehrfachnennung möglich

Freitext-Kommentare FRAGE: I-04

- Bilddokumente
- Geobasisdaten in Verbindung mit digitalisierten historischen Karten; digitalisierte oder digitale Text- und Bilddaten aus öffentlichen Archiven und Vermessungsämtern
- Literaturanalye (Freitextantwort aus einem nicht beendeten Fragebogen)
- Soziale Medien
- Videos, Audio-Materialien
- aus Forschungsworkshops mit ProbandInnen

Nr.	Frage	Antwort	Anzahl	Prozent
I-05	Um welche Datentypen/ Herkunftssysteme handelt es sich?	Texte	40	80,0 %
		Tabellen	30	60,0 %
		Datenbanken	22	44,0 %
		Bilder	25	50,0 %
		Mehrdimensionale Visualisierungen und Modelle	13	26,0 %
		Audio-Aufzeichnungen	22	44,0 %
		Video-Aufzeichnungen	18	36,0 %
		Programme und Anwendungen	14	28,0 %
		Sonstiges: (Freitext)	2	4,0 %

Grundgesamtmenge: 50, Mehrfachnennung möglich

Freitext-Kommentare FRAGE: I-05

- Eytracking, EEG, Reaktionszeitmessungen am Computer
- Vektorgrafiken

Nr.	Frage	Antwort	Anzahl	Prozent
I-06	Um welche fach- oder gerätespezifischen Daten handelt es sich?	Fragebögen	31	62,0%
		Statistische Auswertung	29	58,0%
		Text-Korpora / Annotationen	22	44,0%
		Daten Geoinformationssysteme (GIS)	6	12,0%
		Topographische Daten	7	14,0%
		Satellitenbilder	3	6,0%
		Fernerkundungsdaten	1	2,0%
		Spektra	1	2,0%
		Messreihen	8	16,0%
		Klimamodellierungen	2	4,0%
		Patientendaten	2	4,0%
		Sonstiges: (Freitext)	5	10,0%

Grundgesamtmenge: 50, Mehrfachnennung möglich

Freitext-Kommentare FRAGE: I-06

- Bilder, Film-Sequenzen
- Interviews, Workshops
- Baudatenbanken, Gebäudesimulation
- Selbsterstellte Grafiken
- Transkripte von Interview
- versuchsdaten, systemmodellierungen
  (Freitextantwort aus einem nicht beendeten Fragebogen)

Nr.	Frage	Antwort	Anzahl	Prozent
I-07	In etwa welchem Umfang entstehen pro Jahr Daten in Ihrer Forschungsarbeit?	< 1 GB	13	26,0%
		1–100 GB	20	40,0%
		101 GB–1 TB	5	10,0%
		> 1 TB	1	2,0%
		Kann ich nicht einschätzen	11	22,0%

Grundgesamtmenge: 50

8.2 Speicherung und Sicherung der Daten

Nr.	Frage	Antwort	Anzahl	Prozent
I-08	Zu welchem Zweck bewahren Sie Forschungsdaten auf?	Für Publikationen	46	92,0 %
		Für den Nachweis der Replizierbarkeit der Ergebnisse	24	48,0 %
		Für die weitere eigene Analyse / für weitere Projekte	44	88,0 %
		Für die Nachnutzung durch andere Forscher	17	34,0 %
		Zum Ausschluss rechtlicher Risiken	11	22,0 %
		Zu Übungszwecken für die Lehre	30	60,0 %
		Zur Bewahrung der Daten als Kulturgut	6	12,0 %
		Vorschrift (z.B. Geldgeber)	21	42,0 %
		Backup / Archivierung	28	56,0 %
		Ohne inhaltlichen Grund	1	2,0 %
		Sonstiges: (Freitext)	1	2,0 %

Grundgesamtmenge: 50, Mehrfachnennung möglich

Freitext-Kommentare FRAGE: I-08

- ich bewahre die Daten nicht stringent auf, da in den meisten Fällen die daten niemanden interessieren und sie auch nicht nach genutzt werden können

Nr.	Frage	Antwort	Anzahl	Prozent
I-09	Wo speichern Sie Forschungsdaten, die im Rahmen Ihrer Tätigkeiten sowohl während des Prozesses als auch am Ende anfallen?	Lokal auf meinem dienstlichen Rechner	39	78,0%
		Auf externen Datenträgern	35	70,0%
		Dezentral auf einem Server der FH	17	34,0%
		Lokal auf meinem privaten Rechner	15	30,0%
		Bei einem externen Cloud-Anbieter (z.B. GoogleDrive, Dropbox usw.)	17	34,0%
		Bei einem Datenarchiv für diese Art von Forschungsdaten	1	2,0%
		Sonstiges: (Freitext)	0	0,0%

Grundgesamtmenge: 50, Mehrfachnennung möglich

Freitext-Kommentare FRAGE: I-09

- Github (Freitextantwort aus einem nicht beendeten Fragebogen)

Nr.	Frage	Antwort	Anzahl	Prozent
I-10	Wie garantieren Sie die Sicherheit der Daten?	Erstellung von Sicherungskopien auf weiteren Speichermedien	39	78,0%
		Erstellung von Recovery-Plänen	1	2,0%
		Regelmäßiges Daten-Backup	29	58,0%
		Ich habe mich mit dem Thema noch nicht eingehend beschäftigt	6	12,0%
		Sonstiges: (Freitext)	3	6,0%

Grundgesamtmenge: 50, Mehrfachnennung möglich

Freitext-Kommentare FRAGE: I-10

- Keine Proirität (Freitextantwort aus einem nicht beendeten Fragebogen)
- Verschlüsselung
- Verschlüsselung/ Anonymisierung
- durch „Aufbewahren" auf nicht am Netz angeschlossenen Speichermedien (Sie meinten Sicherheit?)

8.3 Praktisches Datenmanagement

Nr.	Frage					
I-11	Wer übernimmt welche Aufgaben beim Management Ihrer Forschungsdaten?					
Tätigkeit/Akteure	Organisation/ Strukturierung	Erhe- bung	Doku- men- tation	Siche- rung	Archi- vierung	Publi- kation
Projektgruppenleiter(in)	18	8	8	7	9	22
Forschungsverbund- leiter(in)	1	2	1	0	0	0
IT-Personal (der FH)	0	0	1	5	1	0
Akademische(r) Mitar- beiter(in)	21	28	28	26	20	17
Andere(r) Beauftragte(r) (z.B. externe Dienst- leister oder Verbund- partner)	0	2	3	0	2	0
Ist mir unbekannt	1	1	1	2	4	1
Ist nicht vorgesehen	2	1	1	2	2	2
Niemand	2	2	1	1	6	2

Grundgesamtmenge: 50, Mehrfachnennung von Akteuren, nicht Tätigkeiten möglich

Nr.	Frage	Antwort	Anzahl	Prozent
I-12	Wer außer Ihnen darf auf Ihre Forschungsdaten zugreifen?	Projektmitglieder	39	78,0 %
		Mitglieder meiner Arbeitsgruppe	32	64,0 %
		Angehörige meines Instituts/ Fachbereichs	10	20,0 %
		Angehörige meiner Hochschule	4	8,0 %
		(Fach)Öffentlichkeit	8	16,0 %
		Forschungsdaten werden Interessent(inn)en auf Anfrage bereitgestellt	26	52,0 %
		Niemand	5	10,0 %
		Sonstige: (Freitext)	1	2,0 %

Grundgesamtmenge: 50, Mehrfachnennung möglich

Freitext-Kommentare FRAGE: I-12

- Da es eher stud. Arbeiten sind, will das eigentlich keiner. Das Silqua-Projekt ist veröffentlicht und im Umzug sind die Urdaten wohl weggeworfen worden.

Nr.	Frage	Antwort	Anzahl	Prozent
I-13	Wer ist für die Forschungs- daten nach Ende eines Projektes rechtlich verant- wortlich?	Ich	29	58,0 %
		Verantwortliche(r) im Projekt	19	38,0 %
		Fachbereich	1	2,0 %
		Hochschule	7	14,0 %
		Ungeklärt	4	8,0 %
		Ich habe mich mit dem Thema noch nicht einge- hend beschäftigt	12	24,0 %
		Externe: (Freitext)	1	2,0 %
		Sonstige: (Freitext)	1	2,0 %

Grundgesamtmenge: 50, Mehrfachnennung möglich

Freitext-Kommentare FRAGE: I-13

- Externe: Historische Kommission Brandenburg
- Sonstige: z.T. ungeklärt

8.4 Leitlinien

Nr.	Frage	Antwort	Anzahl	Prozent
I-14	Die Deutsche Forschungsgemeinschaft (DFG) hat 2015 „Leitlinien zum Umgang mit Forschungsdaten" verabschiedet. Die 3. Empfehlung lautet: „Den Regeln der Guten Wissenschaftlichen Praxis folgend sollen Forschungsdaten in der eigenen Einrichtung oder in einer fachlich einschlägigen, überregionalen Infrastruktur für mindestens 10 Jahre archiviert werden." Wenden Sie diese Empfehlung schon an?	Ja, alle Forschungsdaten werden für mindestens zehn Jahre aufbewahrt	17	34,0 %
		Ja, aber nur ausgewählte Forschungsdaten werden für mindestens zehn Jahre aufbewahrt	11	22,0 %
		Nein, alle Forschungsdaten werden für weniger als zehn Jahre aufbewahrt	2	4,0 %
		Nein, alle Forschungsdaten werden kurz nach Abschluss des Projektes gelöscht	1	2,0 %
		Ich bin mir unsicher	13	26,0 %
		Diese Grundsätze kenne ich nicht	11	22,0 %

Grundgesamtmenge: 50

Nr.	Frage	Antwort	Anzahl	Prozent
I-15	Existieren in Ihrem Forschungsgebiet weitere Leitlinien oder Verträge (z. B. Kooperationsverträge), die den Umgang mit Forschungsdaten regeln?	Ja	14	28,0 %
		Nein	34	68,0 %
		Nicht geantwortet	2	4,0 %

Grundgesamtmenge: 50

Nr.	Frage	Antwort	Anzahl	Prozent
I-16	Bitte konkretisieren Sie, um welche Richtlinie(n) oder Verträge es sich handelt:	(Freitext)	12	–

Grundgesamtmenge: 16

Freitext-Kommentare FRAGE: I-16

- Code of Ethics der American Sociological Association (ASA, 2008)
- EU Vorgaben
- Einverständniserklärungen und Kooperationsverträge
- Einzelregelungen von Projektmittelgebern und Praxispatnern
- Empfehlungen der Dt. Gesellschaft f. Psychologie
- Erfindungsschutz – patentrechte
- Ethikgutachten
- Kooperationspartner-Verträge
- Kooperationsverträge mit außeruniversitären Einrichtungen
- Richtlinien der DGPS
- Urheberrecht, Verwendung bei veröffentlichungen
- Verträge mit Fördergeber

8.5 Nutzung von Datenrepositorien

Nr.	Frage	Antwort	Anzahl	Prozent
I-17	Haben Sie schon einmal Forschungsdaten in einem Repositorium/Datenarchiv* abgelegt?	Ja	5	10,0 %
		Nein	44	88,0 %
		Nicht geantwortet	1	2,0 %

Grundgesamtmenge: 50

Nr.	Frage	Antwort	Anzahl	Prozent
I-18	Bitte geben Sie an, warum Sie bisher keine Daten in einem Repositorium abgelegt haben	Ich sehe keine Notwendigkeit, Daten in einem Repositorium abzulegen	11	24,4 %
		Mir war die Möglichkeit, Daten in einem Repositorium abzulegen, bisher nicht bekannt	9	20,0 %
		Ich habe kein für mich geeignetes Repositorium gefunden	4	8,9 %
		Ich habe mich mit dem Thema noch nicht eingehend beschäftigt	29	64,4 %

Grundgesamtmenge: 45, Mehrfachnennung möglich

Nr.	Frage	Antwort	Anzahl	Prozent
I-19	In welchem Repositorium legen Sie Ihre Forschungs- daten ab?	Fachspezifisches Reposi- torium	5	100,0%
		Fachübergreifendes nationales oder interna- tionales Repositorium	0	0,0%
		Ich informiere mich in re3data, welches For- schungsdatenreposito- rium für mich in Frage kommt	0	0,0%
		Ich habe mich mit dem Thema noch nicht einge- hend beschäftigt	0	0,0%
		Andere Art von Reposito- rium, nämlich: (Freitext)	0	0,0%

Grundgesamtmenge: 5, Mehrfachnennung möglich

Nr.	Frage	Antwort	Anzahl	Prozent
I-20	Woran orientieren Sie sich bei der Wahl eines geeigneten Repositoriums?	Empfehlung meiner Kolleg(inn)en	2	40,0%
		Empfehlung meiner Fachorganisation / Fachgesellschaft	4	80,0%
		Empfehlung in einer Publikation (z.B. Websei- te oder Fachzeitschrift)	2	40,0%
		Bekanntheit und Ruf der Organisation, die das Repositorium betreibt	2	40,0%
		An Zertifizierungen, die Qualitätsstandards garantieren	0	0,0%
		An anderen Kriterien, nämlich: (Freitext)	1	20,0%

Grundgesamtmenge: 5, Mehrfachnennung möglich

Freitext-Kommentare FRAGE: I-20
- persönliche wissenschaftliche Expertise

Nr.	Frage	Antwort	Anzahl	Prozent
I-21 / II-01	Haben Sie schon einmal Forschungsdaten anderer Forscher(innen) nachgenutzt?	Ja	29	51,8%
		Nein	26	46,4%
		Nicht geantwortet	1	1,7%

Grundgesamtmenge: 56

Nr.	Frage	Antwort	Anzahl	Prozent
II-02	Wenn Sie fremde Forschungsdaten nachnutzen, wie hoch schätzen Sie den Stellenwert ein?	Hoch	1	33,3%
		Mittel	1	33,3%
		Niedrig	1	33,3%

Grundgesamtmenge: 3

Nr.	Frage	Antwort	Anzahl	Prozent
I-22/II-03	Auf welche Art und Weise nutzen Sie die Daten anderer?	Auf individuelle Anfrage (E-Mail, Telefon, etc.)	24	80,0%
		Zugriff auf gemeinsame Projekt-/Instituts-daten über geschützten Speicherort	12	40,0%
		Zugriff auf Daten in einem geschützten Online-Portal	8	26,7%
		Zugriff auf Daten in einem offenen Online-Portal	11	36,7%
		Nutzung der Daten durch Webservices/ Schnittstelle(n)	13	43,3%

Grundgesamtmenge: 30, Mehrfachnennung möglich

Nr.	Frage	Antwort	Anzahl	Prozent
II-04	Werden Forschungsdaten in 5 Jahren für Ihre Tätigkeit eine größere Rolle spielen als zurzeit?	Ja	2	33,3%
		Nein	2	33,3%
		Ich habe mich mit dem Thema noch nicht eingehend beschäftigt	2	33,3%

Grundgesamtmenge: 6

Nr.	Frage	Antwort	Anzahl	Prozent
I-23	Sind Sie bereit Ihre Forschungsdaten anderen Forscher(inne)n zur Verfügung zu stellen, unter der Voraussetzung, dass es keine rechtlichen oder datenschutzbedingten Einschränkungen gibt?	Ja	26	96,3%
		Nein	1	3,7%

Grundgesamtmenge: 27

Nr.	Frage	Antwort	Anzahl	Prozent
I-24	Auf welche Art und Weise sind Ihre Forschungsdaten durch Dritte nutzbar?	Auf individuelle Anfrage (E-Mail, Telefon, etc.)	42	84,0%
		Zugriff auf gemeinsame Projekt-/Institutsdaten über geschützten Speicherort	17	34,0%
		Zugriff auf Daten in einem geschützten Online-Portal	8	16,0%
		Zugriff auf Daten in einem offenen Online-Portal	7	14,0%
		Nutzung der Daten durch Webservices/ Schnittstelle(n) etc.	2	4,0%

Grundgesamtmenge: 50, Mehrfachnennung möglich

8.6 Probleme und Unterstützungsbedarf

Nr.	Frage	Antwort	Anzahl	Prozent
I-25/II-05	Wie gut schätzen Sie Ihre Kenntnisse im Bereich Forschungsdatenmanagement ein?	Gut	11	19,6%
		Durchschnittlich	13	23,2%
		Gering	32	57,1%

Grundgesamtmenge: 56

Nr.	Frage	Antwort	Anzahl	Prozent
I-26/II-06	Waren Sie in Bezug auf Forschungsdaten schon einmal mit folgenden Problemen konfrontiert bzw. befürchten Sie diese für die Zukunft?	Veraltete Datenformate sind mit aktueller Software nicht mehr lesbar	25	44,6%
		Daten gingen durch technische Pannen, Viren oder ähnliches verloren	19	33,9%
		Ein Repositorium / Datenarchiv*, das Sie nutzen wollten, besteht nicht mehr	9	16,1%
		Für die Archivierung fallen immer höhere laufende Kosten an (z.B. steigende Gebühren)	8	14,3%
		Für das Herunterladen von Dateien werden unverhältnismäßig hohe Gebühren verlangt	6	10,7%
		Daten werden von Unbefugten eingesehen/benutzt/verbreitet/vervielfältigt	6	10,7%
		Daten sind unzureichend dokumentiert und daher nicht (mehr) zuverlässig interpretierbar	27	48,2%
		Relevante Daten sind schwer zu finden	26	46,4%

		Sie haben keine Zugriffs-berechtigungen für Daten anderer Autor(inn)en, die für Ihre eigene Forschung relevant sind	9	16,1 %
		Sie haben Rückfragen an Personen, die nicht mehr kontaktierbar oder unbekannt sind	15	26,8 %
		Ich habe mich mit dem Thema noch nicht einge-hend beschäftigt	7	12,5 %
		Sonstiges: (Freitext)	3	5,4 %

Grundgesamtmenge: 56, Mehrfachnennung möglich

Freitext-Kommentare FRAGE: I-26 / II-06

- Hauptproblem: unzureichende Infrastruktur / Speicherplatz / Verfahrensregeln an der FH
- Portale mit offenen Metadaten bieten keine offene Schnittstelle an
- zu wenig Zeit, um Daten wiederauffindbar zu strukturieren, Relevanz schlecht absehbar

Nr.	Frage	Antwort	Anzahl	Prozent
I-27 / II-07	Welche Serviceleistungen würden Sie sich im Bereich Forschungsdatenmanagement von der FHP wünschen?	Gesicherten, verlässlichen und leicht zugänglichen Speicherplatz für meine Forschungsdaten	44	78,6 %
		Beratung bei rechtlichen Fragen (z.B. Zugangseinschränkungen, Umgang mit sensiblen Daten, Nutzung von Lizenzen)	41	73,2 %
		Beratung bei technischen Fragen (z.B. Metadaten, Standards, langfristige Archivierung)	41	73,2 %
		Beratung zum Publizieren und Zitieren von Forschungsdaten	24	42,9 %
		Beratung in allgemeinen Fragen zum Umgang mit Forschungsdaten	22	39,3 %
		Unterstützung bei konkreten Angelegenheiten (z.B. beim Einreichen eines Manuskripts in einer Zeitschrift, die Veröffentlichung von Forschungsdaten vorgibt)	20	35,7 %
		Unterstützung beim Erstellen eines Datenmanagementplans	17	30,4 %
		Ich habe mich mit dem Thema noch nicht eingehend beschäftigt	4	7,1 %
		Ich brauche keine Serviceleistungen	1	1,8 %
		Sonstiges: (Freitext)	1	1,8 %

Grundgesamtmenge: 56, Mehrfachnennung möglich

Freitext-Kommentare FRAGE: I-27 / II-07

- keine Beratung, sondern konkrete personelle Ressourcen über die Projektdauer hinaus zur Aufbereitung der Metadaten und der Codebücher

8.7 Angaben zum/zur Teilnehmer(in)

Nr.	Frage	Antwort	Anzahl	Prozent
I-28/II-08	Bitte wählen Sie den Fachbereich/das Institut aus, in dem Sie hauptsächlich beschäftigt sind	FB 1 Sozial- und Bildungswissenschaften	13	23,2%
		FB 2 Stadt | Bau | Kultur	7	12,5%
		FB 3 Bauingenieurwesen	7	12,5%
		FB 4 Design	10	17,9%
		FB 5 Informations-wissenschaften	18	32,1%
		ZETUP	1	1,8%
		ZEW	1	1,8%
		IaF	7	12,5%
		Doktorand(in)/ Stipendiat(in)	4	7,1%

Grundgesamtmenge: 56, Mehrfachnennung möglich

Nr.	Frage	Antwort	Anzahl	Prozent
I-29/II-09	In welcher Gruppe sind Sie bei der angegebe-nen Einrichtung tätig?	Professor(in)	26	46,4%
		Akademische(r) Mitarbeiter(in)	28	50,0%
		Doktorand(in)/ Stipendiat(in)	3	5,4%

Grundgesamtmenge: 56, Mehrfachnennung möglich

Nr.	Frage	Antwort	Anzahl	Prozent
I-30/II-10	Angaben zum Alter	< 35	11	19,6%
		35–45	14	25,0%
		> 45	24	42,9%
		Keine Angabe	6	10,7%
		Nicht geantwortet	1	1,8%

Grundgesamtmenge: 56

Nr.	Frage	Antwort	Anzahl
I-31/II-11	Haben Sie noch weitere Anregungen oder Kommentare für uns?	(Freitext)	6

Grundgesamtmenge: 56

Freitext-Kommentare FRAGE: I-31 / II-11

- Forschungsdaten(management) könnte/sollte in Kooperation mit anderen Hochschulen/Forschungseinrichtungen in Brandenburg angegangen werden
- 1 Frage (weshalb nicht bereitsgestellt) nicht beantwortet, da alle Antwortmöglichkeiten nicht passten. In meinen Projekten: Daten konnten aus eigentumsrechtlichen Gründen nicht veröffentlicht werden.
- Danke für diese Umfrage!
- zur Umfrage. a) sie ist zu leicht deanonymisierbar. b) die in den Sozial- und Geisteswissenschaften Forschungsaktivitäten sind zu vielfältig, als dass sie durch einen klassischen Fragebogen gut genug erfassbar wären. (hier wäre ein qualitatives Vorgehen sinnvoller gewesen) c) es fehlten dementsprechend offene Fragen und Kommentarfelder
- Eine zehnjährige Aufbewahrung von Forschungsdaten ist noch keine Archivierung. Hier muss das FHP-Hochschularchiv zu Fragen der digitalen Langzeitarchivierung einbezogen werden. Keine Angst: da ist jemand, der dieses Problem versteht.
- Meine Erfahrung ist, dass man vorrangig allein steht und sich durchkämpft. Was aus den ordentlich sortiert und abgelegten Kartons beim Umzug geworden ist – ich weiß es nicht, ich vermute weggeworfen, weil ich nicht sofort gerannt bin bzw. während der Sommerpause kamen Aufforderungen, deren Fristen abgelaufen waren als ich nach kurzem Urlaub wieder da war. Ich habe während des Umzugs entsorgt, entsorgt, entsorgt. Ich bin nicht „der große Forscher" und werde es nicht werden. Meine Schwierigkeit ist nicht das Datenmanagement, sondern wie finde ich Kooppartner für ein sinnvolles Projekt, was auch Zukunft hätte, wenn man nicht zur Elite des IaF oder den Forschungsprofs gehört und nicht vom FB – wenn es eine Angebot von draußen gibt – Dinge angeboten bekommt. Das kriegen immer die jungen Lehrkräfte für bes. Aufgaben, weil sie gefördert werden sollen, auch wenn sie inhaltlich keinerlei Ahnung zum Gebiet haben. Ich habe erfahren auch die Forschungs-AG ist ein Diskussionsort um zu klären, stellen wir einen gemeinsamen Antrag, wer macht mit, wen könnten wir noch ansprechen, das läuft informell unter den Forschungsprofs. D.h. es gibt kein Forum, wo man reinkommt und eine offene Diskussion führen kann wie seinerzeit das Innokolleg, dass ja offen gesucht hat. Wenn immer so getan wird, dass nur die Drittmittel-Leute „etwas wert" und wichtig sind – dann ist es eben so. Dass die Leute, die 90–120 Leute in Vorlesungen und Klausuren versorgen, zur Basisfinanzierung der FHP beitragen, was Interflex-Seminare und kleine nette Projektgruppen sicher irgendwie

auch tun, aber nicht mit der workload, das ist in den letzten Jahren verloren gegangen. Also weiter so wie gehabt. Diese Befragung trifft vermutlich vorrangig die Bedürfnisse und Bedarfe der forschungsstarken Kollegen/innen. Beste Grüße PS: Das waren deutlich mehr als 2 Min., was dieser FB braucht.

9. Analyse der Ergebnisse

Im Zuge der statistischen Auswertung der Umfrage wurde, im Sinne der Objektivität, eine strikte Trennung zwischen einer reinen Häufigkeitsauszählung einerseits und der Interpretation der Daten andererseits vorgenommen. Daher wird im ersten Teil des folgenden Kapitels eine reine Auszählung durchgeführt und erst im zweiten Teil die Interpretation der Ergebnisse vorgenommen. Daraus leiten sich dann in Kapitel 11 Empfehlungen und Ausblick ab.

Durch die Nichteinbeziehung von abgebrochenen Fragebögen ergab sich eine Grundgesamtmenge von 56 Personen, dies entspricht einer Prozentzahl von 24,7% der angesprochenen Hochschulmitglieder. Infolge der zuvor dargelegten Modellierung der Umfrage kann diese Grundgesamtmenge variieren, da verschiedene Fragen nur unter der Bedingung gestellt wurden, dass vorhergehende Fragen positiv oder negativ beantwortet wurden.

Bezüglich der Freitext-Antworten ist des Weiteren anzumerken, dass die Rechtschreibung nicht angepasst sowie die Antworten nicht anonymisiert wurden.

9.1 Art und Umfang der Daten

Antwortmöglichkeit	Anzahl der Antwort	Prozentualer Anteil der Antwort
Ja	50	89,3%
Nein	6	10,7%

Abbildung 2: Entstehung von Forschungsdaten (I-01)

Der Fragebogen begann mit der Frage I-01 (Abbildung 2), die die Teilnehmer(innen) danach befragt, ob bei ihren Tätigkeiten Forschungsdaten anfallen. Dabei antworteten 50 Personen (89,3%) mit „Ja" und sechs (10,7%) mit „Nein". Diejenigen, die mit „Ja" antworteten, blieben im Strang I und diejenigen, die „Nein" antworteten, gelangten in Strang II.

Antwortmöglichkeit	Anzahl der Antwort	Prozentualer Anteil der Antwort
Ja	19	38,0 %
Nein	31	62,0 %

Abbildung 3: Zusätzliche Ressourcen für Forschungsdaten bei Förderorganisationen (I-02)

Frage I-02 (Abbildung 3) hatte eine Gesamtmenge von 50 Personen, da sie ge-stellt wurde, sofern die vorherige Frage mit „Ja" beantwortet wurde. Die Teilneh-mer(innen) wurden gefragt, ob ihnen die Möglichkeit, zusätzliche Ressourcen für FDM bei diversen Förderorganisationen für ihr Vorhaben extra zu beantra-gen, bekannt ist. Dabei antworteten 31 der Befragten (62,0 %) mit „Nein" und 19 (38,0 %) mit „Ja".

I-03-a/b/c Wie hoch schätzen Sie den Stellenwert von
Forschungsdaten für ihre tägliche Arbeit bzw. Forschung ein?

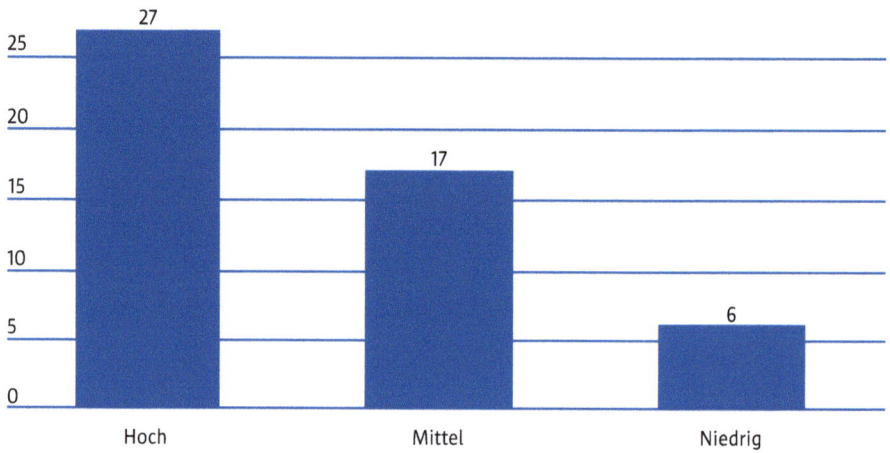

Abbildung 4: Stellenwert von Forschungsdaten (I-03)

In Frage I-03 (Abbildung 4) wurde gefragt, welchen Stellenwert die Teilneh-mer(innen) Forschungsdaten in der täglichen Arbeit oder Forschung beimessen. Dabei sagten aus einer Gesamtmenge von 50 Teilnehmer(inne)n 27 Personen (54,0 %) „hoch", 17 Personen (34,0 %) gaben den Stellenwert von Forschungsda-ten als „mittel" und sechs Personen (12 %) als „niedrig" an.

I-04 Auf welche Art und Weise gewinnen Sie Ihre Forschungsdaten hauptsächlich?

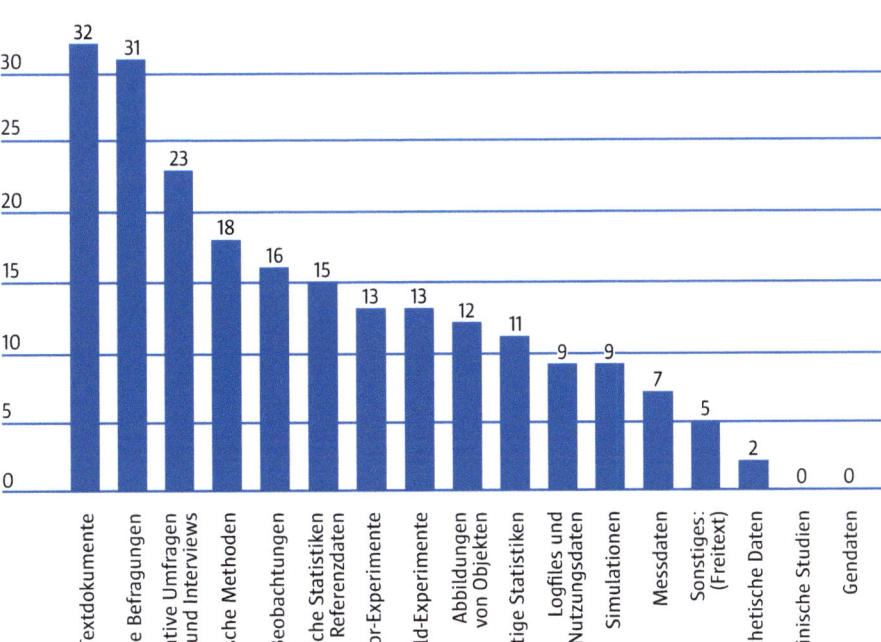

Abbildung 5: Gewinnung von Forschungsdaten (I-04)

In Frage I-04 (Abbildung 5) wurden die 50 Teilnehmer(innen) gefragt, auf welche Art und Weise sie Forschungsdaten hauptsächlich gewinnen. Diese Frage ermöglichte auch Mehrfachnennungen. Dabei sagten die meisten Teilnehmer(innen) (32 Personen, 64,0 %) aus, dass sie ihre Forschungsdaten aus Textdokumenten gewinnen. Fast ebenso häufig wurde geantwortet, dass aus qualitativen Befragungen Daten gewonnen werden (31 Personen, 62,0 %). Danach wurde am häufigsten die Antwort „Quantitative Umfragen und Interviews" (23 Personen, 46,0 %) gegeben. Die vierthäufigste Antwort war „Analytische Methoden" mit der Angabe von 18 Teilnehmer(inne)n (36,0 %) dieser Antwort. 16 Personen (32,0 %) gaben an, dass sie Beobachtungen nutzen, um Daten zu gewinnen. 15 Befragte (30,0 %) gaben an, dass sie Statistiken und Referenzdaten verwenden. Die Antworten „Labor-Experimente" und „Feld-Experimente" wurden von jeweils 13 Personen (26,0 %) gegeben. 12 Teilnehmer(innen) (24,0 %) sagten aus, dass sie Abbildungen von Objekten nutzen. 11 Personen (22,0 %) gaben an, dass sie auf „sonstige Statistiken" zurückgreifen. Simulationen wurden von neun der Befragten (18,0 %) angegeben. Weitere sieben Teilnehmer(innen) (14,0 %) sagten aus, dass sie hauptsächlich Messdaten verwenden. Die Freitextfelder wurden von fünf Befragten (10,0 %) genutzt, um eigene Antworten zu ergänzen. Diese eigenen Antworten waren „Bilddokumente", „Geobasisdaten in Verbindung mit digitalisierten historischen Karten, digitalisierte oder digitale Text- und Bildda-ten aus öffentlichen Archiven und Vermessungsämtern", „Literaturanalyse" (Freitextantwort aus einem nicht beendeten Fragebogen), „Soziale Medien", „Vi-deos" sowie „Audio-Materialien aus Forschungsworkshops mit ProbandInnen". Zwei Personen (4,0 %) sagten aus, dass sie synthetische Daten verwerten. Die zwei Antwortmöglichkeiten „Klinische Studien" und „Gendaten" wurden von den Teilnehmer(inne)n nicht genutzt.

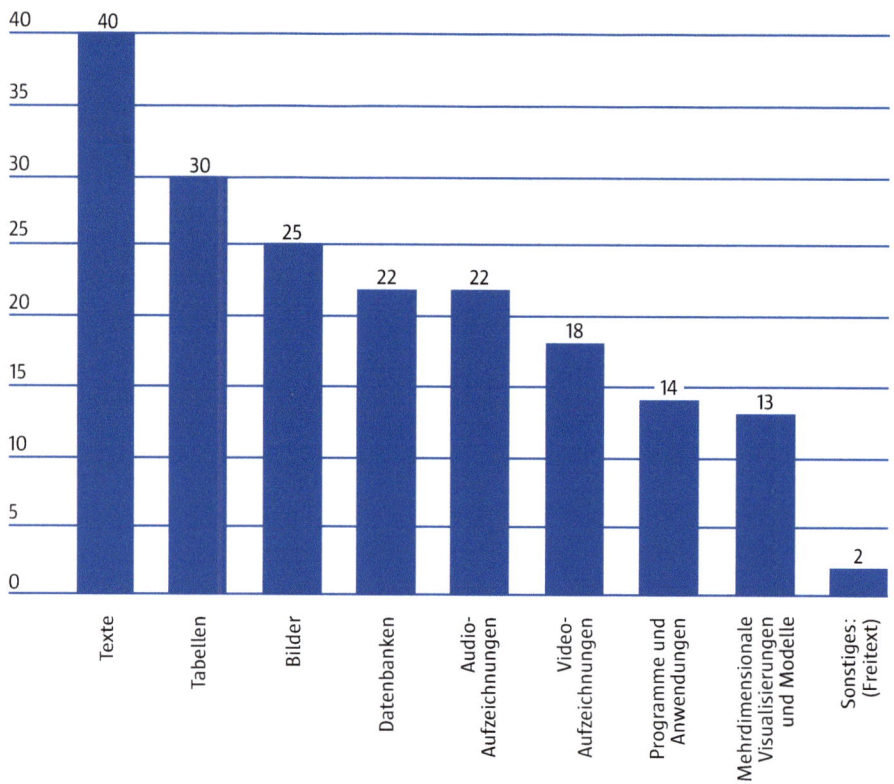

I-05 Um welche Datentypen/Herkunftssysteme handelt es sich?

Abbildung 6: Herkunftssysteme und Dateitypen (I-05)

Frage I-05 (Abbildung 6) behandelte die Herkunftssysteme und Dateientypen der Forschungsdaten. Dabei gab es auch die Möglichkeit für Mehrfachangaben. Auch hier betrug die Grundgesamtmenge 50 Teilnehmer(innen). Die häufigste Antwort war „Texte" (40 Personen, 80,0 %). An zweiter Stelle folgte die Antwort

„Tabellen", diese gaben 30 Teilnehmer(innen) (60,0 %) an. 25 Teilnehmer(innen) (50,0 %) antworteten „Bilder". Die Antworten „Datenbanken" und „Audio-Aufzeichnungen" gaben 22 Befragte (44,0 %) an. 18 Personen (36,0 %) sagten aus, dass Video-Aufzeichnungen einer der Dateientypen sind, die einen Teil ihrer Forschungsdaten ausmachen. 14 Personen (28 %) sagten aus, dass sie Programme und Anwendungen verschiedener Art nutzen. 13 Teilnehmer(innen) (26,0 %) gaben „mehrdimensionale Visualisierung" und „Modelle" als ihren bevorzugten Dateityp an. Zwei Personen (4,0 %) gaben Freitextantworten. In diesen wurden als weitere Datentypen „Eytracking, EEG, Reaktionszeitmessungen am Computer" sowie „Vektorgrafiken" ergänzt.

I-06 Um welche fach- oder gerätespezifischen Daten handelt es sich?

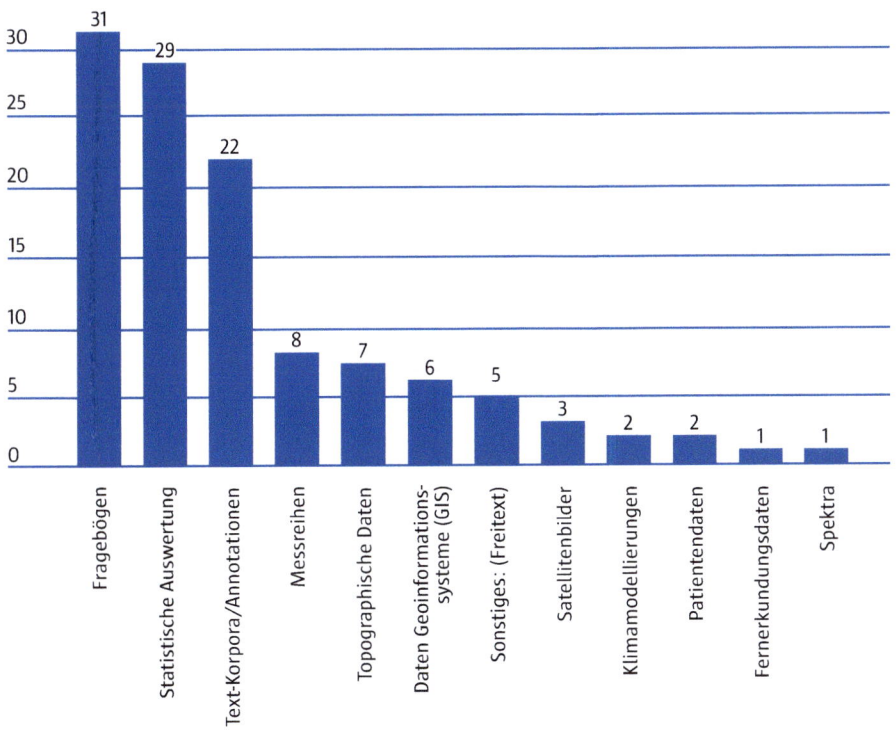

Abbildung 7: Fach- oder gerätespezifische Daten (I-06)

In Frage I-06 (Abbildung 7) wurde erfragt, um welche fach- oder gerätespezifischen Forschungsdaten es sich handelt. Dabei waren Mehrfachnennungen möglich.

Die Mehrzahl der Befragten (31 Personen, 62,0 %) gab Fragebögen zur Antwort. 29 Teilnehmer(innen) (58,0 %) gaben an, dass sie statistische Auswertungen nutzen. Am dritthäufigsten wurden Text-Korpora und Annotationen als Antwort angegeben (22 Teilnehmer(innen) beziehungsweise 44,0 %). Acht Teilnehmer(innen) (16,0 %) gaben an, dass sie Messreihen als spezifische Daten nutzen. Sieben Personen (14,0 %) nannten topographische Daten und sechs (12,0 %) Daten Geoinformationssysteme. Fünf der Teilnehmer(innen) (10 %) gaben Freitextantworten an. Diese Freitextantworten enthielten 10 weitere Angaben zu den bei ihren Tätigkeiten anfallenden Daten. Genauer handelte es sich um „Baudatenbanken, Gebäudesimulation", „Bilder, Film-Sequenzen", „Interviews, Workshops" „Selbsterstellte Grafiken", „Transkripte von Interview" und „versuchsdaten, systemmodellierungen". Drei Personen (6,0 %) nutzten Satellitenbilder. Klimamodellierung und Patientendaten wurden jeweils von zwei Personen (4,0 %) angegeben, Fernerkundungsdaten und Spektren jeweils von einer Person (2,0 %).

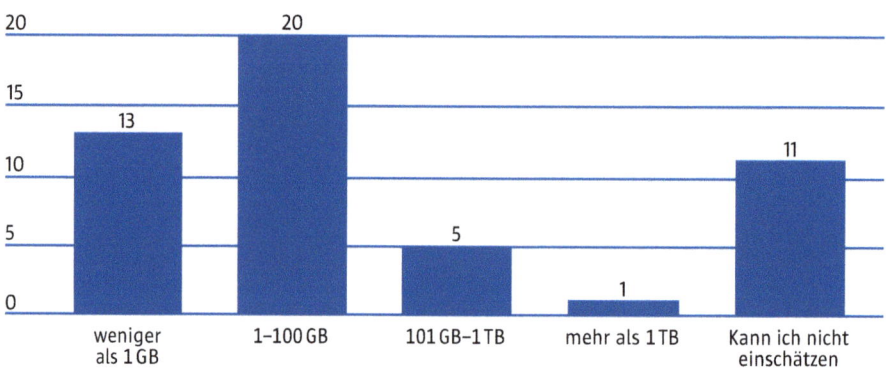

Abbildung 8: Umfang von Forschungsdaten (I-07)

In Frage I-07 (Abbildung 8) wurde gefragt, wie hoch der Umfang an Forschungsdaten ist, der von den jeweiligen Teilnehmer(inne)n produziert wird. Hierbei lag die Gesamtanzahl an befragten Personen bei 50. Dabei sagten 13 Personen (26,0 %) aus, dass sie weniger als 1 Gigabyte (GB) produzieren. 20 Teilnehmer(innen) (40,0 %) sagten aus, dass sie zwischen 1 und 100 GB produzieren. Fünf Befragte (10,0 %) gaben an, dass sie zwischen 101 GB und 1 Terabyte (TB) generieren und 1 Person (2,0 %) sagte aus, dass sie mehr als 1 TB produziert. 11 der Teilnehmer(innen) (22,0 %) konnten hierüber keine näheren Angaben machen.

9.2 Speicherung und Sicherung der Daten

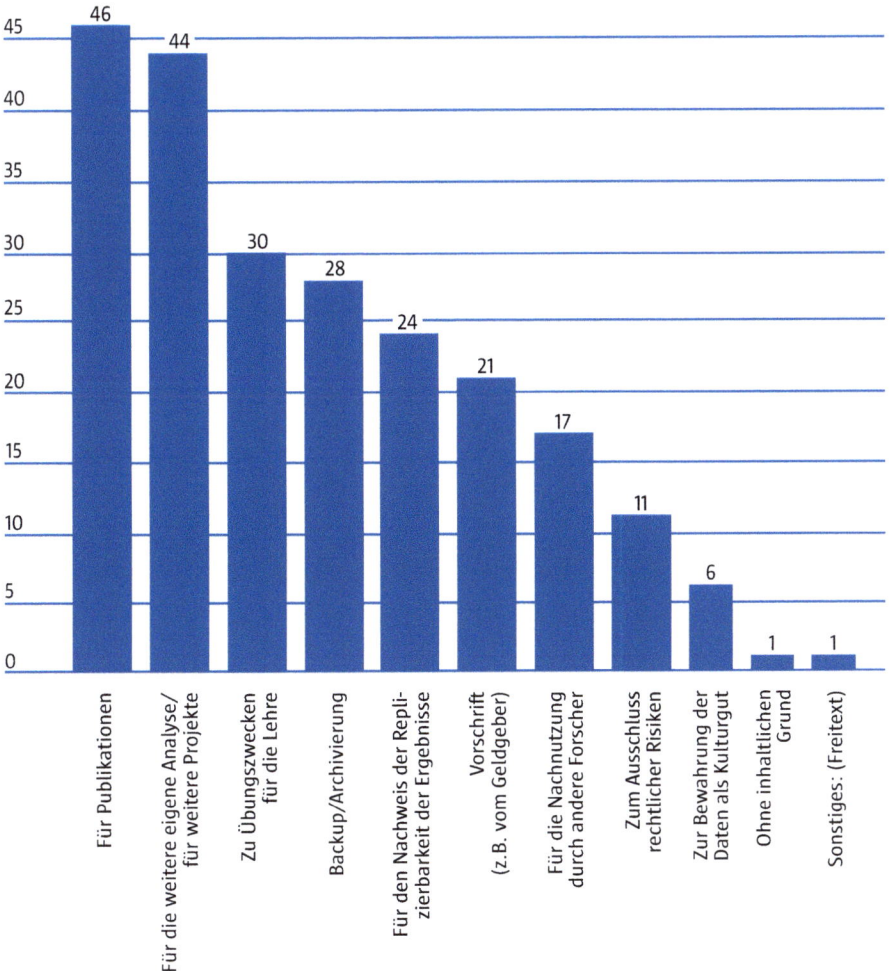

I-08 Zu welchem Zweck bewahren Sie Forschungsdaten auf?

Abbildung 9: Zweck der Aufbewahrung der Forschungsdaten (I-08)

Frage I-08 (Abbildung 9) befragte die Teilnehmer(innen) nach dem Zweck der von ihnen aufbewahrten Forschungsdaten. Da diese Frage nur im Strang I gestellt wurde, beträgt die Grundgesamtmenge der befragten Teilnehmer(innen) 50 Personen. Es waren Mehrfachantworten möglich.

Hierbei gaben 46 Personen (92,0%) als Zweck „Für Publikation(en)", 44 Personen

(88,0 %) „Für die weitere eigene Analyse / für weitere Projekte" und 28 Personen (56,0 %) „Backup / Archivierung" an. Des Weiteren gaben 30 Personen (60,0 %) als Zweck „Zu Übungszwecken für die Lehre", 24 Personen (48,0 %) „Für den Nachweis der Replizierbarkeit der Ergebnisse" und 21 Personen (42,0 %) „Vorschrift (zum Beispiel Geldgeber)" an. Die vorgegebene Antwort „Für die Nachnutzung durch andere Forscher" wählten 17 Personen (34,0 %), „Zum Ausschluss rechtlicher Risiken" 11 Personen (22,0 %) und „Zur Bewahrung der Daten als Kulturgut" 6 Personen (12,0 %) aus. Jeweils einmal (2,0 %) wurde „Ohne inhaltlichen Grund" und die Option „Freitextantwort" ausgewählt. Die selbst formulierte Freitextantwort lautet „ich bewahre die Daten nicht stringent auf, da in den meisten Fällen die daten niemanden interessieren und sie auch nicht nach genutzt werden können".

I-09 Wo speichern Sie Forschungsdaten, die im Rahmen Ihrer Tätigkeiten sowohl während des Prozesses als auch am Ende anfallen?

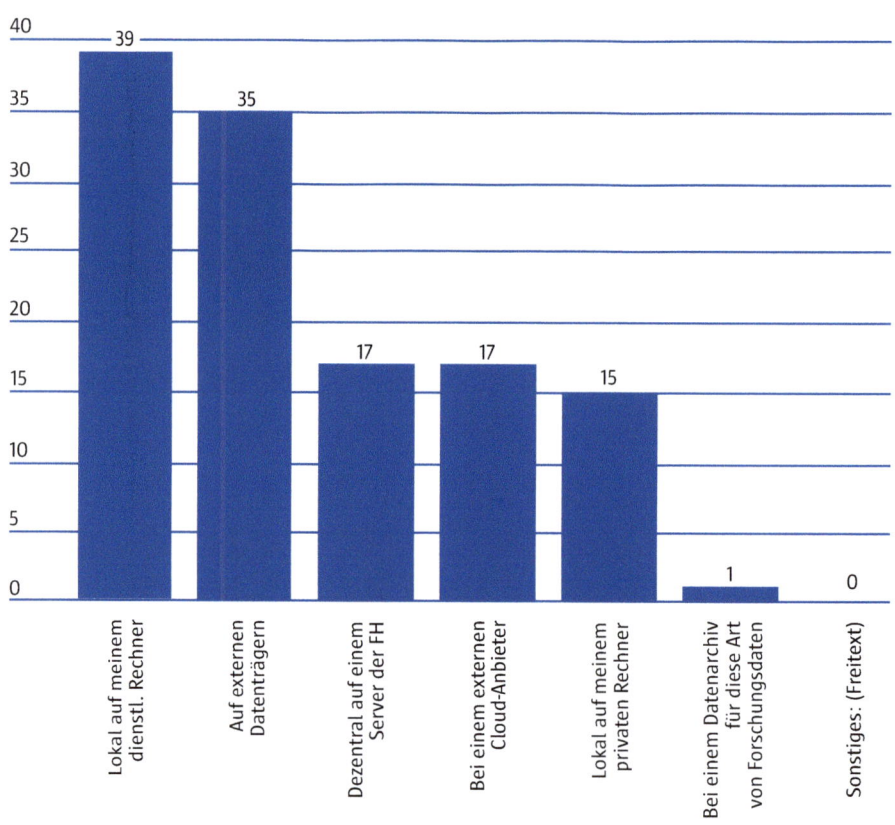

Abbildung 10: Speicherort für Forschungsdaten (I-09)

Mit Frage I-09 (Abbildung 10) wurde abgefragt, wo die Teilnehmer(innen) die Forschungsdaten speichern, welche im Rahmen ihrer Tätigkeiten sowohl während des Prozesses als auch an seinem Ende anfallen. Auch diese Frage wurde nur im Teil I gestellt, daher beträgt die Grundgesamtmenge der zu befragenden Teilnehmer(innen) 50 Personen. Es waren Mehrfachantworten möglich.

39 Personen (78,0 %) wählten die Option „Lokal auf meinem dienstlichen Rechner", 35 Personen (70,0 %) „Auf externen Datenträgern" aus. Jeweils 17 Personen (34,0 %) gaben als Antwort „Dezentral auf einem Server der FH" oder „Bei einem externen Cloud-Anbieter (zum Beispiel GoogleDrive, Dropbox usw.)". Die Optionen „Lokal auf meinem dienstlichen Rechner" und „Bei einem Datenarchiv für diese Art von Forschungsdaten" wurden von 15 Personen (30,0 %) beziehungsweise einer Person (2,0 %) ausgewählt.

Die Option „Freitextantwort" wurde einmal gewählt. Hierbei wurde „Github" angegeben.

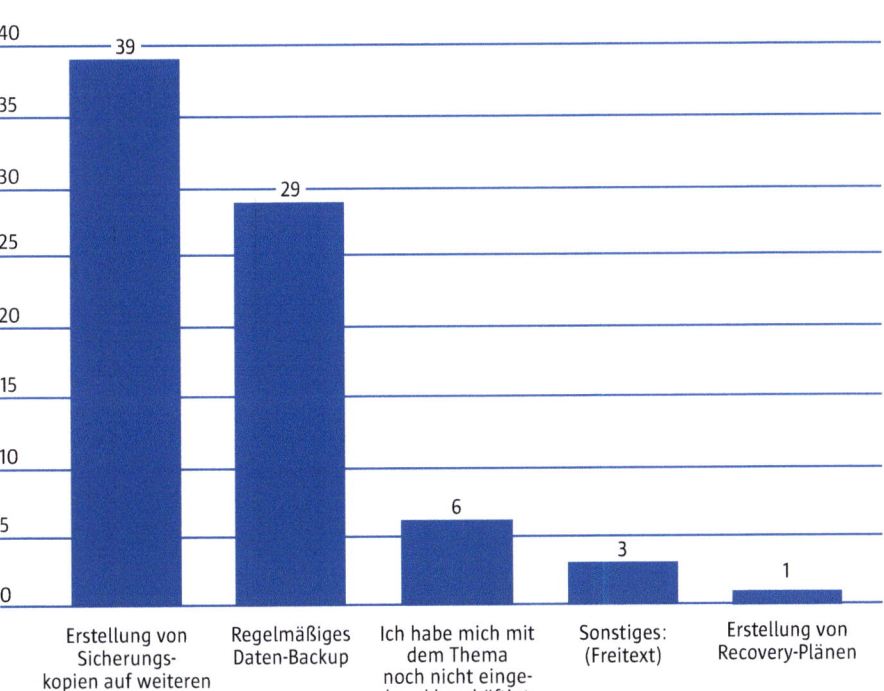

I-10 Wie garantieren Sie die Sicherheit der Daten?

Abbildung 11: Sicherheit der Daten (I-10)

In Frage I-10 (Abbildung 11) sollten die Teilnehmer(innen) Auskunft über Sicherungsmaßnahmen ihrer Forschungsdaten geben. Aufgrund der einzelnen Abfrage im Strang I beträgt die Grundgesamtmenge der zu befragenden Teilnehmer(innen) hierbei 50 Personen. Es waren Mehrfachantworten möglich.
39 Personen (78,0 %) wählten die Option „Erstellung von Sicherungskopien auf weitere Speichermedien" und 29 Personen (58,0 %) „Regelmäßiges Daten-Backup" aus. Die Optionen „Ich habe mich mit dem Thema noch nicht eingehend beschäftigt" und „Erstellung von Recovery-Plänen" wurden von 6 Personen (12,0 %) beziehungsweise einer Person (2,0 %) ausgewählt.

Die Option „Freitextantwort" wurde dreimal gewählt. Hierbei wurde „Keine Priorität" (Freitextantwort aus einem nicht beendeten Fragebogen), „Verschlüsselung", „Verschlüsselung/Anonymisierung" und „durch Aufbewahren auf nicht am Netz angeschlossenen Speichermedien (Sie meinten Sicherheit?)" angegeben.

9.3 Praktisches Datenmanagement

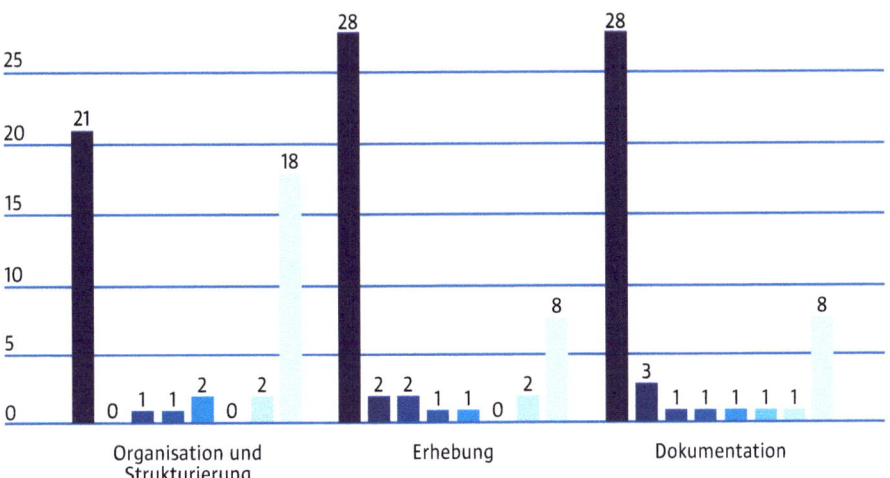

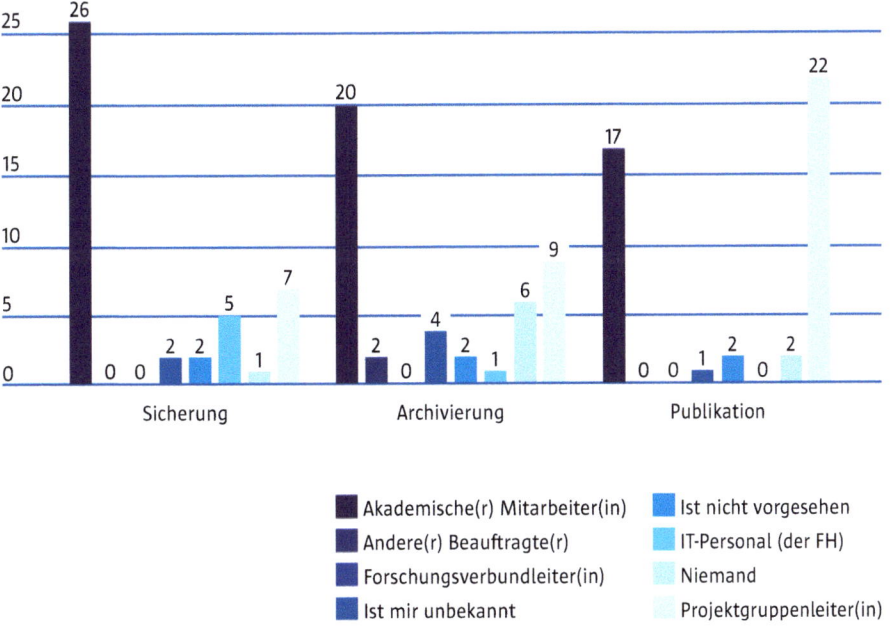

Abbildung 12: Aufgabenverteilung beim Datenmanagement (I-11)

Frage I-11 (Abbildung 12) lautete: „Wer übernimmt hauptsächlich welche Aufgabe bei Ihrem Datenmanagement?" Die Frage wurde als Matrix dargestellt. Jeder Aufgabe konnte eine Person zugeordnet werden, die diese Aufgabe hauptsächlich übernimmt. Den Personen „Akademische(r) Mitarbeiter(in)", „IT-Personal (der FH)", „Andere(r) Beauftragte(r) (zum Beispiel externe Dienstleister oder Verbundpartner)", „Forschungsverbundleiter(in)", „Ist mir unbekannt", „Ist nicht vorgesehen", „Niemand" und „Projektgruppenleiter(in)" konnten je eine der Aufgaben „Organisation und Strukturierung", „Erhebung", „Dokumentation", „Sicherung", „Archivierung" und „Publikation" zugeordnet werden. Die Grundgesamtmenge bei Frage I-11 liegt bei 50 Befragten.

Bei der Aufgabe „Organisation und Strukturierung" wurde von 21 Befragten (42,0 %) angegeben, dass akademische Mitarbeiter(innen) diese Aufgabe übernehmen. Das IT-Personal sowie andere Beauftragte erledigen die Aufgabe der Organisation und Strukturierung laut der befragten Personen nicht. Jeweils einmal (2,0 %) wurde angegeben, dass der/die Forschungsverbundleiter(in) diese Aufgabe ausführt beziehungsweise, dass es der befragten Person unbekannt ist, wer die Aufgabe übernimmt. Die Antwortmöglichkeiten „Ist nicht vorgesehen" und „Niemand" wurden jeweils zwei Mal (4,0 %) angeführt. Der/Die Projektgruppenleiter(in) wurde 18 Mal (36,0 %) als die Person angegeben, die die Aufgabe Organisation und Strukturierung ausführt.

Die Aufgabe der Erhebung übernehmen überwiegend akademische Mitarbeiter(innen). Diese Aufgabe wurde ihnen 28 Mal (56,0 %) zugeordnet. Jeweils zweimal (4,0 %) wurden andere Beauftragte, der/die Forschungsverbundleiter(in) sowie „Niemand" als die-/derjenige angeben, der/die die Aufgabe übernimmt. Bei der Erhebung wurde „Ist mir unbekannt" und „Ist nicht vorgesehen" jeweils einmal (2,0 %) genannt. Das IT-Personal ist, wie bei der Organisation und Strukturierung, auch bei der Erhebung nicht der ausführende Part. Achtmal (16,0 %) wurde der/die Projektgruppenleiter(in) als Antwort angegeben.

Akademische Mitarbeiter(innen) wurden 28 Mal (56,0 %) als diejenigen genannt, die die Dokumentation erledigen. Andere Beauftragte wurden dreimal (6,0 %) angegeben. Je einmal (2,0 %) wurde „Forschungsverbundleiter(in)", „Ist mir unbekannt", „Ist nicht vorgesehen", „IT-Personal der FH" und „Niemand" für die Durchführung der Dokumentation genannt. Die/Der Projektleiter(in) wurde achtmal (16,0 %) als die-/derjenige genannt, der/die diese Aufgabe ausführt.

Bei der Aufgabe der Sicherung wurden, wie bei allen Aufgaben, die akademischen Mitarbeiter(innen) am häufigsten ausgewählt. Sie wurden 26 Mal (52,0 %) genannt. Andere Beauftragte und Forschungsverbundleiter(innen) wurden nicht als diejenigen angegeben, die hauptsächlich für die Sicherung der Forschungsdaten zuständig sind. Sie wurden bei dieser Aufgabe keinmal ausgewählt. Je zweimal (4,0 %) wurde „Ist mir unbekannt" und „Ist nicht vorgesehen" geantwortet. Bei der Sicherung spielte das IT-Personal eine Rolle – fünfmal (10,0 %) wurde es als ausführender Part der Sicherung von den befragten Personen angegeben. „Niemand" wurde einmal (2,0 %) gewählt und die/der Projektgruppenleiter(in) wurde siebenmal als hauptsächlich für die Sicherung verantwortlich genannt.

Auch die Aufgabe der Archivierung wurde überwiegend den akademischen Mitarbeiter(inne)n zugesprochen. Sie wurden 20 Mal (40,0 %) als hauptverantwortlich für diese Aufgabe angegeben. Andere Beauftragte und die Antwortmöglichkeit „Ist nicht vorgesehen" wurden zweimal (4,0 %) angegeben. Die/Der Forschungsverbundleiter(in) ist für die Archivierung laut den befragten Personen gar nicht zuständig. Vier (8,0 %) der befragten Personen gaben an, dass ihnen unbekannt ist, wer für die Archivierung zuständig ist. Das IT-Personal wurde einmal (2,0 %) angegeben. Sechsmal (12,0 %) wurde die Antwortmöglichkeit „Niemand" und neunmal (18,0 %) die/der Projektgruppenleiter(in) als verantwortlich genannt.

Einzig bei der Aufgabe der Publikation sind die Projektgruppenleiter(innen) diejenigen, die am häufigsten als die Verantwortlichen angeführt werden. Sie wurden 22 Mal (44,0 %) genannt. Die akademischen Mitarbeiter(innen) wurden 17 Mal (34,0 %) genannt. Gar nicht gewählt wurden die Antwortmöglichkeiten „Andere(r) Beauftragte(r)", „Forschungsverbundleiter(in)" und „IT-Personal der FH". Einmal (2,0 %) wurde „Ist mir unbekannt" angegeben. „Ist nicht vorgesehen" und „Niemand" wurden jeweils zweimal (4,0 %) geantwortet.

Insgesamt sind die akademischen Mitarbeiter(innen) diejenigen, die die meisten Aufgaben beim Datenmanagement übernehmen. Daneben sind die Projektgruppenleiter(innen) die zweite Gruppe, die erwähnenswert hohe Angaben bei der hauptsächlichen Übernahme der Aufgaben Organisation und Strukturierung, Erhebung, Dokumentation, Sicherung, Archivierung und Publikation erzielen. Alle weiteren Antwortmöglichkeiten wurden selten genannt.

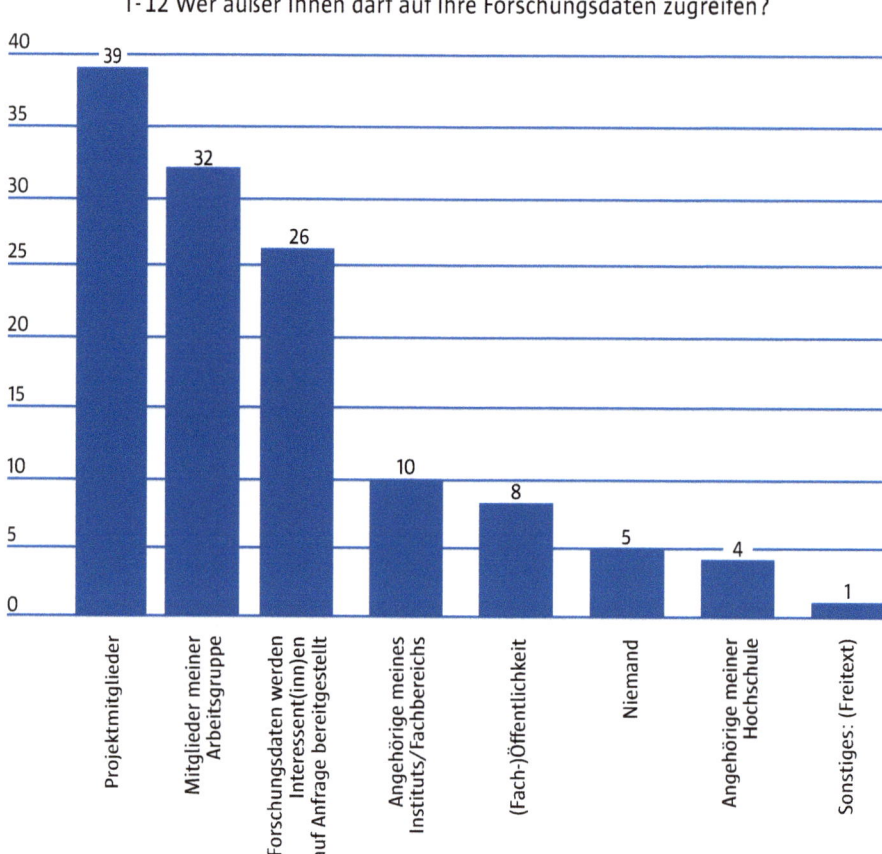

I-12 Wer außer Ihnen darf auf Ihre Forschungsdaten zugreifen?

Abbildung 13: Zugriff auf Forschungsdaten (I-12)

Frage I-12 (Abbildung 13) diente der Klärung des Zugriffs auf die Forschungs-daten. Es wurde erfragt, wer neben den befragten Personen auf die erhobenen Daten zugreift. Bei Frage I-12 beträgt die Gesamtanzahl an befragten Perso-nen 50. Eine Mehrfachnennung war zulässig. 39 (78,0 %) der befragten Perso-nen gaben an, dass Projektmitglieder Zugriff auf die Forschungsdaten haben. Dass Mitglieder der Arbeitsgruppe auf die Forschungsdaten zugreifen können, wurde von 32 (64,0 %) der Befragten gewählt. Außerdem wählten 26 (52,0 %) Personen die Antwortmöglichkeit „Forschungsdaten werden Interessent(inn)en auf Anfrage bereitgestellt" aus. Die Befragten gaben zehnmal (20,0 %) die Ant-wort „Angehörige meines Instituts/Fachbereichs". Acht (16,0 %) gaben an, dass die (Fach-)Öffentlichkeit auf die Forschungsdaten zugreifen kann. Die Antwort „Niemand" haben fünf (10,0 %) der befragten Personen gegeben. Dass Angehö-rige der FHP auf die Forschungsdaten zugreifen dürfen, wurde viermal (8,0 %) genannt. Einmal (2,0 %) wurde die Antwortmöglichkeit „Sonstige" gewählt. Die Möglichkeit, an dieser Stelle einen Freitext zu einzugeben, wurde genutzt und

Folgendes angegeben: „Da es eher stud. Arbeiten sind, will das eigentlich keiner. Das Siliqua-Projekt ist veröffentlicht und im Umzug sind die Urdaten wohl weggeworfen worden."

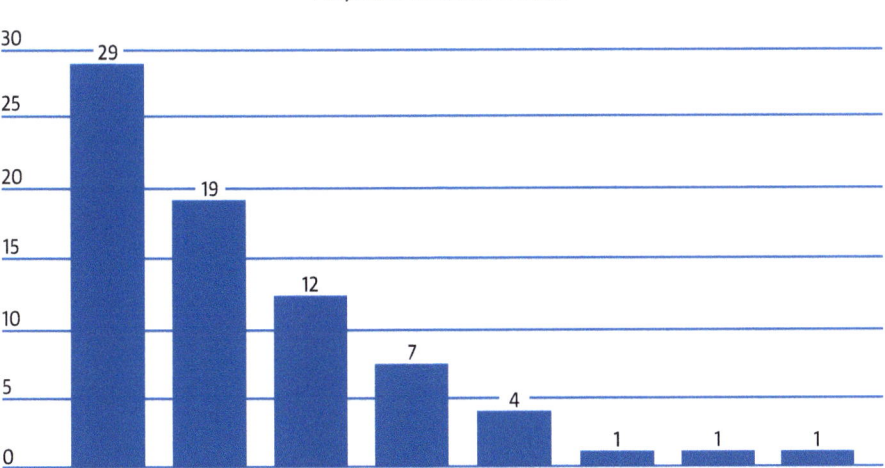

I-13 Wer ist für die Forschungsdaten nach Ende eines Projektes verantwortlich?

Abbildung 14: Rechtliche Verantwortung für Forschungsdaten (I-13)

Frage I-13 (Abbildung 14) lautete: „Wer ist für die Forschungsdaten nach Ende des Projekts rechtlich verantwortlich?" Die Grundgesamtheit beträgt 50 Teilnehmer(innen). Eine Mehrfachnennung war bei dieser Frage zulässig. 29 (58,0 %) der befragten Personen gaben „Ich" als Antwort an. Somit sind sie selbst für die Forschungsdaten verantwortlich, wenn das jeweilige Projekt geendet hat. Die Antwortmöglichkeit „Verantwortlich(r) im Projekt" wurde von 19 (38,0 %) der Befragten ausgewählt. „Ich habe mich mit dem Thema noch nicht eingehend beschäftigt" wurde von 12 (24,0 %) Personen genannt. Siebenmal (14,0 %) wurde ausgewählt, dass die Hochschule nach Ende des Projekts rechtlich für die Forschungsdaten verantwortlich ist. Viermal (8,0 %) wurde angegeben, dass ungeklärt ist, wer für die Forschungsdaten nach Ende des Projekts rechtlich verantwortlich ist. Jeweils einmal (2,0 %) wurde die Antworten „Fachbereich", „Externe" sowie „Sonstige" gewählt. „Externe" wurden näher spezifiziert mit „Historische Kommission Brandenburg" sowie „Sonstiges: z.T. ungeklärt".

9.4 Leitlinien

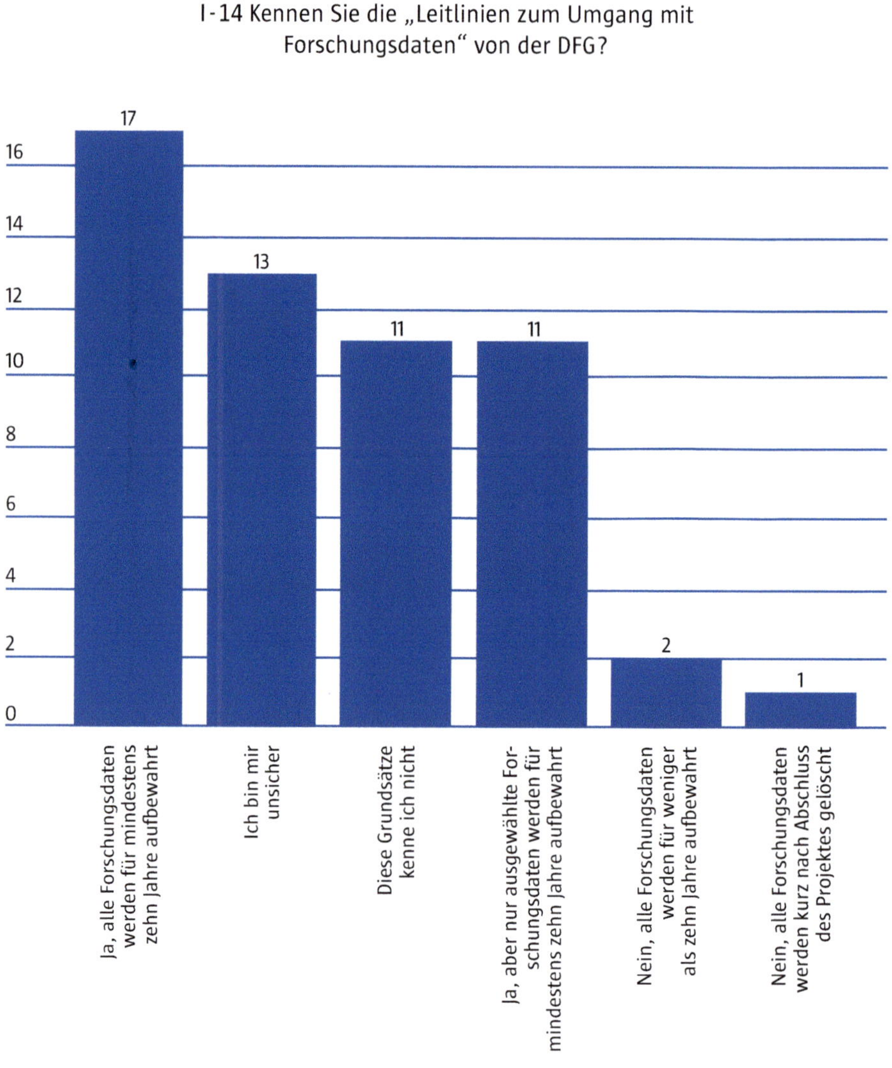

I-14 Kennen Sie die „Leitlinien zum Umgang mit
Forschungsdaten" von der DFG?

Abbildung 15: Empfehlung der DFG für Forschungsdaten (I-14)

Die Frage I-14 (Abbildung 15) nach den von der DFG herausgegebenen Leitlinien zum Umgang mit Forschungsdaten und in diesem Zusammenhang die Nachfrage nach der Archivierung der Daten für mindestens 10 Jahre wurde mit einer Grundgesamtheit von 50 Personen beantwortet, Mehrfachnennungen waren möglich. Am häufigsten wurden Forschungsdaten nach den Vorgaben der

DFG für mindestens 10 Jahre archiviert (17 Mal, 34,0 % aller Antworten). 13 Mal (26,0 %) war man sich bei der Umsetzung der DFG-Empfehlungen unsicher und jeweils 11 Mal (22,0 %) wurde angegeben, die Empfehlungen nicht zu kennen beziehungsweise nur ausgewählte Forschungsdaten für mindestens 10 Jahre zu archivieren. Zwei (4,0 %) der gegebenen Antworten sagten aus, dass alle Forschungsdaten weniger als 10 Jahre aufbewahrt werden und einmal (2,0 %) wurde angegeben, dass nach dem Projekt alle Forschungsdaten gelöscht werden.

Antwortmöglichkeit	Anzahl der Antwort	Prozentualer Anteil der Antwort
Ja	14	28,0 %
Nein	34	68,0 %
Nicht geantwortet	2	4,0 %

Abbildung 16: Leitlinien oder Verträge für Forschungsdaten (I-15)

Von den 50 Antwortenden haben Frage I-15 „Existieren in Ihrem Forschungsgebiet weitere Leitlinien oder Verträge (zum Beispiel Kooperationsverträge), die den Umgang mit Forschungsdaten regeln?" (Abbildung 16) insgesamt 14 positiv beantwortet (28,0 %), 34 (68,0 %) sagten aus keine weiteren Leitlinien/Verträge zu kennen und zwei (4,0 %) haben diese Frage nicht beantwortet.

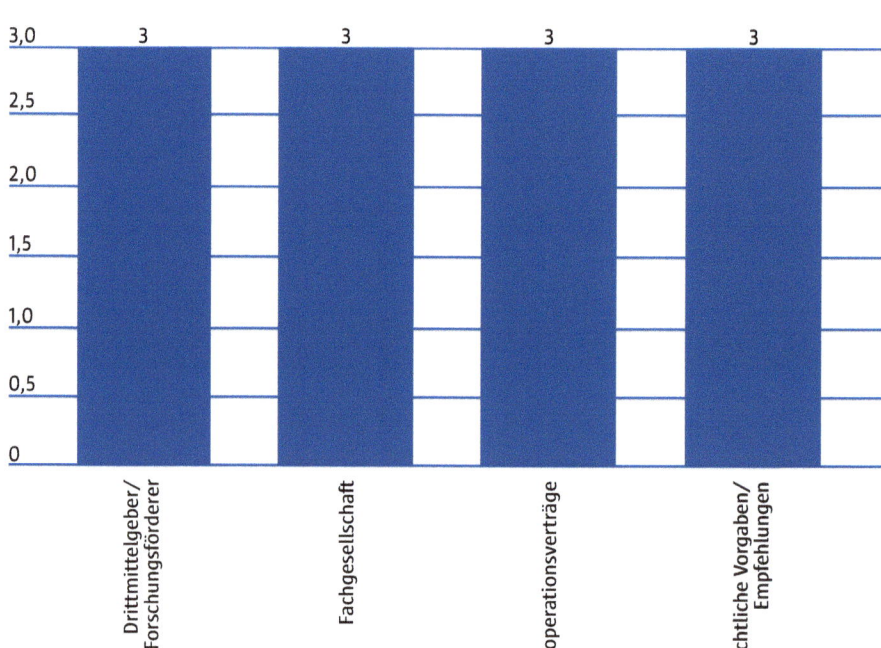

I-16 Bitte konkretisieren Sie, um welche Richtlinie(n)
oder Verträge es sich handelt:

Abbildung 17: Nennung von Richtlinien und Verträgen (I-16)

Auf die Folgefrage I-16 (Abbildung 17), die Richtlinien zu benennen, haben von 14 Antwortenden 12 Angaben hierzu gemacht (85,7%) sowie zwei nicht geantwortet (14,3%). Folgende 12 Antworten wurden von den Teilnehmer(inne)n im Freitext gegeben (Liste chronologisch nach Datum des Fragebogenabschlusses):

- „Einzelregelungen von Projektmittelgebern und Praxispartnern"
- „EU Vorgaben"
- „Verträge mit Fördergeber"
- „Code of Ethics der American Sociological Association (ASA, 2008)"
- „Empfehlungen der Dt. Gesellschaft f. Psychologie"
- „Richtlinien der DGPS"
- „Einverständniserklärungen und Kooperationsverträge"
- „Kooperationspartner-Verträge"
- „Kooperationsverträge mit außeruniversitären Einrichtungen"
- „Erfindungsschutz – patentrechte"
- „Ethikgutachten"

- „Urheberrecht, Verwendung bei veröffentlichungen"

Bei näherer Betrachtung der oben genannten Antworten können folgende vier Bereiche identifiziert werden, unter denen sich die Angaben zusammenfassen lassen können:

- Drittmittelgeber / Forschungsförderer
- Fachgesellschaften
- Kooperationsverträge
- Rechtliche Vorgaben / Empfehlungen

Es lässt sich eine gleichmäßige Verteilung der 12 Antworten auf die Bereiche feststellen und somit auch keine klare Tendenz ableiten, welcher Bereich von hoher Relevanz sein könnte, der einen besonderen Stellenwert von Forschungsdaten bei den Teilnehmer(inne)n evoziert. In der folgenden Tabelle ist die Zuordnung der 12 Antworten zu den vier Bereichen dargestellt:

Antwortangaben aus dem Fragebogen	Zuordnung zu Bereichen
Einzelregelungen von Projektmittelgebern und Praxispartnern	Drittmittelgeber/Forschungsförderer
EU-Vorgaben	Drittmittelgeber/Forschungsförderer
Verträge mit Fördergeber	Drittmittelgeber/Forschungsförderer
Code of Ethics der American Sociological Association (ASA, 2008)	Fachgesellschaft
Empfehlungen der Dt. Gesellschaft für Psychologie	Fachgesellschaft
Richtlinien der DGPS	Fachgesellschaft
Einverständniserklärungen und Kooperationsverträge	Kooperationsverträge
Kooperationspartner-Verträge	Kooperationsverträge
Kooperationsverträge mit außeruniversitären Einrichtungen	Kooperationsverträge
Erfindungsschutz - patentrechte	Rechtliche Vorgaben/Empfehlungen
Ethikgutachten	Rechtliche Vorgaben/Empfehlungen
Urheberrecht, Verwendung bei Veröffentlichungen	Rechtliche Vorgaben/Empfehlungen

Abbildung 18: Bereiche der genannten Richtlinien und Verträge

9.5 Nutzung von Datenrepositorien

Der Fragebereich „Nutzung von Datenrepositorien" betraf in der Umfrage beide Stränge des Fragebogens. Die Teilnehmer(innen), die auf die Frage I-01 „Fallen bei Ihren Tätigkeiten Forschungsdaten an?" eine Nein-Antwort gaben, wurden nach der Beantwortung der ersten Frage gleich zu der Frage II-01 weitergeleitet, die gleichzeitig als Frage I-21 im Fragebereich „Nutzung von Datenrepositorien" auch an die Teilnehmer(innen) mit eigenen Forschungsdaten gestellt wurde: „Haben Sie schon einmal Forschungsdaten anderer Forscher(innen) nachgenutzt?". Je nachdem, welche Antwort die Befragten, die keine Forschungsdaten produzieren, auf diese Frage gaben, wurden ihnen weitere Fragen nach dem Stellenwert und der zukünftigen Rolle der Forschungsdaten für ihre Tätigkeiten gestellt.

Des Weiteren werden die Prozentangaben auf verschiedene Grundgesamtmengen referenziert.

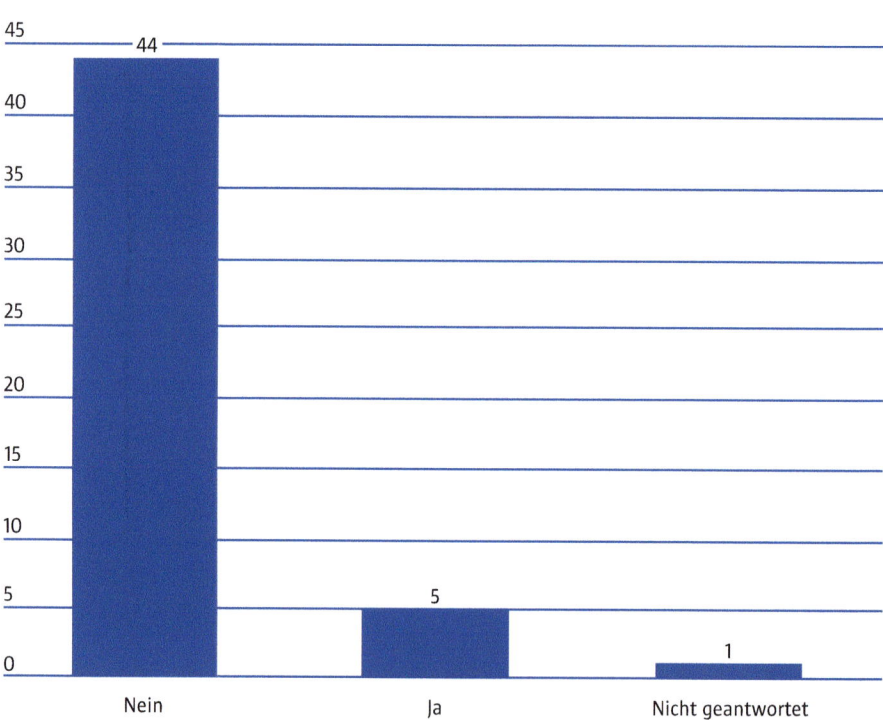

Abbildung 19: Ablage von Forschungsdaten in einem Repositorium/Datenarchiv (I-17)

Auf die erste Frage des Fragebereichs: „Haben Sie schon einmal Forschungsdaten in einem Repositorium/Datenarchiv abgelegt? (Abbildung 19), die den Befragten mit einem eigenen Forschungsdatenbestand gestellt wird, wurden insgesamt aus der Grundgesamtmenge von 50 Personen 49 Antworten gegeben. Dabei haben fünf Teilnehmer(innen) (10,0%) die Frage mit einem „Ja" und 44 Teilnehmer(innen) (88,0%) mit einem „Nein" beantwortet.

I-18 Bitte geben Sie an, warum Sie bisher keine Daten in einem Repositorium abgelegt haben

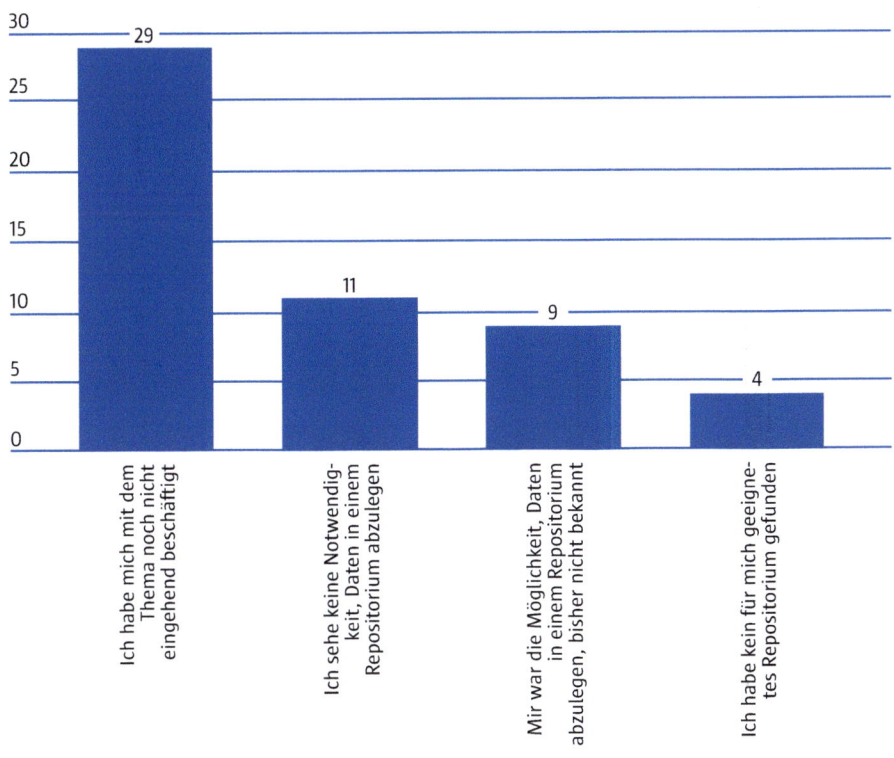

Abbildung 20: Gründe für eine nicht erfolgte Ablage in einem Repositorium (I-18)

Teilnehmer(innen), die noch keine Forschungsdaten in einem Datenrepositorium abgelegt haben (Grundgesamtmenge von 45 Personen), wurden in der nächsten Frage (Abbildung 20) mit einer Mehrfachnennungsmöglichkeit gefragt, warum sie das bisher nicht getan haben.

Die mit 29 Antworten (64,4%) am häufigsten genannte Ursache ist, dass die Befragten sich bisher mit diesem Thema nicht beschäftigt haben. 11 Personen (24,4%) sehen keine Notwendigkeit, Daten in einem Repositorium abzulegen.

Neun Befragten (20,0 %) war die Möglichkeit, Daten in einem Repositorium abzulegen, bisher nicht bekannt. Vier Personen (8,9 %) haben bisher kein geeignetes Repositorium für die Ablage ihrer Forschungsdaten gefunden.

Bei Frage I-19 „In welchem Repositorium legen Sie Ihre Forschungsdaten ab?" spezifizierten die insgesamt fünf Teilnehmer(innen) (100,0 %) ihre Aussage, Datenrepositorien/Datenarchive für die Ablage ihrer Forschungsdaten zu nutzen, durch die Angabe, dass sie ihre Forschungsdaten in einem fachspezifischen Repositorium ablegen.

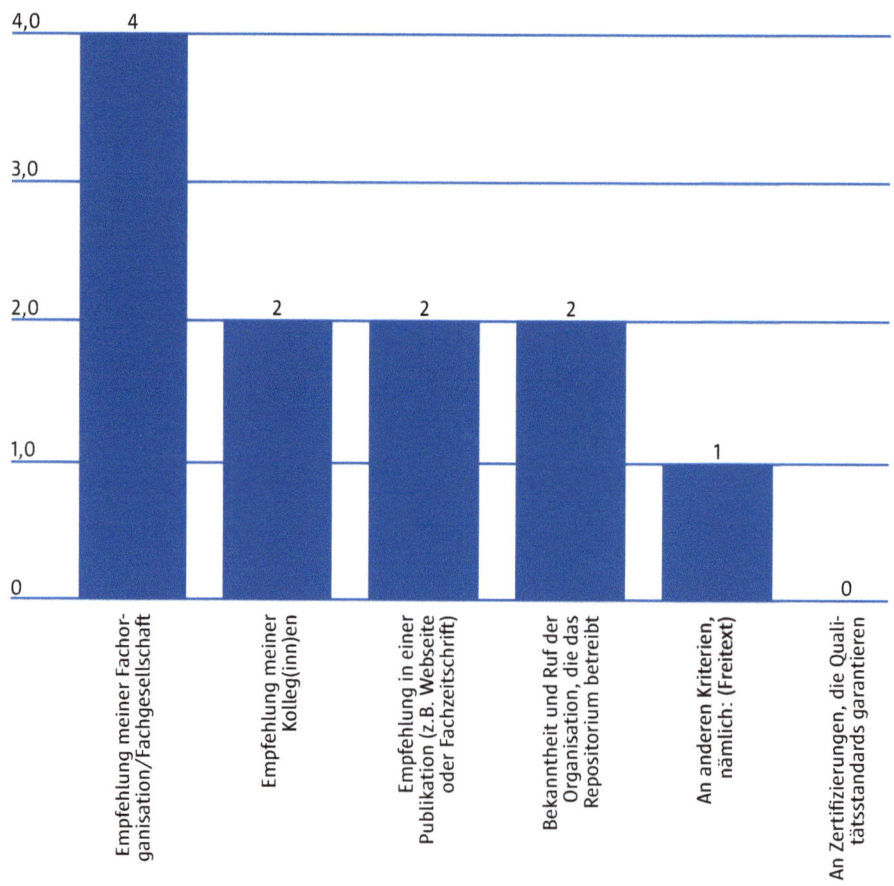

I-20 Woran orientieren Sie sich bei der Wahl eines geeigneten Repositoriums?

Abbildung 21: Auswahlkriterien für Repositorien (I-20)

Bei Frage I-20 „Woran orientieren Sie sich bei der Wahl eines geeigneten Repositoriums?" (Abbildung 21) gaben vier von fünf Befragten (80,0%) an, sich an Empfehlungen ihrer Fachorganisation/Fachgesellschaft zu orientieren. Weitere Orientierungsquellen mit jeweils zwei Antworten (40,0%) pro Antwortmöglichkeit sind Empfehlung von Kollegen, Empfehlung in einer Publikation (zum Beispiel Webseite oder Fachzeitschrift) sowie Bekanntheit und Ruf der Organisation, die das Repositorium betreibt. Bei einer weiteren Antwort (20,0%) wurde persönliche wissenschaftliche Expertise als Orientierung für die Wahl eines geeigneten Repositoriums als Freitextantwort angegeben.

I-21/II-01 Haben Sie schon einmal Forschungsdaten anderer
Forscher(innen) nachgenutzt?

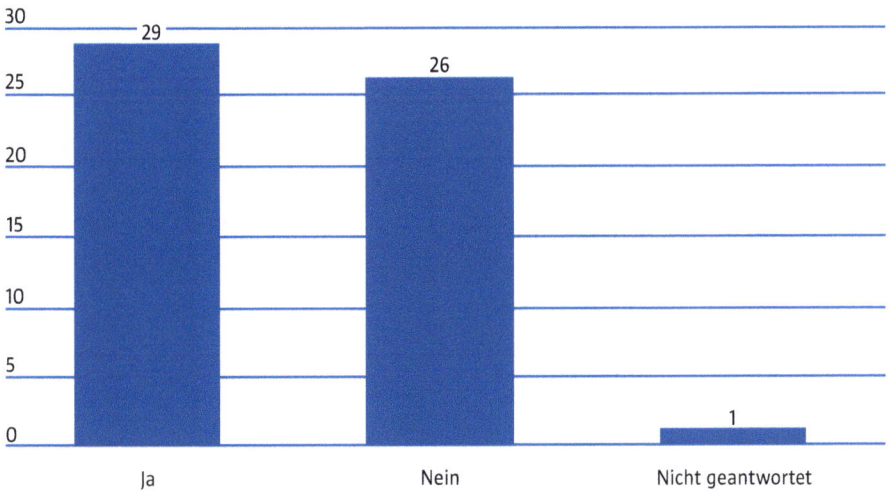

Abbildung 22: Nachnutzung fremder Forschungsdaten (I-21/II-01)

Die Frage I-21/II-01 nach der Nachnutzung der Forschungsdaten anderer Forscher(innen) (Abbildung 22) wurde sowohl an die Teilnehmer(innen), die ihre eigenen Forschungsdaten besitzen, als auch an diejenigen, die keine Forschungsdaten produzieren, gestellt. Die Grundgesamtmenge bei dieser Frage beträgt 56 Personen.

Mit insgesamt 29 Ja-Antworten gaben 51,8% der Befragten an die Forschungsdaten anderer Forscher(innen) zu nutzen. 26 Personen (46,4%) nutzen keine fremden Forschungsdaten. Eine Person ließ die Frage unbeantwortet. Bezogen auf die Teilnehmer(innen) mit eigenen Forschungsdaten nutzen 26 Personen (52,0%) Forschungsdaten anderer Forscher(innen). 23 weitere Teilnehmer(innen) (46,0%) nutzen keine fremden Forschungsdaten.

Antwortmöglichkeit	Anzahl der Antwort	Prozentualer Anteil der Antwort
Hoch	1	33,3 %
Mittel	1	33,3 %
Niedrig	1	33,3 %

Abbildung 23: Stellenwert fremder Forschungsdaten (II-02)

Unter den sechs Teilnehmer(inne)n, die keine eigenen Forschungsdaten produzieren, nutzen drei Befragte (50,0 %) auch keine Forschungsdaten anderer Forscher(innen). Drei weitere Personen (50,0 %) nutzen fremde Forschungsdaten. Unter diesen drei Befragten schätzte je eine Person (33,3 %) den Wert der Forschungsdaten als hoch, mittel und niedrig ein (Abbildung 23).

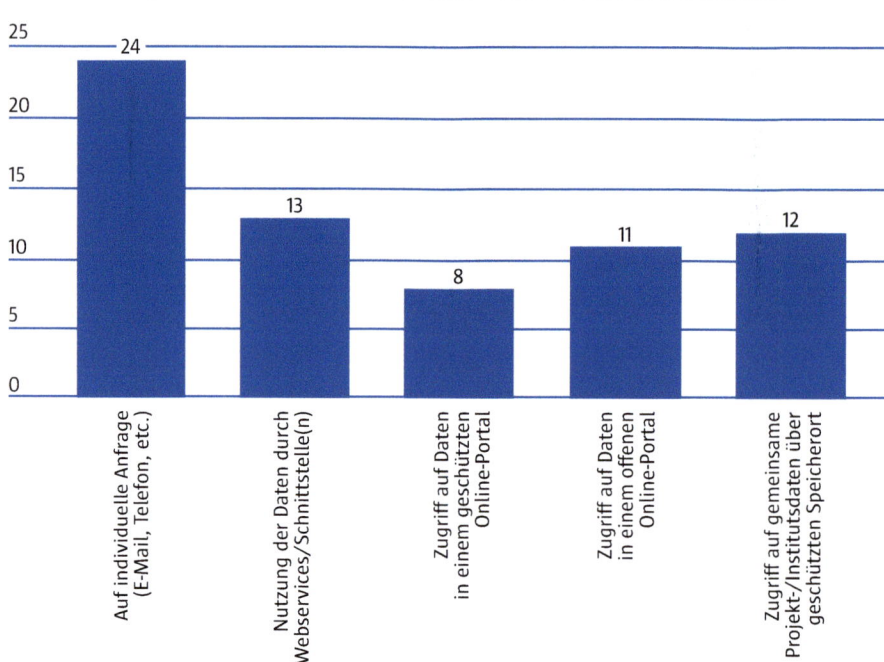

I-22/II-03 Auf welche Art und Weise nutzen Sie die Daten anderer?

Abbildung 24: Art und Weise der Nutzung fremder Forschungsdaten (I-22/II-03)

Eine weitere Frage, I-22/II-03 (Abbildung 24), nach der Art und Weise der Nutzung von Forschungsdaten anderer wurde mit einer Mehrfachnennungsmöglichkeit von allen Befragten beantwortet, die angaben, fremde Forschungsdaten zu nutzen. Insgesamt sind es Teilnehmer(innen), die eigene Forschungsdaten generieren und auf die Frage nach der Nutzung von fremden Forschungsdaten positiv geantwortet haben sowie Teilnehmer(innen) aus dem Strang II, die zwar keine eigenen Forschungsdaten produzieren, dafür aber auch Forschungsdaten anderer Forscher(innen) nutzen. Die Grundgesamtmenge für diese Frage beträgt 30 Personen.

Mit insgesamt 24 Antworten (80,0 %) nutzen die meisten Teilnehmer(innen) die Daten anderer auf individuelle Anfrage (zum Beispiel E-Mail, Telefon et cetera) Mit 13 Antworten (43,3 %) ist die Nutzung der Daten durch Webservices / Schnittstelle(n) die zweitmeiste genannte Option. Der Zugriff auf Daten anderer über geschützten Speicherort bei gemeinsamen Projekt-Institutionen wurde bei 12 Antworten (40,0 %) gewählt. 11 Teilnehmer(innen) (36,7 %) gaben an, auf die Daten in einem offenen Online-Portal zuzugreifen. Acht Befragte (26,7 %) nutzen dafür ein geschütztes Online-Portal.

Antwortmöglichkeit	Anzahl der Antwort	Prozentualer Anteil der Antwort
Ja	2	33,3 %
Nein	2	33,3 %
Nicht beschäftigt	2	33,3 %

Abbildung 25: Rolle von Forschungsdaten in der Zukunft (II-04)

Bei Frage II-04 (Abbildung 25) wurden die Teilnehmer(innen) ohne eigene Forschungsdaten gefragt, ob Forschungsdaten für ihre Tätigkeiten in fünf Jahren eine größere Rolle spielen werden als zurzeit. Je zwei Befragte (33,3 %) haben diese Frage mit „Ja" bzw. „Nein" beantwortet. Weitere zwei Teilnehmer(innen) gaben an, sich bisher mit dem Thema noch nicht beschäftigt zu haben.

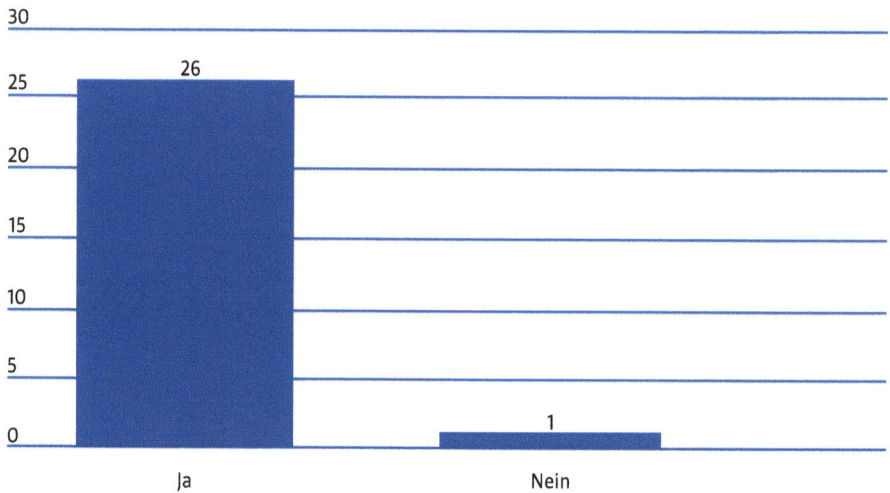

I-23 Sind Sie bereit, Ihre Forschungsdaten anderen Forscher(inne)n zur Verfügung zu stellen, unter der Voraussetzung, dass es keine rechtlichen oder datenschutzbedingten Einschränkungen gibt?

Abbildung 26: Bereitstellung eigener Forschungsdaten für andere (I-23)

In der Frage I-23 (Abbildung 26), wurden die Befragten mit eigenen Forschungsdaten, die die Frage I-21 nach der Nachnutzung von fremden Forschungsdaten bejaht haben, gefragt, ob sie bereit sind, ihre eigenen Forschungsdaten unter der Voraussetzung, dass es keine rechtlichen oder datenschutzbedingten Einschränkungen gibt, anderen Forscher(inne)n zur Verfügung zu stellen. Von insgesamt 27 Befragten sind 26 Personen (96,3 %) bereit, ihre Forschungsdaten mit anderen Forscher(inne)n zu teilen. Eine Person (3,7 %) ist nicht bereit, ihre Forschungsdaten anderen Forscher(inne)n zur Verfügung zu stellen.

I-24 Auf welche Art und Weise sind Ihre Forschungsdaten
durch Dritte nutzbar?

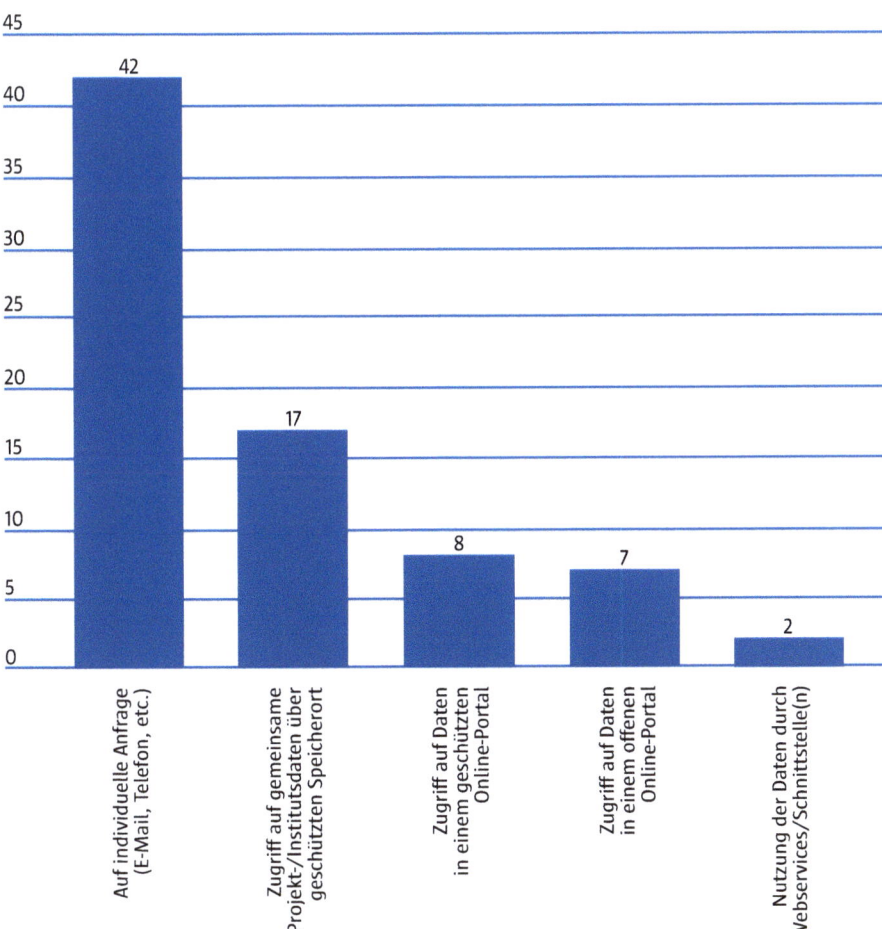

Abbildung 27: Art und Weise der Bereitstellung eigener Forschungsdaten für andere (I-24)

I-24 war die letzte des Fragebereichs und zielte darauf ab festzustellen, auf welche Art und Weise die Forschungsdaten der Befragten durch Dritte nutzbar sind (Abbildung 27). Mehrfachnennungen waren bei der Frage möglich.

Mit 42 Antworten (84,0%) bei einer Grundgesamtmenge von 50 Personen, dürfen am häufigsten die Forschungsdaten der Befragten durch Dritte auf individuelle Anfrage genutzt werden. 17 Personen (34,0%) gewähren Zugriff auf gemeinsame Projekt-Forschungsdaten über einen geschützten Speicherort. Bei acht Befragten (16,0%) kann in einem geschützten Online-Portal auf ihre Forschungsdaten zugegriffen werden. Sieben Personen (14,0%) gewähren Zugriff auf ihre Forschungsdaten in einem offenen Online-Portal. Zwei Befragte (4,0%) stellen ihre Forschungsdaten über Webservices/Schnittstellen für Dritte zur Verfügung.

9.6 Probleme und Unterstützungsbedarf

Auf den Fragebereich „Nutzung von Datenrepositorien" folgte im Fragebogen der Bereich zu Problemen mit Forschungsdaten und Unterstützungsbedarf seitens der FHP. In diesem Fragebereich wurde als erstes abgefragt, wie die Teilnehmer(innen) ihre jeweiligen Kenntnisse hinsichtlich FDM einschätzen. Wichtig ist anzumerken, dass es sich hierbei um Fragen handelte, die allen Teilnehmer(inne)n gestellt wurden. Dies bedeutet, dass es unerheblich ist, ob die Eingangsfrage, ob bei der Tätigkeit der Teilnehmer(inne)n Forschungsdaten anfallen, bejaht oder verneint wurde.

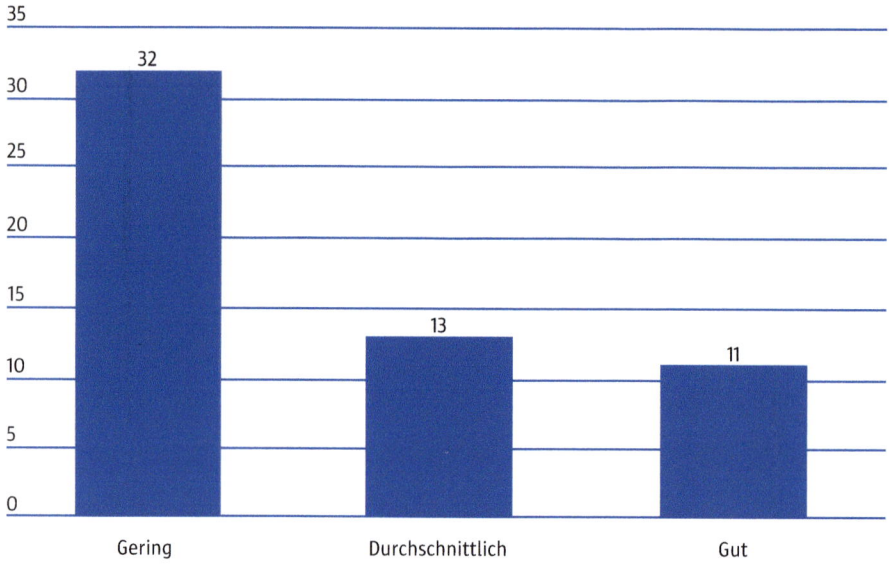

Abbildung 28: Kenntnisse im Forschungsdatenmanagement (I-25/II-05)

Die erste Frage in diesem Bereich (I-25/II-05) lautete, wie gut die Teilnehmer(innen) ihre Kenntnisse im Bereich FDM einschätzen (Abbildung 28). Von der Grundgesamtmenge von 56 Personen antworteten 11 Personen (19,6 %), dass sie über gute Kenntnisse verfügen. 13 Personen (23,2 %) schätzen ihre Kenntnisse als durchschnittlich ein und die Mehrheit von 32 Personen (57,1 %) gab an, dass sie über geringe Kenntnisse verfügt.

I-26/II-06 Waren Sie in Bezug auf Forschungsdaten schon einmal mit folgenden Problemen konfrontiert bzw. befürchten Sie diese für die Zukunft?

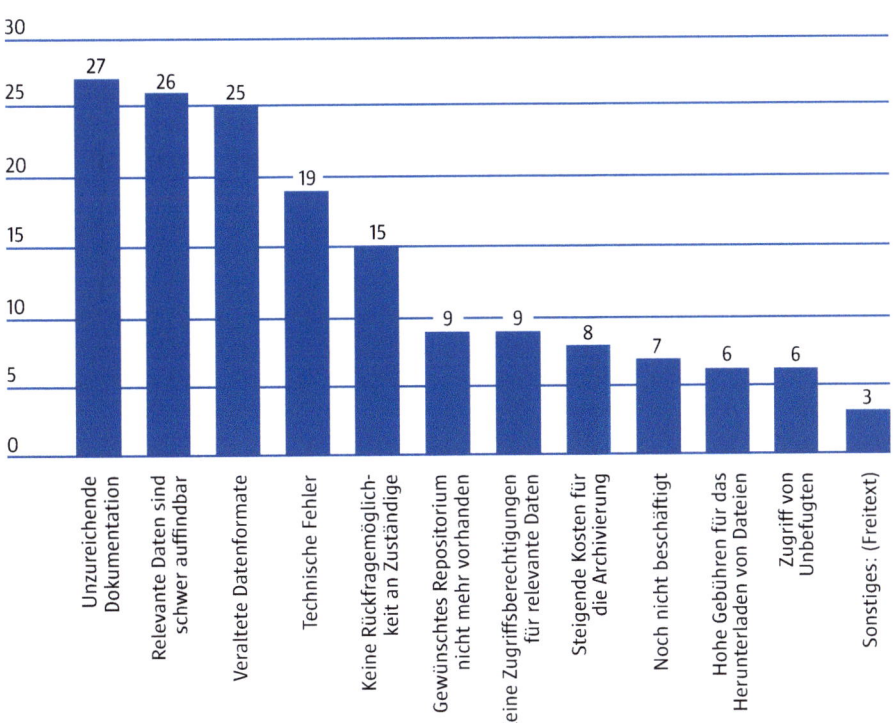

Abbildung 29: Probleme in Bezug auf Forschungsdaten (I-26/II-06)

Die nächste Frage (I-26/II-06) zielte darauf ab, die verschiedenen Probleme festzustellen, die den Teilnehmer(inne)n im Umgang mit Forschungsdaten begegnet sind oder die sie in Zukunft befürchten (Abbildung 29). Hierbei waren Mehrfachantworten möglich.

Am häufigsten wurde das Problem genannt, nur über eine unzureichende Dokumentation von Daten zu verfügen, sodass die Daten nicht mehr interpretierbar sind. Dies benannten von 56 Personen 27 (48,2 %). Nahezu genauso häufig wurde geantwortet, dass das Problem besteht, dass relevante Daten schwer zu finden seien (26 Personen, 46,4 %). Darauf folgte im Ranking die Problematik, dass veraltete Datenformate mit der aktuellen Software nicht mehr lesbar sind (25 Personen, 44,6 %).

Zusätzlich zu dem Problem der unzureichenden Dokumentation von Daten wurde von vielen Teilnehmer(inne)n das Problem genannt, dass Daten bereits durch technische Fehler, Viren oder Ähnliches verloren gegangen sind oder verloren gehen können (19 Personen, 33,9 %). Ebenso sind für 15 Personen (26,8 %) die zuständigen Kontaktpersonen nicht mehr erreichbar beziehungsweise unbekannt.

Folgende Dinge wurden von den Teilnehmer(inne)n seltener als Schwierigkeiten benannt: Neun Personen (16,1 %) antworteten, dass ein von ihnen zuvor genutztes Datenrepositorium nicht mehr bestehe. Ebenso viele Teilnehmer(innen) gaben an, dass Daten, die für ihre eigene Forschung von Bedeutung sind, für sie nicht erreichbar sind und der Zugriff nicht gegeben ist (neun Personen, 16,1 %). Steigende Kosten für die Archivierung der Daten werden von acht Personen (14,3 %) als Schwierigkeit gesehen. Ebenso beurteilen nur wenige Befragte hohe Gebühren für das Herunterladen von Dateien als bedenklich (sechs Personen, 10,7 %). Ein Teil der befragten Personen hat das Bedenken, dass Daten von Unbefugten eingesehen, genutzt, verbreitet oder vervielfältigt werden (sechs Personen, 10,7 %). Sieben Teilnehmer(innen) (12,5 %) gaben an, dass sie sich noch nicht mit den verschiedenen Problematiken beschäftigt haben.

Im Freitextfeld (von drei Personen, 5,4 %) wurden zusätzlich zu den vorgegebenen Antworten, folgende Aspekte problematisiert: Zum einen wurden eine unzureichende Infrastruktur, fehlende Verfahrensregeln an der FHP und kein bereitgestellter Speicherplatz für Forschungsdaten kritisiert. Weiterhin wurde bemängelt, dass offene Portale keine geeigneten Schnittstellen anbieten. Zuletzt wurde beanstandet, dass generell zu wenig zeitliche Ressourcen eingeplant werden, um Forschungsdaten wiederauffindbar zu machen und dies, wenn zusätzlich nicht absehbar ist, ob die Daten zukünftig auch noch relevant sind.

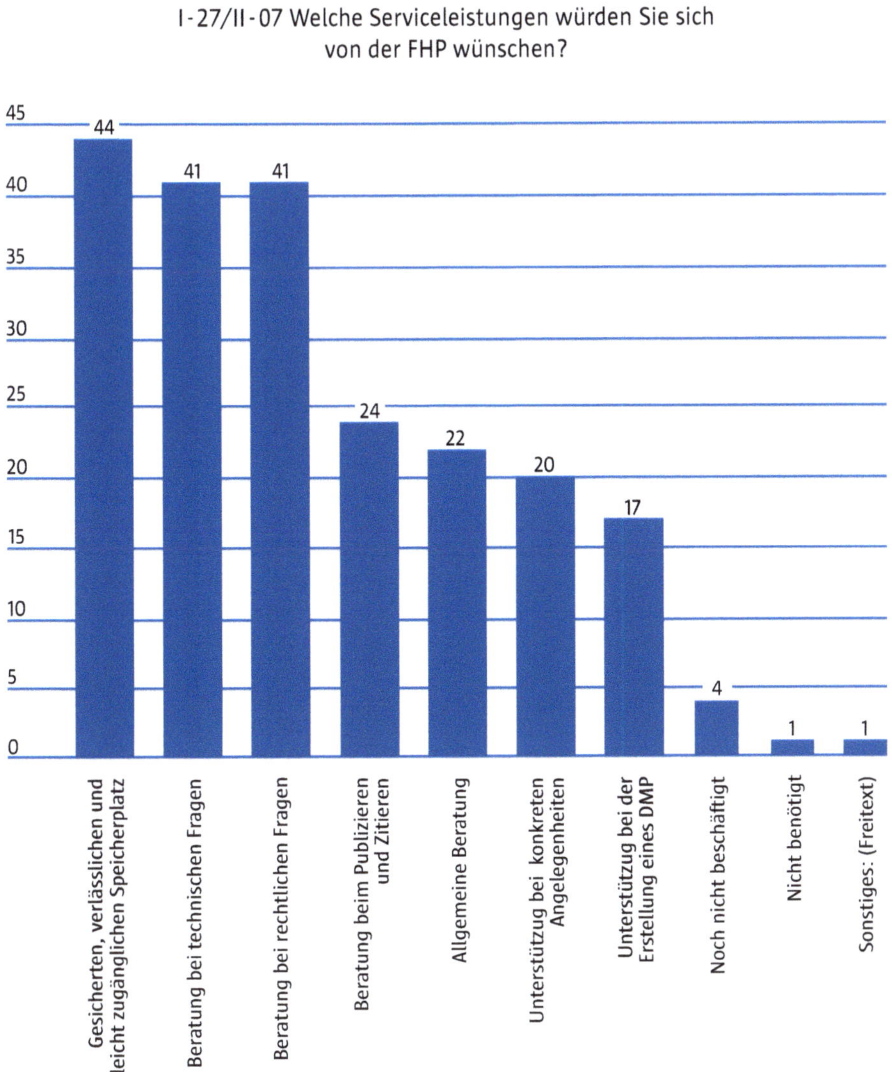

I-27/II-07 Welche Serviceleistungen würden Sie sich
von der FHP wünschen?

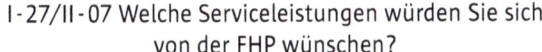

Abbildung 30: Gewünschte Serviceleistungen (I-27/II-07)

Die Folgefrage (I-27/II-07) bezog sich auf die von den Teilnehmer(inne)n gewünschten Serviceleistungen im Bereich FDM an der FHP (Abbildung 30). So sollte der Bedarf an möglichen Serviceangeboten und Beratungsleistungen ermittelt werden. Interessant war darüber hinaus, ob sich die gewünschten Serviceleistungen mit den zuvor angegebenen Problemen inhaltlich gleichen oder sich weitere Bedürfnisse feststellen lassen würden.

Die am häufigste gewünschte Leistung war ein gesicherter, verlässlicher und leicht zugänglicher Speicherplatz für Forschungsdaten. Dies wünschten sich 44 der 56 Teilnehmer(innen) (78,6 %). Darauf folgten mit knappem Abstand die

Beratung bei technischen Fragen (41 Personen, 73,2 %), die Beratung bei recht-lichen Fragen (41 Personen, 73,2 %), die Beratung zum Publizieren und Zitieren (24 Personen, 42,9 %) und schließlich die Beratung in allgemeinen Fragen zum Umgang mit Forschungsdaten (22 Personen, 39,3 %). Diese Zahlen machen deut-lich, dass neben den spezifisch ausgerichteten Beratungsangeboten auch allge-mein gehaltene Informationsangebote gefordert werden. Die Tendenz, dass es für unterschiedliche Angebote auch unterschiedliche Interessensgruppen gibt, unterstreicht auch der Wunsch einiger Personen nach Beratung bei konkreten Angelegenheiten (20 Personen, 35,7 %). Auch die Unterstützung bei der Erstel-lung von Datenmanagementplänen wurde von einigen Befragten gewünscht (17 Personen, 30,1 %). Im Vergleich hierzu war die Zahl der Befragten, die sich keine Serviceleistungen seitens der FHP wünschen (eine Person, 1,8 %), bezie-hungsweise sich noch nicht eingehend mit dem Thema beschäftigt haben (vier Personen, 7,1 %) gering.

Im Freitextfeld wurde zusätzlich angegeben, dass man sich grundsätzlich mehr Ressourcen, sowohl finanzielle als auch personelle wünsche, um die entstan-denen Forschungsdaten inklusive der Metadaten und Codebücher fachgerecht aufbereiten zu können.

Insgesamt lässt sich somit sagen, dass der Wunsch nach Unterstützung und Service seitens der FHP durch die Teilnehmer(innen) besteht und auch die Be-reitschaft besteht, derartige Angebote zu nutzen.

9.7 Angaben zum/zur Teilnehmer(in)

Im letzten Teil des Fragebogens wurden Angaben zu den Teilnehmer(inne)n selbst erhoben. Zu diesem Teil des Fragebogens gibt es einen wichtigen Hin-weis: Bei der Auswertung fiel auf, dass eine der befragten Personen zur Sicher-stellung ihrer Anonymität beim Frageblock zu den persönlichen Angaben zum/ zur Teilnehmer(in) selbst, alle möglichen Antworten per Mehrfachauswahl ge-wählt hat. Eine andere Person hat zur Wahrung der Anonymität in diesem Teil keine Antworten gegeben. Dies beeinflusst wiederum nicht die Grundgesamt-menge von 56 Personen, lediglich die Antwortzahl ist in diesem Fragebereich (durch die Mehrfachangabe von Personengruppen) höher als die eigentliche Grundgesamtmenge.[82]

---

82   Anm.: Aus diesem Grund ergeben die addierten absoluten Zahlen in diesem Bereich eine Grund-gesamtmenge von 57 Personen.

I-28/II-08 Bitte wählen Sie den Fachbereich/das Institut aus,
in dem Sie hauptsächlich beschäftigt sind

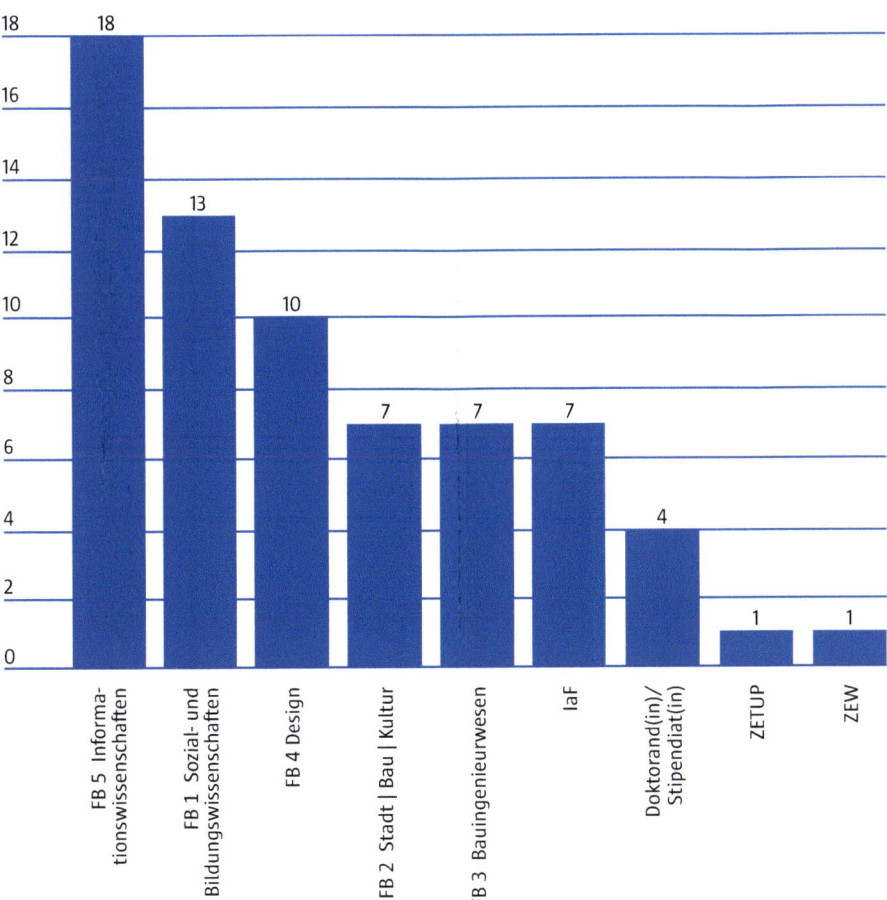

Abbildung 31: Zuordnung der Teilnehmer(innen) (I-28/II-08)

In der Frage I-28/II-08 wurde nach der Zugehörigkeit zum jeweiligen Fachbereich gefragt (Abbildung 31). Diese Frage kam in beiden Strängen vor, daher lag die Grundgesamtmenge bei 56 Personen. Mehrfachnennungen waren möglich.

Von den 56 Personen haben 13 (23,2 %) ihre Zugehörigkeit zum Fachbereich 1 angegeben. Zum Fachbereich 2 und zum Fachbereich 3 gehören jeweils sieben (12,5 %) der Teilnehmer(innen). Zum Fachbereich 4 gehören 10 (17,9 %) der Personen, die befragt wurden. Zum Fachbereich 5 zählen 18 (32,1 %) der Teilnehmer(innen). Zum Institut ZEW gehört ein/eine Teilnehmer(in). Ebenfalls ein/eine Teilnehmer(in) ist dem ZETUP zugeordnet. Zum Institut IaF gehören sieben (12,5 %) der Teilnehmer(innen) und vier Personen (7,1 %) gaben an, Doktorand(inn)en oder Stipendiat(inn)en zu sein.

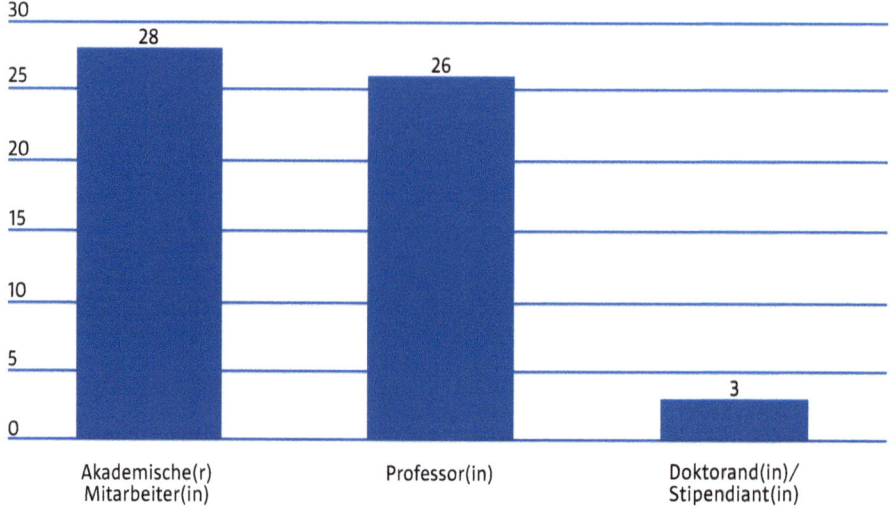

I-29/II-09 In welcher Gruppe sind Sie bei der angegebenen Einrichtung tätig?

Abbildung 32: Gruppenzugehörigkeit der Befragten (I-29/II-09)

In Frage I-29/II-09 wurden alle Teilnehmer(innen) aus beiden Strängen befragt (Abbildung 32). Damit ergab sich auch hier die Grundgesamtmenge von 56 Personen. Dabei gaben 26 Teilnehmer(innen) (46,4%) an, dass sie Professor(inn)en sind. Bei 28 (50,0%) der Befragten handelte es sich um akademische Mitarbeiter(innen). Unter den Teilnehmer(inne)n waren auch drei Doktorand(inn)en (5,4%).

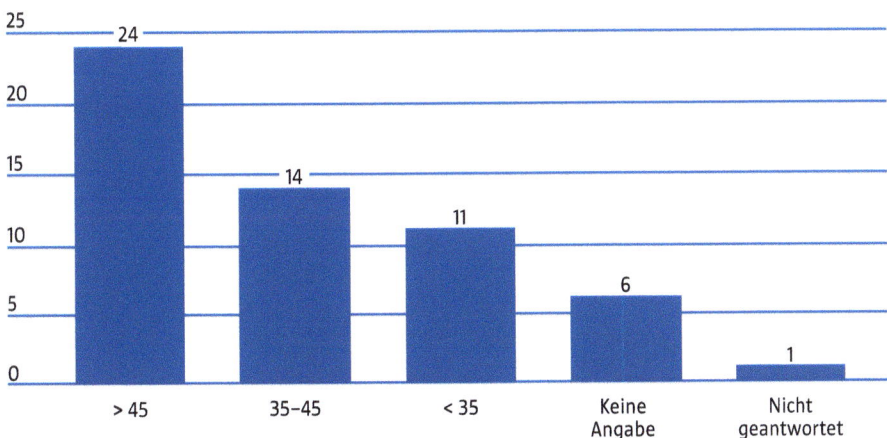

Abbildung 33: Alter der Befragten (I-30/II-10)

In Frage I-30/II-10 wurde das Alter der Teilnehmer(inne)n erfragt (Abbildung 33). Auch hier lag die Grundgesamtmenge bei 56 Personen. 24 Personen (42,8%) waren über 45 Jahre alt. Zwischen 35 und 45 Jahren waren 14 Teilnehmer(innen) (25,0%). Unter 35 Jahre waren 11 Teilnehmer(innen) (19,6%). Sechs Personen (10,7%) machte keine Angabe zu ihrem Alter und eine Person (1,7%) antwortete nicht.

10. Auswertung der Umfrageergebnisse

Abweichend vom bisherigen Vorgehen ist zu beachten, dass für die prozentuale Auswertung der Fragen mit Mehrfachantworten ein anderes Vorgehen gewählt wurde. Hierbei wurden die zu der Antwort abgegebenen Antworten zu einer für diese Frage spezifischen Gesamtsumme zusammengezogen. Auf dieser Grundlage wurde die prozentuale Berechnung für diese Frage vorgenommen.

Angaben zum/zur Teilnehmer(in)
An der Umfrage zum Umgang mit Forschungsdaten an der FHP haben insgesamt 56 Personen teilgenommen. Bezogen auf die einzelnen Fachbereiche sieht die Verteilung der Umfrageteilnehmer(innen) folgenderweise aus (vgl. Frage I-28/II-08 beziehungsweise Abbildung 31)[83]:

- 18 Teilnehmer(innen) (32,7 %) aus dem FB5 Informationswissenschaften
- 13 Teilnehmer(innen) (23,6 %) aus dem FB1 Sozial- und Bildungswissenschaften
- 10 Teilnehmer(innen) (18,2 %) aus dem FB4 Design
- Je sieben Teilnehmer(innen) aus den FB2 Stadt | Bau | Kultur und 3 Bauingenieurwesen (je 12,7 %)

Das kann einerseits implizieren, dass im FB 5 die meisten digitale Forschungsdaten anfallen. Andererseits kann eine derart hohe Rücklaufquote aus dem FB5 auf ein hohes Bewusstsein für die Thematik „Digitale Forschungsdaten" hindeuten.

Mit insgesamt 28 akademischen Mitarbeiter(inne)n und 26 Professor(inn)en, die die Umfrage beendet haben, ist die Verteilung auf die oben genannten akademischen Grade bei den ausgefüllten Fragebögen beinahe gleichmäßig.

Art und Umfang der Daten
Laut den Umfrageergebnissen fallen bei der überwiegenden Mehrheit der Befragten, genauer bei 50 Personen (89,3 %), Forschungsdaten an (vgl. Abbildung 2). Gleichzeitig haben 31 (62,0 %) der Befragten angegeben, von der Möglichkeit zusätzliche Ressourcen für FDM bei verschiedenen Förderorganisationen beantragen zu können, nichts zu wissen (vgl. Abbildung 3). Perspektivisch kann das fehlende Wissen bezüglich der Finanzierungsmöglichkeiten des eigenen FDM zur Verringerung der Zahl der FDM betreibenden Personen an der FHP führen.

Die meisten Teilnehmer(innen) mit eigenem Forschungsdatenbestand (88,0 %) schätzen den Stellenwert der Forschungsdaten als mittel bis hoch ein (vgl. Abbildung 4).

---

83 Anm.: Institutsangehörige, die sich keinem Fachbereich zugeordnet haben, wurden bei dieser Frage (Frage I-28/II-08) nicht berücksichtigt.

Die Forschungsdaten werden am häufigsten aus Textdokumenten, qualitativen Befragungen sowie quantitativen Umfragen und Interviews gewonnen (vgl. Abbildung 5). Insgesamt ergeben diese drei Kategorien 39,8 % der gewonnenen Forschungsdaten. Erwartungsgemäß handelt es sich bei den Herkunftssystemen der Forschungsdaten (21,5 %) in erster Linie um Texte zur Gewinnung der Forschungsdaten (vgl. Abbildung 6). Hierbei kann jedoch eine breite Streuung von weiteren Datentypen sowie Herkunftssystemen, wie zum Beispiel Tabellen, Bilder, Audio- und Videoaufzeichnungen, beobachtet werden. Bei den fachspezifischen Daten spielen vor allem Fragebögen, statistische Auswertungen sowie Text-Korpora eine entscheidende Rolle und ergeben zusammen 70,1 % der fach- oder gerätespezifischen Daten (vgl. Abbildung 7).

Was den jährlichen Umfang der entstehenden Forschungsdaten betrifft, werden bei 33 Befragten (66,0 %) jährlich Forschungsdaten im Umfang bis zu 100 GB produziert (vgl. Abbildung 8). Das heißt, an der FHP werden jährlich beträchtliche Mengen an Forschungsdaten generiert, die einer entsprechenden Verwaltung, Speicherung sowie Langzeitarchivierung und gegebenenfalls Veröffentlichung bedürfen.

Speicherung und Sicherung der Daten

Forschungsdaten werden aus vielfältigen Gründen an der FHP aufbewahrt (vgl. Abbildung 9). Aus insgesamt 90 Antworten (39,3 %) geht hervor, dass die eigenen Forschungsdaten für Publikationen sowie die weitere eigene Analyse und Projekte aufbewahrt werden. Andere Gründe, wie zum Beispiel der Nachweis der Replizierbarkeit der Ergebnisse, Backups oder der Ausschluss rechtlicher Risiken werden ebenfalls genannt. Laut 17 Antworten (7,4 %) werden Forschungsdaten zum Zweck der Nachnutzung durch andere Forscher(innen) aufbewahrt, was eine positive Tendenz der nachhaltigen Nutzung und der Nachnutzung der Forschungsdaten durch andere Forscher(innen) darstellt.

Die während des Forschungsprozesses anfallenden Forschungsdaten werden überwiegend lokal auf einem dienstlichen Rechner oder auf externen Datenträgern gespeichert (vgl. Abbildung 10). Dies geht aus insgesamt 74 Antworten (59,7 %) hervor. Aus Sicherheits- sowie Datenschutzgründen ist ein solches Vorgehen bei der Speicherung der Forschungsdaten jedoch nicht zu empfehlen, weil dadurch Daten beschädigt oder vollständig verloren gehen können, oder Unbefugten in ihren Besitz gelangen könnten. Obwohl die Forschungsdaten an der FHP hauptsächlich lokal oder auf externen Datenträgern gespeichert werden, führen die meisten Befragten Sicherheitsmaßnahmen durch, die zum Erhalt der Forschungsdaten beitragen (vgl. Abbildung 11). Mit insgesamt 68 Antworten (87,2 %) wird die Sicherheit der Forschungsdaten durch die Erstellung von Sicherungskopien auf weiteren Speichermedien sowie regelmäßige Daten-Backups geleistet. Dies kann ein Indikator für ein hohes Bewusstsein des wissenschaftlichen Personals der FHP für die Gewährleistung der Sicherheit ihrer Forschungsdaten sein.

Praktisches Datenmanagement

Bei der Frage nach der Aufgabenverteilung bezüglich des Datenmanagements (vgl. Abbildung 12) sind es meistens akademische Mitarbeiter(innen), die die Aufgaben, wie die Organisation, Erhebung, Dokumentation, Sicherung sowie Archivierung der Daten hauptsächlich übernehmen. Bei jeder der oben genannten Kategorien wurden akademische Mitarbeiter(innen) am häufigsten genannt. Das kann darauf hindeuten, dass die oben genannte Gruppe sich am meisten mit Forschungsdaten an der FHP beschäftigt. Folglich lässt sich vermuten, dass die jeweiligen Professor(inn)en einen beträchtlichen Teil der Aufgaben zum FDM an ihre akademischen Mitarbeiter(innen) übertragen.

Bei der Verteilung der Aufgaben des Datenmanagements wird die Rolle des IT-Personals der FHP als unerheblich eingeschätzt. Diese Einschätzung kann einerseits den aktuellen Stand der Dinge abbilden, bei dem die IT bei dem FDM an der FHP eine untergeordnete Rolle spielt. Andererseits deutet diese Annahme auf eine lückenhafte Verteilung der Verantwortlichkeiten innerhalb des Datenmanagements hin, bei der die Aufgaben, die direkt in der Verantwortung der IT liegen, auf andere Akteur(inn)e(n) übertragen werden.

Was den Zugriff auf eigene Forschungsdaten betrifft, werden Projektmitglieder sowie Mitglieder der jeweiligen Arbeitsgruppe am häufigsten genannt (71 Personen, 56,8%) (vgl. Abbildung 13). Somit sind es in erster Linie interne Personen, die auf die jeweiligen Forschungsdaten zugreifen dürfen. Bei insgesamt 26 Antworten (20,8%) werden Forschungsdaten Interessent(inn)en auf Anfrage bereitgestellt, was als positives Zeichen für eine offene Einstellung in Hinblick auf das Teilen von Daten gesehen werden kann.

Bezüglich der rechtlichen Verantwortung für die Forschungsdaten nach Ende des Projektes wurde die Antwort „Ich" mit 29 Antworten (39,2%) am häufigsten gewählt (vgl. Abbildung 14). Auffällig ist allerdings, dass sich 12 Personen (16,2%) noch nicht eingehend mit dem Thema beschäftigt haben. Anhand dieses Ergebnisses lässt sich vermuten, dass keine Klarheit in Bezug auf die rechtlichen Fragen zur Nutzung von Forschungsdaten an der FHP herrscht und es einer Policy zum FDM bedarf.

Leitlinien

Laut den Antworten bewahrt die Mehrheit der Befragten ihre Forschungsdaten nach der Empfehlung der DFG für mindestens zehn Jahre auf (vgl. Abbildung 15). Diese Antwort wurde insgesamt 17 Mal gegeben (30,9%). Bei 24 weiteren Antworten (43,6%), waren sich die Befragten entweder nicht sicher, oder sie haben angegeben, die Grundsätze zur Aufbewahrung der Forschungsdaten nicht zu kennen. Dass allgemein Unsicherheit bezüglich des Kenntnisstandes zu diversen Leitlinien oder Verträgen zum Umgang mit Forschungsdaten herrscht, wird bei der weiterführenden Frage deutlich. Auf die Frage I-15 „Existieren in Ihrem Forschungsgebiet weitere Leitlinien oder Verträge, die den Umgang mit Forschungsdaten regeln?" (vgl. Abbildung 16) haben 34 Personen (68,0%) nicht geantwortet. Lediglich 14 Befragte (28,0%) haben die oben genannte Frage mit einem „Ja" beantwortet und ihnen bekannte Leitlinien oder Verträge als Freitextantwort spezifiziert.

Nutzung von Datenrepositorien

Mit 44 „Nein"- Antworten (88,0 %) hat eine absolute Mehrheit der Befragten angegeben für ihre Forschungsdaten keine Repositorien oder Datenarchive zu nutzen (vgl. Abbildung 19). Auf die nächste Frage, warum sie das nicht tun, wurde 29 Mal (54,7 %) angegeben, sich mit dem Thema noch nicht eingehend beschäftigt zu haben (vgl. Abbildung 20). Eine solche Unkenntnis kann auf mangelnde Informationsmaßnahmen zurückzuführen sein, die eine Sensibilisierung für das Thema schaffen könnten, beispielsweise zu den Ablagemöglichkeiten für die Forschungsdaten.

Unter fünf Teilnehmer(inne)n, die Repositorien oder Datenarchive für die Ablage ihrer Forschungsdaten nutzen, legen alle fünf Befragten (100,0 %) ihre Daten in einem fachspezifischen Repositorium ab (vgl. Frage I-19). Dabei orientieren sie sich (vier Antworten, 36,4 %) am häufigsten an den Empfehlungen der jeweiligen Fachorganisation (vgl. Abbildung 21). Ungeachtet der insgesamt niedrigen Anzahl der Nutzer(innen) von Repositorien oder Datenarchiven ist die Tatsache, dass sich die Nutzer(innen) bei der Wahl eines geeigneten Repositoriums auf die Empfehlungen ihrer Fachorganisation stützen, als positiv zu betrachten.

Zur Nutzung fremder Forschungsdaten hat mit 29 „Ja"-Antworten (51,8 %) eine knappe Mehrheit der Teilnehmer(innen) angegeben, Forschungsdaten anderer Forscher(innen) nachgenutzt zu haben (vgl. Abbildung 22). Auch diejenigen, die keine eigenen Forschungsdaten generieren, haben diese Frage beantwortet. Das Ergebnis ist im Sinne der offenen Kultur zum Teilen von Daten positiv zu betrachten. Gleichzeitig haben 26 Personen (46,4 %) diese Frage mit einem „Nein" beantwortet, was verschiedene Gründe haben kann, die allerdings einer weiteren Analyse bedürfen. Mangelnde Kenntnisse im Bereich „Nutzung von Datenrepositorien" könnten ein Hindernis sein.

Was die Nutzung der Daten anderer Forscher(innen) für die Befragten betrifft, stellen die meisten Befragten (24 Personen, 35,3 %) eine individuelle Anfrage via E-Mail, Telefon oder ähnlichem (vgl. Abbildung 24). Dies kann auf die Existenz von Fachcommunities hindeuten, in der Forschungsdaten vorwiegend unter den Teilnehmer(inne)n geteilt werden. Für diese These spricht auch die Tatsache, dass die meisten Teilnehmer(innen) (42 Antworten, 55,3 %) ihre Forschungsdaten auf individuelle Anfrage zur Verfügung stellen (vgl. Abbildung 27). Andererseits könnte es auch bedeuten, dass das Wissen, über weitere Möglichkeiten auf Forschungsdaten zugreifen zu können (z.B. über geschützte Online-Portale oder durch Webservices) unzureichend bis nicht vorhanden sind.

Von den drei Teilnehmer(inne)n ohne eigene Forschungsdaten, die jedoch Forschungsdaten anderer Forscher nachnutzen, schätzen zwei Personen (66,7 %) den Stellenwert der Forschungsdaten mittel bis hoch ein (vgl. Abbildung 23).

Insgesamt sind 96,3 % der Befragten (26 von 27 Personen), die eigene Forschungsdaten haben sowie Forschungsdaten anderer Forscher(innen) nachnutzen, bereit, ihre eigenen Forschungsdaten mit anderen zu teilen (vgl. Abbildung 26). Jedoch könnten fehlendes Wissen zur Nutzung von Datenrepositorien sowie unzureichende Informationsversorgung zu den aktuellen Möglichkeiten, eigene Forschungsdaten zu teilen sowie fremde Forschungsdaten nachnutzen zu können, dieses Vorhaben wesentlich behindern.

Probleme und Unterstützungsbedarf

Um mögliche Probleme und Schwachstellen aus dem Bereich FDM zu erkennen, mussten die Befragten zunächst die Frage beantworten, wie gut sie ihre Kenntnisse im Bereich FDM einschätzen (vgl. Abbildung 28). Von 56 Personen haben 32 Teilnehmer(innen) (57,1 %) ihre Kenntnisse als gering eingeschätzt. Diese vergleichsweise hohe Quote korreliert erwartungsgemäß mit den bisherigen Erkenntnissen der Umfrage, wonach Wissenslücken in unterschiedlichen Bereichen des FDM sichtbar wurden.

Die Probleme sind vielfältig. Mit 48,8 % der Antworten wurden vor allem unzureichende Dokumentation, schwere Auffindbarkeit der relevanten Daten sowie veraltete Datenformate als Hauptprobleme im Bereich des FDM an der FHP genannt (vgl. Abbildung 29). Nachfolgend wurden gewünschte Unterstützungsmaßnahmen im Bereich FDM erfragt (vgl. Abbildung 30). Mit 126 Antworten haben sich 58,6 % der Befragten einen gesicherten, verlässlichen und leicht zugänglichen Speicherplatz und Beratung bei technischen sowie rechtsrelevanten Fragen von der FHP gewünscht. Diese Unterstützungsbedarfe sind von höchster Priorität und decken sich mit den bisherigen Ergebnissen der Umfrage. Ein fehlender zentraler Speicherplatz für die Forschungsdaten führt dazu, dass die meisten Daten überwiegend lokal auf Dienstrechnern oder auf externen Datenträgern mit einem hohen Datenverlustrisiko gespeichert werden. Die Beratung bei technischen Fragen wird dringend gewünscht, weil die IT im Bereich des FDM vermutlich bisher nicht ausreichend vertreten war. Die rechtliche Verantwortlichkeit für die Aufbewahrung von Forschungsdaten ist für einen großen Teil der Befragten bisher nicht eindeutig definiert, weshalb die Mehrheit selbst die Verantwortung für die Daten übernehmen muss und ein beträchtlicher Anteil der Teilnehmer(innen) sich mit diesem Thema noch nicht beschäftigt hat. Weitere Unterstützungsbedarfe beziehen sich auf Beratung beim Publizieren oder Zitieren sowie allgemeine Beratung, Unterstützung bei konkreten Angelegenheiten sowie Hilfe bei der Erstellung eines DMP. Anhand dieser Antworten lässt sich ein klarer Unterstützungsbedarf nach spezifisch ausgerichteten Beratungsangeboten zu verschiedenen Aspekten des FDM sowie dringender Schulungsbedarf zu dem Thema definieren.

11. Empfehlungen und Ausblick

Empfehlungen zur Durchführung und Auswertung einer FDM-Umfrage

Methodik: Bei der Auswertung der Ergebnisse wurde festgestellt, dass mehr Zeit eingeplant werden sollte, um Fragen, die nicht ausgefüllt oder übersprungen wurden, genauer analysieren zu können.

Software: Zudem wurde festgestellt, dass bei der technischen Umsetzung der Sprünge in dem Umfrage-Tool verschiedene Schwierigkeiten, wie beispielsweise die Berücksichtigung von verschiedenen Fragesträngen, die ein Zusammenführen der Antworten erfordern und bereits bei der Erstellung Beachtung finden sollten, auftauchen können. In der verwendeten Umfragesoftware QUAMP ist keine direkte Ausgabe im SPSS-Format möglich. Falls eine Auswertung in SPSS geplant sein sollte, wären Exportfunktionen zu Beginn des Auswahlprozesses der Software wichtig zu eruieren, um einen hohen Arbeitsaufwand zu einem späteren Zeitpunkt zu vermeiden.

Pretest: Vor dem Start der Umfrage sollte eine ausführliche Testphase mit anschließender Fehleranalyse durchgeführt werden, inklusive der Prüfung der Rohdaten und der Codebücher, wofür unbedingt genügend Zeit eingeplant werden sollte.

Kompetenzen: Bei der Auswertung von Rohdaten sollte gleich zu Beginn festgestellt werden, ob entsprechende Kompetenzen im Team bezüglich der Auswertungssoftware vorliegen, um gegebenenfalls rechtzeitig Schulungen durchzuführen.

Umfragebeteiligung: Bei der Auswertung der Ergebnisse konnte ein deutlicher Zusammenhang zwischen dem Datum des versendeten Reminders und eines ausgelobten Preises sowie dem Rücklauf an Fragebögen festgestellt werden. Unterstützung durch die Hochschulleitung fördert die Rücklaufquote.

Empfehlungen zum Umgang mit Forschungsdaten für die Leitung der Fachhochschule Potsdam

Nahezu 60 % der Befragten speichern ihre Forschungsdaten lokal auf dem dienstlichen Rechner oder auf externen Datenträgern ab. Dies wird auf ein mangelndes Angebot zurückgeführt und es wird dringend empfohlen, eine zentrale IT-Dienstleistung zur Sicherung von Forschungsdaten vonseiten der FHP zu schaffen.

Mehr als 53 % aller Aufgaben, die beim Datenmanagement anfallen (Organisation/Strukturierung, Erhebung, Dokumentation, Sicherung, Archivierung und Publikation), werden von akademischen Mitarbeiter(inne)n wahrgenommen. Es wird daher dringend empfohlen, akademischen Mitarbeiter(inne)n Schulungen im Bereich des FDMs anzubieten, um Professor(inn)en hinsichtlich des FDMs bestmöglich unterstützen zu können.

Mehr als 43 % der Befragten kennen die DFG-Empfehlung zur Archivierung von Forschungsdaten (10 Jahre) nicht oder sind sich unsicher, ob sie danach handeln und fast 70 % kennen keine Leitlinien oder Verträge zum Umgang mit Forschungsdaten aus ihrer Fachdisziplin. Im Sinne der Guten Wissenschaftlichen Praxis wird dringend empfohlen, Schulungen zu Richtlinien und Policies von Förderern und Institutionen anzubieten.

88 % der Befragten, die Forschungsdaten an der FHP generieren, haben noch nie Forschungsdaten in einem Repositorium oder Datenarchiv abgelegt und fast 65 % davon haben sich mit diesem Thema noch nicht eingehend beschäftigen können. Es wird dringend empfohlen, Mitarbeitende der FHP diesbezüglich zu informieren und zu schulen.

96 % der befragten Personen sind bereit, ihre Forschungsdaten zu teilen und anderen für die Nachnutzung bereitzustellen. Daher wird dringend empfohlen, Unterstützungsmaßnahmen an der FHP aufzubauen (Schulungen, IT-Infrastruktur), so dass Forschungsdaten publiziert und nachgenutzt werden können.

Fast die Hälfte der Befragten ist in Bezug auf Forschungsdaten mit Problemen konfrontiert, die sich auf unzureichende Dokumentation, schwere Auffindbarkeit und auf veraltete Datenformate beziehen. Es wird daher klar empfohlen, die FHP-IT in diesen Bereichen sichtbarer zu machen bzw. auszubauen sowie ein Schulungs- und Beratungsangebot für den Umgang mit Forschungsdaten anzubieten.

Es ist notwendig, eine eigene Stabsstelle für FDM zu schaffen, die zentral das FDM an der FHP koordiniert. Laut Hochschulrektorenkonferenz sollten „[...] die Hochschulleitungen das Management digitaler Forschungsdaten als zentrale strategische Leitungsaufgabe auffassen."[84]

Das nachhaltige FDM wird in Zukunft einen noch höheren Stellenwert in der Wissenschaft einnehmen. Daher sollte, ähnlich wie beim wissenschaftlichen Arbeiten, FDM Bestandteil aller Curricula werden.

Um an der FHP ein gemeinsames Verständnis vom Umgang mit Forschungsdaten und ihrer Bedeutung entwickeln zu können, empfiehlt es sich, eine Leitlinie unter Beteiligung der verschiedenen Akteur(inn)e(n) wie IT, akademischen Mitarbeiter(inne)n und Projektgruppenleitungen zu erarbeiten und zu beschließen.

---

84   vgl. Hochschulrektorenkonferenz. 2014. „Management von Forschungsdaten – eine zentrale strategische Herausforderung für Hochschulleitungen". https://www.hrk.de/fileadmin/_migrated/content_uploads/HRK_Empfehlung_Forschungsdaten_13052014_01.pdf.

Ausblick

Insgesamt bleibt festzuhalten, dass ein überraschend hoher Anteil der Befragten ein großes Interesse an **Forschungsdaten** und ihren vielfältigen Anwendungsmöglichkeiten hat. Demgegenüber stehen ausbaufähige IT-Infrastrukturen und Schulungsangebote, die über ein **hohes Entwicklungspotenzial** verfügen. Die **Hochschulleitung** wird Investitionen, wie die **Finanzierung der IT-Infrastruktur** sowie das **Einstellen von qualifiziertem Personal** tätigen müssen, um die **Anschlussfähigkeit** an die deutsche Hochschullandschaft halten zu können. Es wäre zu überlegen, inwiefern **Kooperationen** mit anderen **Hochschulen** aus der Region **Berlin und/oder Brandenburg** eingegangen werden können, um gemeinsam IT-Infrastrukturen und Schulungsangebote zur Verfügung zu stellen und zu nutzen, um Synergieeffekte zu erzeugen.

Für einen ganzheitlichen Ansatz, Daten in allen denkbaren Ausprägungen zu erfassen, wären diejenigen **Daten** noch näher zu betrachten, die auch in einer **Hochschulverwaltung** anfallen und entweder selbst durch ihre Charakteristika Forschungsdaten darstellen oder zumindest als ergänzende Metadaten für Forschungsdaten dienen können.

Studierende selbst wurden bei dieser Umfrage nicht mit einbezogen, da angenommen wurde, dass Professor(inn)en oder akademische Mitarbeitende diese mitbetrachten. Um ein exakteres Bild über den Umgang mit **Forschungsdaten** an einer Hochschule zu erhalten, würde es sich bei zukünftigen Umfragen anbieten, Studierende selbst nach ihrem Umgang mit Forschungsdaten zu befragen. Die Diskussionen im Rahmen des FHP-weiten Symposiums am 2. Februar 2018[85] haben zu folgenden Ergebnissen geführt:

- **Allgemein:** Für das Thema FDM muss hochschulweit sensibilisiert werden, zum Beispiel durch Informations- und Schulungsveranstaltungen sowie konkrete Hilfeleistungen.

- **Bottom-up:** Es wird exemplarische Unterstützung von Forschungsprojekten mit Lerneffekten für gemeinsame und fachspezifische Lösungen benötigt, die dann auf weitere Vorhaben mit Forschungsdaten übertragen werden kann.

- **Top-down:** Anzustreben sind ebenfalls gemeinsame Projekte und Kooperationen mit anderen Hochschulen, die FDM betreiben. So können Synergie-Effekte erzielt und ein Austausch über Erfahrungen etc. angeregt werden.

---

85 Zu dem Symposium wurde von dem Vize-Präsidenten hochschulweit eingeladen. Die ca. 30 Teilnehmer(innen) kamen aus verschiedenen Fachbereichen und brachten unterschiedliche Erfahrungen im Forschungsdatenmanagement mit.

- **Rechtliche Situation:** Es besteht große rechtliche Unsicherheit im Umgang mit eigenen und fremden Forschungsdaten und damit ein erheblicher Beratungsbedarf auf diesem Gebiet.

- **Speicherort:** Es braucht einen gemeinsamen, sicheren Speicherort für die Forschungsdaten an der FHP, um sowohl Zwischenstände als auch finale Versionen von Forschungsdaten(sammlungen) speichern zu können.

Literatur

Bundesministerium für Bildung und Forschung. 2017.
„Bekanntmachung – Richtlinie zur Förderung transnationaler Verbundvorhaben auf dem Gebiet der Systemmedizin innerhalb des ERA-Netzes ERACoSysMed". Bundesministerium für Bildung und Forschung – BMBF. https://www.bmbf.de/foerderungen/bekanntmachung-1309.html.

Burger, Marleen, Maxi Kindling, Lisa Liebenau, Claudia Lienhard, Svantje Lilienthal, Paulina Plewka, Svenia Pohlkamp u.a. 2013.
„Forschungsdatenmanagement an Hochschulen". Report. Humboldt-Universität zu Berlin, Philosophische Fakultät I. http://dx.doi.org/10.18452/13561.

Deutsche Forschungsgemeinschaft. 2015.
„Leitlinien zum Umgang mit Forschungsdaten". http://www.dfg.de/download/pdf/foerderung/antragstellung/forschungsdaten/richtlinien_forschungsdaten.pdf.

Doodle AG. o. J. „Doodle". https://doodle.com/de/.

Dooler UG. 2017. „Umbuzoo". https://www.umbuzoo.de/.

Europäische Kommission. 2017.
„Open Research Data". https://ec.europa.eu/research/openscience/index.cfm?section=monitor&pg=researchdata.

European Research Council. 2017.
„Guidelines on Implementation of Open Access to Scientific Publications and Research Data". http://ec.europa.eu/research/participants/data/ref/h2020/other/hi/oa-pilot/h2020-hi-erc-oa-guide_en.pdf.

Feldsien-Sudhaus, Inken und Beate Rajski. 2016.
„Digitale Forschungsdaten für die Zukunft sichern: Umfrage zum Umgang mit Forschungsdaten an der TU Hamburg: Auswertung". https://doi.org/10.15480/882.1326.

Fick, Patrick und Claudia Diehl. 2013.
„Incentivierungsstrategien bei Minderheitenangehörigen : Ergebnisse eines Methodenexperiments". Methoden, Daten, Analysen 7 (1):59–88. https://doi.org/10.12758/mda.2013.003.

Goldecker GmbH. o. J. „Q-Set.de". https://www.q-set.de/.

Goldstein, Stephane. 2017.
„The Evolving Landscape Of Federated Research Data Infrastructures". Zenodo. https://doi.org/10.5281/zenodo.1064730.

Google LLC. o. J. „Google Forms". https://docs.google.com/forms/u/0/.

Hauck, Reingis, Reiko Kaps, Hans Georg Krojanski, Anneke Meyer, Janna Neumann und Volker Soßna. 2016.
„Der Umgang mit Forschungsdaten an der Leibniz Universität Hannover. Auswertung einer Umfrage und ergänzender Interviews 2015/16". Report. Hannover: Institutionelles Repositorium der Leibniz Universität Hannover. http://dx.doi.org/10.15488/265.

Heinrich, Marcus. 2016.
„Forschungsdatenmanagement an der Technischen Hochschule Brandenburg".
https://opus4.kobv.de/opus4-fhpotsdam/frontdoor/index/index/docId/1336.

Helmholtz-Gemeinschaft. 2018.
„Helmholtz Open Science: Helmholtz Open Science". http://os.helmholtz.de/.

Herwig, Sebastian, Raimund Vogl und Dominik Rudolph. 2014.
„Forschungsdatenmanagement an der WWU. Ergebnisse einer Umfrage zu Status Quo & Entwicklungsperspektiven." http://www.forschungsdaten.org/images/3/36/Herwig_FDM_Umfrage_DINI_nestor_201401002_web.pdf.

Hochschulrektorenkonferenz. 2014.
„Management von Forschungsdaten – eine zentrale strategische Herausforderung für Hochschulleitungen". https://www.hrk.de/fileadmin/_migrated/content_uploads/HRK_Empfehlung_Forschungsdaten_13052014_01.pdf.

IANUS-Forschungsdatenzentrum Archäologie & Altertumswissenschaften. 2015.
„Stakeholderanalyse zu Forschungsdaten in den Altertumswissenschaften". IANUS - FDZ Archäologie & Altertumswissenschaften.
https://doi.org/10.13149/000.jah37w-q.

JotForm Inc. o. J. „JotForm". https://eu.jotform.com/.

Krähwinkel, Esther. 2015.
„Forschungsdatenmanagement an der Philipps-Universität Marburg. Die Ergebnisse der Umfrage zum Forschungsdatenmanagement im November 2014". https://doi.org/10.17192/es2015.0019.

Lemaire, Marina, Yvonne Rommelfanger, Jan Ludwig, Alexander Lürken-Uhl, Benjamin Merkler und Peter Sturm. 2016.
„Umgang mit Forschungsdaten und deren Archivierung. Bericht zur Online-Bedarfserhebung an der Universität Trier". http://nbn-resolving.de/urn:nbn:de:hbz:385-10156.

LimeSurvey GmbH. 2018.
„LimeSurvey". https://www.limesurvey.org/de/.

OECD. 2017.
„Business Models for Sustainable Research Data Repositories", Dezember. https://doi.org/10.1787/302b12bb-en.

Paul-Stüve, Thilo, Georg Rasch und Sören Lorenz. 2015.
„Ergebnisse der Umfrage zum Umgang mit digitalen Forschungsdaten an der Christian-Albrechts-Universität zu Kiel (2014)". Zenodo. https://doi.org/10.5281/zenodo.32582.

Prost, Hélène, Cécile Malleret und Joachim Schöpfel. 2015.
„Hidden Treasures: Opening Data in PhD Dissertations in Social Sciences and Humanities". Journal of Librarianship and Scholarly Communication 3 (2). https://doi.org/10.7710/2162-3309.1230.

Questback GmbH. 2018.
„Questback". https://www.questback.com/de/online-befragungstool/.

Roy Rosenzweig Center for History and New Media. 2018.
„Zotero" https://www.zotero.org/.

Schweizerischer Nationalfonds zur Förderung der wissenschaftlichen Forschung. 2017a.
„Data Management Plan – mySNF Formular". http://www.snf.ch/SiteCollectionDocuments/DMP_content_mySNF-form_de.p201df.

Schweizerischer Nationalfonds zur Förderung der wissenschaftlichen Forschung. 2017b.
„Data Management Plan (DMP) - Leitlinien für Forschende". http://www.snf.ch/de/derSnf/forschungspolitische_positionen/open_research_data/Seiten/data-management-plan-dmp-leitlinien-fuer-forschende.aspx.

„Scientific Data". o. J. 2017. https://www.nature.com/sdata/.

Simukovic, Elena, Maxi Kindling und Peter Schirmbacher. 2013.
„Umfrage zum Umgang mit digitalen Forschungsdaten an der Humboldt-Universität zu Berlin". Report. http://dx.doi.org/10.18452/13568.

Sociolutions GmbH. 2018.
„QUAMP". https://www.sociolutions.de/article/quamp-software.html.

SoSci Survey GmbH. o. J. „SoSci Survey".
https://www.soscisurvey.de/index.php?page=home.

Sphinx-survey. o. J. „Sphinx Survey". http://www.sphinx-survey.de/.

SurveyMonkey. 2018. „SurveyMonkey". https://www.surveymonkey.de/.

Survio s.r.o. 2017. „Survio". https://www.survio.com/de/.

Töwe, Matthias. 2012.
„Langzeitarchivierung von Forschungsdaten – und mehr". gehalten auf der Bibliothek Information Schweiz: Kongress 2012, Konstanz. https://www.sbt.ti.ch/doc/forum/BIS_Konstanz_2012/Bytes_Bibliothek/Matthias_Toewe_Langzeitarchivierung.pdf.

TYPEFORM S.L. o. J. „Typeform". https://www.typeform.com/.

Ullmann, Thomas. o. J. „maQ-online.de". http://maq-online.de/index.php.

UNIPARK & QuestBack. 2018. „Unipark". Unipark. https://www.unipark.com/.

Universität Paderborn. o. J. „Pingo". https://pingo.upb.de/.

Wilson, James A. J. 2015.
„University of Oxford Research Data Management Survey, 2012". https://doi.org/10.5072/bodleian:s4655h060.

Anhang

Anhang 01: Sitzungsdokumentation

<mark>Dokumentation Projekt FDM 19.10.2017</mark>

Inhalte
Strukturierung für die Projektdokumentation
- Einleitung, Zielsetzung, Motivation
- State oft the art
- Methodik
- (technische) Umsetzung
- Analyse, Auswertung
- Ergebnis
- Empfehlungen

Erstellung eines Zeitplans
Schritte zur Erstellung der Umfrage:
- Ziel setzen
- Zielgruppe bestimmen
- Methodik
- Umfang und Struktur der Umfrage
- Technik
- Zugang
- Marketing
- Testlauf und Fehleranalyse
- Umsetzung

Recherche zu Umfragen an Instituten und Hochschulen

Entscheidungen
Bildung von Unterarbeitsgruppen
UA 1 (OA, BH, SS): Analyse der Fragebogen
UA 2 (WS, MP, LG): Technik
UA 3 (MP): Statusgruppen an der FH
Aufgabenverteilung
- Technische Infrastruktur: WS
- Arbeitsfortschritt, To-Dos: LG
- „Protokoll", Dokumentation, Festhalten von Entscheidungen: SS
- GANTT-Chart: BH
- Konfliktmoderation: HN
- Risk-Management, Fehleranalyse: OA

Aufgaben
Für alle
- Kontaktformular bei Moodle im Wiki ausfüllen

Für die UAs
UA 1 (OA, BH, SS): Analyse der Fragebogen
- Analyse der Fragebögen der versch. Unis: Welche eignen sich?
- Zielgruppen vergleichen
- Preisverlosung: Zusammenhang mit Teilnahmebeteiligung?

UA 2 (WS, MP, LG): Technik
- Lösung suchen, die cloud-basiert und Open Source ist
- Konform mit Datenschutzbestimmungen?
- Auswahl eines geeigneten Tools
- Rücksprache mit Ethikkommission

UA 3 (MP): Statusgruppen an der FH
- Anzahl der Personen in den Statusgruppen?
- Welche Gruppen gibt es an der FH?
- Geeigneter E-Mail-Verteiler und Berechtigung?

Offene Fragen
Lotterie/Gutscheinauslosung
- Preiskategorien
- Budget bestimmen
- UA1: Verbindung mit Teilnahmebeteiligung?

Zielgruppe

    Wer wird in der Umfrage befragt?

Formulierungsvorschlag für die E-Mails bzgl. der Umfrage
- Wer ist zuständig?

Dokumentation Projekt FDM 26.10.2017

Inhalte
Technik: Kriterien zur Auswahl des Tools und Wertung der Gruppe
Tool-Anforderungen
(Wichtigkeit von x – xxx)
- kostenlos xxx
- Auswertungsmöglichkeit xxx
- freie Gestaltung der Oberfläche x
- Fortschrittsbalken xx
- Mailingliste verwalten x
- kollaborativ x
- Usability (zum Erstellen) xx
- alle Funktionalitäten (Matrix, Dropdown) xxx
- Datenablage xx
- Export xx

Umfragethemen und jeweilige Interessenten
Art und Umfang der Forschungsdaten: IT, Präsidium
Speicherung und Sicherung: IT, Präsidium
Praktisches Datenmanagement: Fachbereich, ProfessorInnen
Leitlinien; Date Use; Data Share: Datenschutzbeauftragter, GeldgeberInnen, FörderInnen, „Gesellschaft"
Nutzung von Datenrepositorien: Präsidium, IT, ProfessorInnen
Probleme und Unterstützungsbedarf: Präsidium, Fachbereich

Struktur der Umfrage
1. Begrüßung, Rahmen, Bedeutung
2. Hauptteil (Inhalt)
3. Eckdaten der Teilnehmenden

- Soll ebenfalls enthalten: Definition von Forschungsdaten
- Entscheidung: Lotterie – Gutschein für Casino?
- Erklärung für Professoren/Professorinnen: Auch Forschungsdaten der Studierenden sind gemeint

Zeitplan:
Version 0.1 Fragebogen + 3 Tools zum Testen: **02.11.**
Auswertung der Tools und Fehleranalyse/Testlauf: **09.11**
Matthias Hauf: Präsentation des Fragebogens am **09.11.**
Michael Ortgiese: E-Mail-Entwurf, Kurzvorstellung des Projekts am **16.11.**
Ziel: Start der Umfrage am 16.11.
Ziel: Spätester Start der Umfrage: 23.11.

Entscheidungen
Zielgruppen festgelegt:
- Professoren/Professorinnen 110
- wissenschaftliche MitarbeiterInnen: 107
- (nicht wissenschaftliche MitarbeiterInnen: 149)
- (Studierende: 3438)

Begründung: Schwerpunkt der Umfrage liegt auf Forschungsfragen, ausgeklammert werden somit etwaige Verwaltungsdaten. Die von Studierenden möglicherweise erstellten Daten werden durch die Professoren/Professorinnen (Bsp. Betreuung der Abschlussarbeit) abgedeckt.

Aufgaben
Für die UAs
UA 1 (OA, BH, SS): Fragebogen
     Fragebogen Version 0.1 (Vorschlag, Antworten und Begründung)
UA 2 (WS, MP, LG): Technik
     Begründete Auswahl eines Tools: Abgleich der Tools mit Kriterienliste
UA 3 (MP): Statusgruppen an der FH
UA 4 (WS, MP): Formulierung E-Mail
     Entwurf Begleitemail Version 0.1

Offene Fragen
Für alle
- Lotterie: Ja/Nein?
- Datenschutzbeauftragter: Soll er die Teilnehmerangaben doch noch einmal absegnen?

Dokumentation Projekt FDM 02.11.2017

Inhalte
Technik: Präsentation der Umfragetools + Anforderungskriterien
Diskussion: Bewertung der Tools durch Gewichtung der Kriterien
-> Durch Ausschlussverfahren: Festlegung der zwei Probetools

Fragebogen: Präsentation und Diskussion der Fragen, Antworten und Abfolge
Besprechung des Entwurfs 0.1 sowie Anmerkungen zu den notwendigen Änderungen
Am 09.11. Zeit für: Disclaimer, Definitionen und Erläuterungen zum Fragebogen

Zielgruppe Doktoranden
Problematik: Nicht alle Doktoranden der FHP sind auch eingeschrieben.
Lösung: Liste mit Kontaktdaten aller Doktoranden anfragen

Formulierung der E-Mail-Einladung
Erster Entwurf -> Bis 09.11. Ausfertigung

Ablauf der Besprechung mit Hr. Hauf
  1. Präsentation Fragebogen (BH,OS)
  2. E-Mail Entwurf (WS)
  3. Präsentation des Tools und der Umsetzung (MP, LG)
  4. Diskussion/Fragerunde

Entscheidungen
Auswahl der geeigneten Umfragetools
  - Quamp
  - Qset

Fragebogen

Festlegung der Fragen, Antworten und Reihenfolge

Aufgaben
Für die UAs
UA 1 (OA, BH, SS): Fragebogen
  - Kurzpräsentation ausgewählter Fragen
  - Gesamten Fragebogen zur Vorlage für Hr. Hauf aufbereiten (Fragen + Antworten + Reihenfolge)

- Hinweis: Jeweils Anmerkung für Technikgruppe welche Antworttypen erforderlich sind und wie die Stränge verlaufen
- BH sendet Testdaten an UA 2

UA 2 (WS, MP, LG): Technik

Testlauf mit Quamp und qset vorbereiten

UA 3 (MP): Vernetzung und Kontakte an der FHP

Mail an Hr. Hauf: Anfrage nach Mailingliste für alle Doktoranden an der FHP
Anfrage: Quamp Zugang

UA 4 (WS, MP): Formulierung E-Mail

E-Mail ausformulieren
Reminder formulieren

UA 5 (SS):

-Tischvorlage/Handout für Besprechung mit Hr. Hauf erstellen

Im Kursforum zur Einsicht einstellen
Dokumentation der Diskussion/Fragerunde mit Hr. Hauf

Für alle

Vorbereitung Besuch von Hr. Hauf (Hinweis: Umfrage der Uni Potsdam anschauen!)
Beginnen den Projektbericht mit bisherigen Ergebnissen und Inhalten zu füllen

Offene Fragen

Für alle

Projektbenotung: Entscheidung, ob eine Gruppennote für alle Projektbeteiligten vergeben wird oder jeder eine Einzelnote erhält

UA1 Fragebogen

Wissenschaftliche Einrichtungen der FHP: Zetup (Enrico Sass), ZEW (Christina Thomas); Landesfachstelle für Archive und Öffentliche Bibliotheken; IaF
-> Frage an Hr. Hauf.

Dokumentation Projekt FDM 16.11.2017

Inhalte

Besuch von Hr. Ortgiese

- Anmerkungen zu Fragen, Formulierungen, Antworten und Unklarheiten
- Präsentation und Vorstellung von Fragebogen, Einladungsemail, technischer Umsetzung
- Besprechung: Nächste Schritte und Termine
- Hr. Ortgiese: Möchte sich um Finanzierung des Casino-Gutscheins (zusammen mit Fr. Reich) kümmern
- Hr. Ortgiese: „Wunsch" für den Projektbericht
  Zusammenhang von Forschungsdatenmanagement und Verwertungsplan aufzeigen

Testberichte und Korrekturhinweise

- Sichtung der Testberichte (xx Stück)
- Analyse der diskussionswürdigen Änderungsvorschläge
- Korrektur von Kommasetzung, Rechtschreibung und Genderformen im Fragebogen

Quamp

- Fehleranalyse der technischen Umsetzung
- Probleme mit der Wahrung der Anonymität: Notwendigkeit eines statischen Links zur Versendung per E-Mail
- Zurück-Button: Sprünge stimmen nicht immer
- Matrix-Frage zu Akteur(inn)en und Aufgaben beim Forschungsdatenmanagement: Keine Mehrfachauswahl möglich -> Lösung?

Planung

- Plan: HN schickt am Abend des 17.11.(Freitag) oder am Morgen des 18.11. (Samstag) die Mail-Entwürfe sowie den Link zum Fragebogen an Hr. Ortgiese
  Hr. Ortgiese schickt die Mail an die IT (Hr. Bölke) -> Versendung des Links an Teilnehmer(innen)
- Backup-Plan: Antwort von Support von Quamp bezüglich der technischen Probleme abwarten
  Notfall: Terminverschiebung und Umsetzung in einem anderen Tool (Google Forms)

Argumente: Professionell, Fall-back-Lösung, pragmatischer Ansatz
Entscheidung hierbei: Spätestens mittags am 20.11. (Montag)

Entscheidungen
Fragebogen
- Aufnahme einer weiteren Frage, auf Anregung von Hr. Ortgiese:
  Bezüglich zusätzlicher Ressourcen für Forschungsdatenmanagement in Zukunft

Projektpräsentation
- Kolloquium zu den Ergebnissen der Umfrage am 01.02.2018 (Donnerstag) um 16.00h in der
  Theaterwerkstatt
Preisvergabe
- Zu Weihnachten, da Ende Februar zeitlich zu weit entfernt ist

Aufgaben
Für die UAs
UA 1 (BH, SS): Fragebogen
-> Abschließender Testlauf: Prüfen der hauptsächlichen Funktionalitäten
UA 2 (WS, MP): Technik
-> MP: Kontakt mit Support zwecks Lösung der Probleme mit Link, Matrix und Zurück-Button
-> WS: Notfallplan: Übersetzung der Umfrage in anderes Tool („Google Forms") bis 19.11. (Sonntag)
18.00h
UA 3 (LG):
Projektbericht: Struktur + Gliederung; Einarbeitung der Hinweise von HN
Für alle
Projektbericht schreiben
- Aufteilung der Gliederungspunkte
  State of the art (SS)
  Methodik (OA)
  Nacharbeitung der Word-Tabelle zum Fragebogen (BH)
  Technische Umsetzung (WS, MP, LG)
- Ergänzen: Handlungsempfehlungen und Ausblick
- Fertigen Projektbericht: An Hr. Ortgiese senden
Erinnerung
- Hr. Ortgiese an die Versendung des Reminders nach einer Woche Laufzeit erinnern

Offene Fragen
Für alle
Auswertung der Umfrage
- Tools zur Auswertung: Excel vs. SPSS
  Argumente und Eignung
- Analyse welcher Themenaspekte und Zusammenhänge (?)
- Statistik „Fresh-Up": Anfrage an Dr. Bettina Röder

Dokumentation Projekt FDM 30.11.2017

Inhalte
Agenda
- Terminbesprechung Fr. Röder
- Projektbericht
- Aktueller Stand der Umfrage
- Lotterie/Verleihung Gewinner-Preis
- Aufgabenverteilung, Vorgehen und Neubildung von Teams
- Auswertung der Umfrage
- Symposium/Kolloquium im Februar
- Teilnahme am Wettbewerb: Information Professionals (Team Award)

Projektbericht
Aufteilung der Themen/Kapitel:
- Einleitung: BH
- State of the Art: SS
- Methodik
  (a) Erstellung des Fragebogens: OA
  (b) Technische Umsetzung: LG
  (c) Auswertung Fragebogen: Team Auswertung
  (d) Projektmanagement: SS
- (technische) Umsetzung
  (a) Umsetzung – QUAMP: MP
  (b) Umsetzung – Google: WS
- Ergebnisse: WS
- […]
- Für die Anlagen: Jeweilige zuständige Person

Symposium/Kolloquium
Agenda/Zeitplan
- 16.00-16.15h: Begrüßung durch Hr. Ortgiese
- 16.15-16.30h: Hintergrundmotivation Fr. Neuroth
- 16.30-16.45h: Vorgehen
- 16.45-17.00h: Ergebnisse + Empfehlungen
- 17.00-17.30: Diskussion (Moderation durch Hr. Ortgiese)

Entscheidungen
Termin Fr. Röder
15.12.17: 8.30-12.30h in Fr. Neuroths in Büro
Projektbericht
- Versionierung: Datum nach Änderung angeben
- Termin: 15.12.17: Version 0.1
- Termin: 11.01.17: Stabile Fassung

Aufgaben
Für die Teams
Team Projektbericht (OA, BH, SS)
- Bisherige Anlagen + Textbausteine in den Projektbericht einfügen
- Literaturangaben vereinheitlichen:
  Citavi Gruppenaccount oder Angabe für die gewünschte Form?
- Gestaltung des Berichts

Team Auswertung (LG, WS, MP)
- E-Mail für Gewinner formulieren
- Daten zu Teilnahme etc. sammeln für Gewinner-E-Mail
- Bereinigung der Rohdaten (Excel-Tabelle)

MP:
- 04.12.: Bericht für die Umfrage aus Quamp ziehen
- Gutschein für Gewinner designen: Anfrage an Designer?

BH: GANTT-Chart
- neue Termine aktualisieren
- Phasen nach Farben einteilen/markieren

Für alle
Projektbericht schreiben

Offene Fragen
- Wer präsentiert auf dem Kolloquium im Februar auf dem Podium?
- In welcher Form soll präsentiert werden (größere oder kleiner Blöcke)?

Agenda

(1) Vorbereitung Termin Fr. Röder am 15.12.2017
- Übergabe des Gutscheins + der Urkunde an die Dekanin Fr. Schwarz (stellvertretend für den FB 5 Informationswissenschaften). Fotos: Möglicherweise durch Fr. Röder
- Einstieg: Fragen an Fr. Röder überlegen und kurze Einleitung sowie bisherige Inhalte präsentieren

(2) Projektbericht
- Update zur aktuellen Fassung des Berichts
- Gemeinsame Diskussion bisheriger Kapitel
- Sammlung von Hinweisen zur Gestaltung des Berichts (Wichtig für Vereinheitlichung trotz kollaborativen Arbeitens)
- Kapitel zur Methodik: Benötigt Einleitung
- Überlegungen zum Abkürzungsverzeichnis/Glossar: Januar (wenn genügend Zeit)
- Endfassung bisheriger Teile: 11.01. -> bildet die Basis für alle weiteren Analysen
- E-Mails „Einladung", „Reminder" und „Gewinner-Mail" sollen in den Anhang
- Diskussion: Deanonymisierende Kommentare schwärzen vs. nicht schwärzen -> Vorwurf eine Diskussion zu verhindern vs. Person könnte identifiziert werden -> Fazit/Entscheidung (?) -> These: Es gibt nur begrenzt Möglichkeiten eine anonyme Umfrage durchzuführen

(3) Ergebnisse - Auswertung
- Hinweis zur Unterscheidung von anderen Umfragen: Keine Verwendung der Auswertung aus QUAMP, sondern der Rohdaten
- Textuelle Auswertung: Jedes Teammitglied bearbeitet eine Kategorie und korrigiert eine Kategorie: Ausformulierung als Fließtext (Kommentare/Interpretation)

Aufgabenverteilung für Auswertung (bis zum 05.01 fertigstellen für Korrektur!)

Fragenbereich	Bearbeitung	Korrektur
1. Art und Umfang der Daten	WS	SS
2. Speicherung und Sicherung der Daten	MP	WS
3. Praktisches Datenmanagement	LG	OA
4. Leitlinien und informelles Teilen von Daten	BH	MP
5. Nutzung von Datenrepositorien	OA	LG
6. Probleme und Unterstützungsbedarf	SS	BH
7. Angaben zum/zur Teilnehmer/in	WS	SS

(4) Excel-Tabelle + Layout
- Dokumentation der Versionierung und Bereinigung sowie der einzelnen Schritte (Wer war für was wann in welcher Reihenfolge verantwortlich?) + Excel-Tabellen in Anhang stellen

  Prozessschritte (zu ergänzen):

  1. Abgebrochene TeilnehmerInnen gelöscht -> Kommentare/Freifelder wurden erhalten
  2. Zahlen mit Hilfe des Codebuchs durch Worte ersetzt -> „menschenlesbare" Version
  3. Zusammenfassung der Zahl von TeilnehmerInnen in jeweiliger Frage in unterer Spalte + Neunummerierung
  4. Fehler rot markiert, mit Kommentar versehen und Ursachen gesucht -> allgemein Dokumentation von Fehlern wichtig!

- Insgesamt: Aufwand der Bereinigung deutlich machen

Inhalte für das Kapitel Ausblick im Projektbericht:

- Aufgrund von Zeitmangel leider nicht möglich, aber grundsätzlich wäre es wünschenswert ausgelassene bzw. übersprungene Fragen zu identifizieren und zu prüfen und zu berücksichtigen (unter der Angabe, dass es bei uns keine Pflichtfragen gab)
- Empfehlung zur technischen Methodik und QUAMP: Vor Start der Umfrage eine ausführliche Fehleranalyse und Testphase durchführen, inklusive der Prüfung der Rohdaten und der Codebücher
- Zu beachten: Sprünge bergen verschiedene Schwierigkeiten (bei der technischen Umsetzung, bei der Berücksichtigung von verschiedenen Strängen etc.)
- Excel und/oder SPSS-Kompetenz wichtig: Schulung der MitarbeiterInnen ist wichtig
- Hohe Umfragebeteiligung: Reminder (=hohe Resonanz) + Lotterie/ Preis (=Anreiz) -> Zitat aus Studie, die das belegt
- Förderung durch die Hochschulleitung fördert die Rücklaufquote? -> Forschungsdatenmanagement ist Aufgabe auf Leitungsebene (s. HRK-Bericht)
- QUAMP macht keine direkte Ausgabe in SPSS möglich: Nicht zu verwechseln mit SPSS-Kompatibilität (wichtig um hohen Arbeitsaufwand zu einem späteren Zeitpunkt zu vermeiden)

Entscheidungen
- Kommentare werden nicht geschwärzt (Ausnahme: Evtl. die Nennung des spezifischen Projekts)

Aufgaben
Für die Teams
Team Projektbericht (OA, BH, SS)
- (Allgemeine) Hinweise/Leitlinien zur Erarbeitung des Berichts zusammenstellen und an den Bericht voranstellen -> erleichtert das Erstellen einer gemeinsamen Arbeit
- Einleitung Methodik: OA
- Hohe Umfragebeteiligung: Reminder (=hohe Resonanz) + Lotterie/ Gewinnpreis (=Anreiz) Formulierung vorsichtig anpassen „Aufgrund der Annahme" -> Zitat aus passender Studie, die das belegt (To-Do für OA?)

Team Auswertung (LG, WS, MP)
- Anfrage Kostenvorschlag für Druck des Projektberichts: MP
- Ergebnis-Kapitel bis 19.12. morgens (Dienstag) fertigstellen (dringend!): WS

Für alle
- Agenda für das Symposium/Kolloquium im Januar erarbeiten: Hr. Hauf + Hr. Ortgiese als Vorschlag zusenden (langfristige To-Do)
- Anmerkungen für Präsentation: Fotos von allen Mitgliedern („virtuelle Präsenz" auch im Krankheitsfall
- **Für alle:** Zusammenfassung/Interpretation (basierend auf Kap. 5!) **bis zum 05.01 fertigstellen für Korrektur**
  + grafische Darstellung
  + kritische Prüfung der Excel-Tabelle
- **Korrektur**/Prüfung/Nachlese/Basis von Rohdaten + Analysetext
  Bis zum 10.01. abends fertig stellen!

Offene Frage
- Wer ist für die Dokumentation der Prozessschritte der Bereinigung der Excel-Tabelle zuständig?
- Fotos von der Übergabe des Gutscheins: Fr. Röder?

Dokumentation Projekt FDM 15.12.2017

Treffen mit Fr. Röder – Fazit zu SPSS:
- Besprechung des Projekts bzw. kurze Einführung zum aktuellen Stand, Excel-Datei mit Daten und Forschungsfrage

- Einführung durch Fr. Röder in grundsätzliche Bearbeitung „unserer" Rohdaten: Was für Daten liegen in welcher Form wie vor? Welche Möglichkeiten bestehen bei SPSS zur Auswertung? Was sind Nachteile von SPSS?
- Problematik: SPSS erfordert Einarbeitung, da aus Quamp keine direkte Ausgabe in SPSS möglich ist (nicht zu verwechseln mit SPSS-Kompatibilität!)
  -> daher hoher Aufwand Name und Beschriftung nachzutragen sowie Werte zu bestimmen
  -> auch Filter und Bereinigung der Rohdaten stellen einen Aufwand dar, der in der bisher erarbeitenden Excel-Tabelle schon in gewünschter Form vorliegt.
- Weitere Problematik: Zugriff auf SPSS, als kostenpflichtiges Programm?
  -> Nur an der FH im Computerraum oder mit sogenannter Pendlerlizenz, die aber maximal 3 Tage verfügbar ist (Weihnachtspause!)
- Wichtig: Unterscheiden, wenn man Ergebnisse beider Gruppen (A+B) vergleichen will
- Ratschläge für die Fragebogen-Auswertung:
  - ✓ Einfachnennung Ja/Nein: Tabelle
  - ✓ Balkendiagramm/Säulendiagramm: Bietet guten Vergleich bei Mehrfachnennungen
    -> Angaben jeweils vom kleinsten Wert zum höchsten (nach Worten)
  - ✓ Torten: Nur im Ausnahmefall ;-)
  - ✓ Angaben zu unterscheiden: Absolut oder relativ? Wo bietet sich was an?
    Prozentuale Aufschlüsselung vor allem bei Mehrfachantworten
- **[Entscheidung]** Fazit: Die Auswertung wird zum größten Teil mittels Excel erfolgen. Von der Forschungsfrage ausgehend ist eine deskriptive Beschreibung (Häufigkeiten) der Daten angestrebt. Nur wo es sich anbietet, wird die Streuung mittels SPSS ermittelt (Eingangsfrage I-01 sowie Frageblock 7)
- Im Januar gemeinsam: Abhängigkeiten suchen

<mark>Dokumentation Projekt FDM 04.01.2018</mark>

Inhalte und Entscheidungen
(1) Kapitel Auswertung
- Pro Frage: Ein Säulendiagramm (nach Vorbild anderer Berichte!)
- Kommastellen bei Prozentangaben: Auf die 1. Nachkommastelle runden
- Entscheidung: Diagramm + Text sowie absolute und relative Häufigkeiten nennen
- Im Diagramm: Nennung der absolute Zahlen
- Beispiel für Diagramm: Zu Beginn des Projektberichts
- Säulen: Von häufig nach niedrig, je von links nach rechts
- Lösung für Tabellen oder zu große Säulendiagramme: Querformat in Word
  -> Hinweis entsprechend als Kommentar einfügen
- Hinweis an alle: Erst mal werden sämtliche Ergebnisse/Antworten etc. im Fließtext erwähnt und ausformuliert -> Motto „Löschen geht immer" ?!
(2) Kapitel Ergebnisse
- Ergänzen: Tabelle mit den ersten (Auswertungs-) Daten für die Gewinner-E-Mail
- „Schön machen" der Ergebnis-Tabelle
- Diskussionsentscheidung offen: Tabelle in das Kapitel Ergebnisse oder in den Anhang?

(3) Projektbericht
- Bearbeitung und Korrektur: Fußnoten und Literaturverzeichnis; Angleichen der Berichtteile; Rechtschreibung prüfen etc.
- Layout angleichen -> Optik
- Ordner in Google Drive erstellen: Verschiedene Versionen einstellen
- Rückfragen: Kommunikation per Handy
- Vorschläge für Änderung der Kapitelüberschriften: Als Kommentare in Google Drive

Aufgaben
WS:
- Kommastellen bei Prozentangaben: Auf die 1. Nachkommastelle runden
- Im Projektbericht ergänzen: Tabelle/Erste Daten für Gewinner-E-Mail
- Ergebnistabelle „schön" machen: Nach Vorgabe von Word-Tabelle von BH

- Version von Google Forms ergänzen (Datum der Erstellung mit Hinweis, dass es keine Angabe von Versionen gibt)

SS:
- Quellen/Websites von Softwareherstellern bei Zotero einfügen
- Codebuch-Tabellenblatt und Versionen der Excel-Tabellen mit neunummerierten Header hochladen (in den Anhang für den Bericht packen) -> neuen Ordner erstellen und Übersicht bewahren
- Lesen des Berichts: 1. Durchgang
  Ab Montagfrüh, runterladen und im „Überprüfenmodus" bei Word
  Begründung: Google zerschießt das Format
  Anschließend: An Oleksandra.bis Montagabend weiterleiten
- Dokumentation des heutigen Treffens und besprochener Aufgaben -> im Kursforum posten
- Mail an LG: Mit gekürzten Antworten für Fragebereich Nr.6
- Kursforum: Frage nach Tool zur Erstellung einer Baumstruktur mit den verschiedenen Durchgangsoptionen des Fragebogens?
- Frage an alle: Hinweis an alle: Erst mal werden sämtliche Ergebnisse/Antworten etc. im Fließtext erwähnt und ausformuliert -> Motto „Löschen geht immer"?!

MP:
- Bereinigung von Rohdaten (Beschreibung) im Bericht
- SPSS Auswertung
- Neunummerierungs-Header auf alle Versionen der Excel-Tabelle kopieren und Codebuch um Teil B ergänzen -> Mail an SS

LG:
- Beispiel für Säulendiagramm: Einfügen in den Hinweisen zum Projektbericht
  -> hieran orientieren sich alle bei der Erstellung hinsichtlich der Beschriftung etc.
- Erstellt für SS Auswertungsteil die Säulendiagramme

OA:
- Liest bis Dienstagabend 22:00h Projektbericht durch, den sie von SS bekommen hat (per Mail!)
- Anschließend: Ihre Version per Mail an BH und auch in Google hochladen

BH:
- Literaturangaben/Fußnoten mit Zotero ersetzen am 10.01.
  -> entscheidet in welchem Stil
- Diskussion Kapitelüberschriften: -> Kursforum

Für alle
DEADLINE: Sonntagabend/-nacht fertig werden, ab Montagmorgen beginnt die Korrektur

Offene Fragen
- Frage von MP: Was ist mit unseren eigenen Forschungsdaten? Wie bereiten wir sie auf?
- Frage/Diskussion für Kapitelüberschriften bzw. was sind Ergebnisse? Was ist Analyse? Umbenennung? Kann Ergebnistabelle in den Anhang?
- Lange Antworten: Kürzen? Entscheidung nach Aussehen? Oder Antwortbezeichnungen (Bsp. II – 03 – d) und Legende?

Dokumentation Projekt FDM 11.01.2018

Inhalte
Agenda
1. Allgemeines und Reflexion: Projektmanagement
2. Status Quo:
   Projektbericht
   SPSS
   Vortrag/Kolloquium am 01.02. -> Verschoben auf den 18.01.
   Preis: Information Professionals -> Verschoben auf den 18.01.
   Diagramme
   Anhänge
3. To-Dos
   Auswertung -> Verschoben auf den 18.01.

Projektbericht
SPSS

(1) Projektmanagement und Rückblick
- Interne Besprechung des bisherigen Projekts: Strategien des Projektmanagements zur Teamarbeit, Rückblick, Verbesserungsmöglichkeiten etc.
- Allgemeine und organisatorische Ideen/Aufgaben/Entscheidungen: Gruppenfoto, Dankesgeschenke, Kasse -> siehe **Aufgaben für alle**

(2) Status Quo
Projektbericht
- Veröffentlichung im FHP Verlag: Einladung Hr. Dinters zu nächster Woche (18.01.)
  Bis 18.01. benötigen wir zwei Dateien (wichtig für Seitenzahl und Kostenvoranschlag):
    1. Reiner Bericht
    2. Alle Anhänge

Änderungen
- Bildbezeichnungen der Diagramme: Einfügen der Fragenummerierung/IDs
- Kapitel zur Erstellung des Projektberichts
  -> Verweis auf Zotero, kollaboratives Arbeiten, Zitierstil etc.
  -> Gehört zum Kapitel Methodik
- Nicht persönlich schreiben, da wissenschaftlicher Schreibstil angestrebt wird
- Vereinheitlichen von Fußnoten: vgl. und s. -> alles klein schreiben bzw. abkürzen
- „Iteratives" Arbeiten (kein paralleles Arbeiten mehr) -> erfordert mehr Verbindlichkeit
- Optional: Vorschlag für Bearbeitung des Berichts: In Absätzen Markierungen (Schriftart fett) verwenden, um das Thema des Absatzes hervorzuheben
- Danksagung: Hochschulleitung, Frau Röder und Designer (Platzierung direkt vor der Einleitung)
- Professoren in ihrer Funktion und einmal (das erste Mal) namentlich nennen

Vorgehen/Verfahren zum Korrektur des Berichts
- Keine Verwendung mehr von Google Drive, wenn es um den Bericht geht – Weiterleitung als E-Mail mit beigefügtem Statusbericht + zusätzlich Meldung übers Kursforum -> weil moodle Meldungen nicht chronologisch sondern nach Bezug anzeigt

Übersicht über die nächsten Tage und wer über den Projektbericht verfügt:
Mit Version 6 beginnt **OA** am Sonntag (14.01.2018)
Erstellt Version 7
Mit Version 7 arbeitet **LG** am Montag (15.01.2018) weiter
Erstellt Version 8
Mit Version 8 arbeitet am Dienstag (16.01.2018) **SS** weiter und erstellt anschließend Version 9
Senden des Berichts per Mail an **HN**: Mittwoch
Allerletzter Termin: Donnerstag bis 13.00h

Vorgehen für die Korrektur der Word-Tabelle
- Bis **Samstagmorgen (13.01.2018)**: 08:00h sind die Veränderungen durch **WS** vorgenommen.
- Danach beginnt die Korrektur durch die anderen:

Fragenbereich	Korrektur
1. Art und Umfang der Daten	SS
2. Speicherung und Sicherung der Daten	OA
3. Praktisches Datenmanagement	OA
4. Leitlinien und informelles Teilen von Daten	MP
5. Nutzung von Datenrepositorien	LG
6. Probleme und	BH

Unterstützungsbedarf	
7. Angaben zum/zur Teilnehmer/in	SS

- Zusätzlich übernimmt **OA** die Korrektur dem WS zugeteilten Teil
- Prüfung der Word-Tabelle + der Diagramme anhand der Excel-Liste Version 004
- Bis **Montagmorgen (15.01.2018) 08:00h** fertigstellen
  -> alle Korrekturen bezüglich der Word-Tabelle an **SS**
  -> alle Korrekturen bezüglich der Diagramme an **LG**

- Korrekturen: Mit Bild und Markierung bzw. genauer Angabe welcher Zahlen

- **SS** lädt im Anschluss an die Korrekturen(und nachdem sie von **LG** möglicherweise korrigierte Diagramme erhalten hat) die Version **v4** der Word-Tabelle hoch

Sitzungstermin nächste Woche
- **HN**: Druckt Diagramme und die Exceltabelle zur Sitzung nächste Woche Donnerstag (18.01.2018) aus, um weitere Auswertung vorzunehmen
- Sitzungstermin nächste Woche: Prüfung jedes Textes und aller Daten -> um Hypothesen aufzustellen

Entscheidungen
Projektbericht
- Entscheidung: Ergebnistabelle von **WS** soll in den Fließtext -> wird aber erst offline in Word eingefügt
- Umbuzzo: Unbedingt die Begründung drin lassen, warum wir uns dagegen entschieden haben (zu hohes Risiko, zu wenig Zeit, deswegen Entscheidung für QUAMP gefallen)
- In den Anhang gehört auch die Auswahltabelle der technischen Tools

Aufgaben
BH:
- Welche Anhänge sind wichtig? Wo müssen sie erwähnt werden? In welchen Kapiteln?
- Verweise: Gleiche Syntax wichtig
- Liste/Übersicht + Sortierung + Verweise (in Fußnoten nach Möglichkeit)

LG:
- Bis Montagmorgen (15.01.2018) fertigstellen
  -> alle Korrekturen bezüglich der Diagramme
  -> weitersenden (je nach dem) an SS
- Fußnote an Diagramme hängen, die von der Norm abweichen (Bsp. I-11)

OA:
- (Optional): Im Kapitel Methodik ergänzen, dass es auch verschiedene Schritte bzw. Entwicklungsstufen zum Fragebogen gab (zwei Sätze) -> um Aufwand deutlich zu machen
- Korrektur dem WS zugeteilten Teil -> *siehe Tabelle*
- Diagramme: Prozente durch Zahlen ersetzen

MP:
- Anmerkung/Beschreibung der Versionierung zu Excel-Tabellen in Bericht einfügen
- Excel-Tabelle: „Grüner Block" – neu aufsetzen
- Überarbeitung Auswertungsteil + Diagramme
- SPSS-Auswertung (?)

SS:
- Fußnote Nr. 59?
- Kapitel Auswertung Fragebogen
- Korrektur der Word-Tabelle
- Nach Abschluss der Korrekturen (Tabelle und Diagramme) Version v4 der Word-Tabelle in Google Drive hoch
- Sendet Bericht an HN am Mittwoch
- Kapitel zur Erstellung des Projektberichts
- Danksagung
- **Optional:** Markierungen in Absätzen um Thema hervorzuheben

- **Überprüfen:** Professoren in ihrer Funktion und einmal (das erste Mal) namentlich nennen

WS:
Kapitel Technische Umsetzung Google: Gelbe Markierungen -> Überarbeitung notwendig!
Notwendige Änderungen an der Word-Tabelle
- Nummerierung (römisch/arabisch, die die die Fragen eindeutig auszeichnet) ergänzen (am Rand – quer)
- Farbliche Kennzeichnung der Abschnittsüberschriften und Fragen anpassen und trennen vom Hintergrund der Fragen
- Legenden ergänzen
- Freitextkommentare extra (über „Persistant Identifier"/Nummerierung verlinken)
Bis **Samstagmorgen (13.01.2018): 08.00h** sind die Veränderungen durch WS vorgenommen
Für alle
- Eidesstattliche Erklärung abgeben
  eine für alle, unterschrieben an HN
  erscheint nicht im Projektbericht
- Kapitel 3.4 „Projektmanagement". Als erstes Unterkapitel zu 3. Methodik aufführen -> Sortierung -> **wer? SS?**
- Bis Montagmorgen (15.01.2018) Prüfung der Word-Tabelle + der Diagramme anhand der Excel-Liste Version 004
- Prüfung der Word-Tabelle + der Diagramme anhand der Excel-Liste Version 004 fertigstellen
  -> alle Korrekturen bezüglich der Word-Tabelle an SS
  -> alle Korrekturen bezüglich der Diagramme an LG
- Auswertung: Dringender Hinweis, dass eine Person zur Anonymisierung bei den Fragen zum/zur Teilnehmer(in) -> dieser Hinweis muss in die Auswertung eingefügt werden im Bezug darauf, dass sich trotz mehr Antworte die Grundgesamtmenge nicht verändert und bei 56 bleibt -> **wer? SS?**

Fragen
Gibt es jemand Externen, der den Bericht Korrektur lesen kann?

Dokumentation Projekt FDM 18.01.2018

Inhalte
Agenda
- Auswertung SPSS
- Auswertung Excel
- Fazit
- Empfehlungen
- Workshop
- Publikation
  - FHP-Verlag
- Kolloquium
  - Vortragende
  - Zeitschiene/Verantwortliche

Publikation
Umfang:
- Ca. 90 Seiten Projektbericht
  (davon ca. 40 Farbseiten)
- Anhang: ca. 160 Seiten s/w
- 2 Forschungsdatensätze: Rohdaten und Version 004
Anhänge: Fragen: Was muss als Querformat gedruckt werden? Was ist mit der Excel-Tabelle? (Rohdaten + Version 004) Was ist mit Großformaten?
  → Entscheidung: Tabellen werden nicht gedruckt. Bekommen dennoch eigene Nummer im Anhang und eine Beschreibung, was an dieser Stelle zu sehen ist.
  → Verweis auf diese Tabellen über DOI-Nummer, Publikation in Zenodo im pdf-Format:

Was benötigen wir für die Publikation?
Für Zenodo: ISBN-Nummer
Lizenz: CC-by

Herausgeberin: Frau Neuroth
Projektmitglieder: Als Autor(inne)n aufgeführt
Treffen mit Hr. Dinter:
Vorgehen: pdf-Version des Berichts wird in Zenodo veröffentlicht. Die dann vergebene DOI wird an den Verlag gesendet, sodass diese in der gedruckten Version im Impressum steht. Die pdf enthält im Inhalt keine DOI, aber dafür in den Metadaten
Für die Diagramme: Platzhalter. Diagramme als externe Datei an den Verlag schicken, damit die zuständige Hilfskraft die Diagramme formatieren kann.
Ab Anfang Februar: Kann der Verlag mit der Arbeit beginnen
Kosten für den Projektbericht:
Bei einer Auflage von 50 Stück, kostet ein Exemplar 18€
-> ab bestimmter Stückzahl Rabatt
Verlag erstellt Kostenvoranschlag für unterschiedliche Druckauflagen (10, 20, 50 und 100 Exemplare) -> bis Montag (22.01.)
Wer bekommt Exemplare? Fachbereich, Hochschulleitung, Projektteam
Finanzierung?
Entwurf für das Layout des Berichts: Verlag schickt es uns bis nächsten Donnerstag (25.01.)

Projektbericht
Frau Neuroth liest am 06.02 Korrektur: Was genau? Bericht und Anhänge
➔ Erstellt Liste mit Änderungsvorschlägen
➔ Kommunikation über moodle: „schweigen" ist auch Zustimmung

Erkenntnis: Um bei Mehrfachantworten Antworten zusammenziehen zu können, müssen alle absoluten Antworten zusammengezählt werden – diese entsprechen dann den 100% -> anschließend können die prozentualen Angaben berechnet werden
Besprechung der einzelnen Fragen hinsichtlich der zweiten Analyse -> in Kommentaren zum Projektbericht: Analyse enthält Trends, ist eine zugespitzte Darstellung, Streuung ist nicht so relevant

Nächste Woche Donnerstag im Seminar (25.01.):
- 1 Stunde Zeit um gemeinsam den Bericht zu besprechen
- Finalisieren des Projektberichts
- Foliensatz/Agenda für das Kolloquium
- Überprüfen der Empfehlungen

Kolloquium
Agenda:
16.00 - 16.15 Uhr: Begrüßung durch Herrn Ortgiese
16.15 - 16.30 Uhr: Hintergrundmotivation, Frau Neuroth
16.30 - 16.45 Uhr: Vorgehen, Frau Skubatz (SS)
16.45 - 17.00 Uhr: Ergebnisse und Empfehlungen, Herr Hummel (BH)
17.00 - 17.30 Uhr : Diskussion, Moderation durch Herrn Ortgiese

Analyse 2
2. Analyse bzw. Auswertung: genaue Anmerkungen als Kommentare in Bericht

Entscheidungen
Projektbericht
- Keine Auswertung mit SPSS, da Risiko ist zu hoch
Bei Methodik als Erwähnung: Ziel war eine standardisierte Art und Weise für die Darstellung der Ergebnisse, hierfür bietet Excel eine einfache Lösung

- Ja/Nein-Fragen: Statt einem Diagramm eine Tabelle eingefügt

Aufgaben
BH:
- Schreibt die Empfehlungen/Fazit -> schickt den Teil an OA zum Einfügen
LG:
- ggf. Korrektur des Abstracts durch von SS bis Donnerstag (25.01.)

- prüft die Diagramme, ersetzt Ja/Nein-Diagramme durch Tabellen (bis Samstagmorgen 20.01.) -> dann Weitersenden des Berichts an OA

OA:
- Schreibt die 2. Analyse -> bis Montagmorgen (22.01.)
- Gesammelte Kommentare werden von OA/SS (Entscheidung am Sonntag 21.01. bearbeitet)

MP:
- Dankeskarten + Schokolade: Überreichen an Herrn Ripka und Frau Röder
- ggf. Korrektur des Abstracts durch LG und MP bis Donnerstag (25.01.)
- stellt das Kapitel Auswertung fertig und schickt es an OA
- Foliensatz/Agenda für das Kolloquium:
  legt Dokument an mit Inhaltsverzeichnis für die Folien + sammelt Grafiken + Fotos

SS:
- schickt Projektbericht an LG -> am Donnerstagabend (18.01.)
- Abstract für die Veröffentlichung und für Team Award Information Professionals
  4000 Zeichen mit/ohne Leerzeichen (nicht abschließend geklärt)
  -> Entscheidung: Mit Leerzeichen
- Gesammelte Kommentare werden von OA/SS (Entscheidung am Sonntag 21.01. bearbeitet)
- Eidesstattliche Erklärung für alle erstellen -> zum Ausdrucken an Frau Neuroth schicken

WS:
- Abstract Korrektur lesen
  -> auch im Hinblick auf die Wettbewerbsbedingungen (und „Buzzwords")
  -> Überprüfen der Zeitplanung es Wettbewerbs
- Anhänge für den Projektbericht (in Absprache mit BH)
  Überprüfen anhand der Tabelle von BH ob im Projektbericht alle Anhänge an der richtigen Stelle erwähnt werden? Anschließend: Reihenfolge für die Anhänge festlegen (nach der Reihenfolge der Erwähnung in den Kapiteln)

<u>Für alle</u>
Überprüfen: Steht im Projektbericht, dass Freitextkommentare nicht anonymisiert werden? Und wird hier die Diskussion erwähnt, warum nicht? -> wollen keine Diskussion unterdrücken
- Wer kümmert sich? SS?

Aufgabenplanung und Vorgehen
SS schickt Projektbericht an **LG** -> am Donnerstagabend (18.01.)
LG: prüft die Diagramme, ersetzt Ja/Nein-Diagramme durch Tabellen (bis Samstagmorgen 20.01.) -> dann weitersenden des Berichts an **OA**
OA: Schreibt die 2. Analyse -> bis Montagmorgen (22.01.)
Am 22.01.: **ALLE** lesen die neuen Kapitel und kommentieren
-> Gesammelte Kommentare werden von **OA/SS** (Entscheidung am Sonntag 21.01. bearbeitet)
-> Bis Donnerstag ist Zeit für diese Bearbeitung
BH: Schreibt die Empfehlungen/Fazit -> schickt den Teil an **OA** zum Einfügen
MP: -> Stellt das Kapitel Auswertung fertig und schickt es an **OA**
Nächste Woche Donnerstag im Seminar (25.01.):
1 Stunde Zeit um gemeinsam den Bericht zu besprechen
Finalisieren des Projektberichts
Foliensatz/Agenda für das Kolloquium (Aufgabe **MP**):
-> **MP** legt Dokument an mit Inhaltsverzeichnis für die Folien + sammelt Grafiken + Fotos
Überprüfen der Empfehlungen
Reminder an alle: Frau Neuroth muss nächste Woche früher das Seminar beenden (gegen 18.00h)

Fragen
Was machen wir mit dem potenziellen Preisgeld des Team Awards: Antwort überlegen?

Dokumentation Projekt FDM 25.01.2018

Inhalte
<u>Agenda</u>
- Eidesstattliche Erklärung
- Einverständniserklärung für die Fotos
- Reminder E-Mail für das Kolloquium

- Foliensatz
- Anlagenreihenfolge
- Abstract für den TIP-Award[1]
- Publikation
- Projektbericht: Analyse, Fazit, Empfehlungen
- Kursevaluation

(1) Publikation
Entscheidung für 50 Autorenexemplare
ISBN-Nummer schon vorhanden
Möglichkeit: „Vorab" DOI bei zenodo möglich (?) -> wie lange bleibt diese reserviert?
zenodo-Ordner enthält: Datensätze + Publikation mit eindeutiger Benennung
Rohdatensätze (2x), Excel 004 (1x) und readme-Datei: Bekommen eine gemeinsame DOI
Beschreibung der Anhänge im gedruckten Projektbericht verfassen
Aufgabe: MP/BH

(2) E-Mail Reminder Kolloquium
Besprochen und als Vorschlag an Herrn Ortgiese gesendet: Einladung erfolgt am Montag 29.01.) oder Dienstag (30.01.)

(3) Abstract TIP Award
Gemeinsame Besprechung der Korrekturvorschläge
Bis Sonntag (28.01.) noch einmal alle lesen
BH: Verschickt Abstract am Montag (29.01.)

(4) Foliensatz für das Kolloquium
Google Drive: Nur zum Austausch mit dem restlichen Projektteam
E-Mail mit PP-Anhang zwischen: BH, NH, SS
Vorgehensweise Erstellung des Foliensatzes:
Freitag und Samstag (26.01. und 27.01.): SS
Sonntag: (28.01.): BH
Montag (29.01.): NH
Wichtig!:
Versionieren
In Google Drive hochladen
individuell per Mail verschicken

(5) Projektbericht
Letzte Korrekturschleife
Zeitliche Planung:
25.01.: Verweise setzen, Abbildungsverzeichnis (für Tabellen und Abbildungen)
30.01.: OA setzt Frankenstein-Tabelle in und sieht den Bericht durch
30.01.: WS stellt alle Anlagen zusammen (eine Datei, vollständig und richtige Reihenfolge)
Ordner bei Google Drive („Publikation"): Anlagen nach vereinbarter Syntax benennen und nummerieren
01.02.: NH druckt Projektbericht (mit Anlagen!)
04.02.: LG korrigiert final
06.02.: NH korrigiert final

Hinweise für den Projektbericht:
Folgende Ergänzungen fehlten bisher:

(1) Erwähnung des Gutscheins im Text und verweis auf den Anhang
(2) Erläuterung: Warum ein gemeinsames Abbildungsverzeichnis?
-> aufgrund der Fragenummerierung und bessere Übersicht
Hinweise für die Empfehlungen:
Quintessenz/Schlusssatz mit folgenden Inhalten sollte noch folgen:
-> großes Interesse an FDM besteht
-> bisher aber keine Angebote seitens der Hochschule

---

[1] Anm.: Am 30.01.2018 wurde die Bewerbung für den Team Award Information Professionals (TIP) in Form eines Abstracts zum Projektbericht eingereicht (weitere Informationen unter http://www.b-i-t-online.de/daten/tipaward.php).

-> FHP sollte investieren (personelle und finanzielle Ressourcen bereitstellen)
-> eine Policy wird benötigt
-> ebenso eine Stelle zur Koordination des FDM
-> FDM soll wie wiss. Arbeiten in allen Curricula aufgenommen werden
-> Kooperationen mit anderen Hochschulen in Brandenburg/Berlin?

Entscheidungen
Projektbericht
Entscheidung über Verweise
Verweise auf Kapitel werden im Text
Verweise auf Anhänge in den Fußnoten

Aufgaben
BH:
Rohdatensätze (2x), Excel 004 (1x) und readme-Datei: Bekommen eine gemeinsame DOI
Beschreibung der Anhänge im gedruckten Projektbericht verfassen
Aufgabe: MP/BH
BH: Verschickt Abstract am Montag (29.01.)
Sonntag: (28.01.): BH stellt Folien für Kolloquium fertig (s. Verfahrensweise unter Inhalt)
Hinweise für die Empfehlungen umsetzen (s. Inhalt)
LG:
04.02.: Finale Korrektur des Projektberichts
OA:
30.01.: Frankenstein-Tabelle einsetzen (evtl. MP?) und sieht den Bericht durch
Hinweise einfügen (s. Inhalte Projektbericht):

(1) Erwähnung des Gutscheins im Text und verweis auf den Anhang
(2) Erläuterung: Warum ein gemeinsames Abbildungsverzeichnis?
-> aufgrund der Fragenummerierung und bessere Übersicht
MP:
-> „Frankie" in den Bericht einfügen
-> Anhänge: Reihenfolge und Zusammenstellung
Rohdatensätze (2x), Excel 004 (1x) und readme-Datei: Bekommen eine gemeinsame DOI
Beschreibung der Anhänge im gedruckten Projektbericht verfassen
Aufgabe: MP/BH
SS:
Freitag und Samstag (26.01. und 27.01.): Stellt Folien für das Kolloquium fertig
WS:
30.01.: Alle Anlagen zusammenstellen (eine Datei, vollständig und richtige Reihenfolge -> Absprache MP)
Ordner bei Google Drive („Publikation"): Anlagen nach vereinbarter Syntax benennen und nummerieren
Für alle
TIP Abstract: Bis Sonntag (28.01.) noch einmal alle lesen

Fragen
Notfalltreffen Termin:
Mittwochnachmittag (31.01.)

Dokumentation Projekt FDM 01.02.2018

Inhalte
Agenda
- Finaler Foliensatz und allgemeiner Ablauf für das Kolloquium
- DOI und zenodo
- Projektbericht
- readme-Datei

zenodo

Was wird hochgeladen?
2x FD-Sätze + 1x readme-Datei + 1x Excel-Datei 004
readme enthält: Schritte zur Bereinigung, ISBN, DOIs [...] (siehe Folie HN)

Projektbericht
Kapitel 10: Abbildungen müssen noch verlinkt werden
Impressum/Klappentext: HN macht einen Vorschlag

Aufgaben
BH:
Gibt Dateien bei zenodo frei: Veröffentlichung findet nur 1x statt und am 04.02. (Sonntag)

Verfasst readme-Datei und nimmt Änderungen am 03.02. (Samstag) vor -> alle drüber schauen lassen am 02.02. (Freitag)
LG:
Prüft Excel-Diagramme bis 06.02. (Dienstagabend)
OA:
Dokumentiert Frage- und Diskussionsrunde im Anschluss an das Kolloquium
Stellt Diagramme für ihren Part bis (05.02.) Montagabend in Google Drive ein
MP:
Kümmert sich um Excel 004 und tauscht Anhänge aus
SS:
Stellt alle Sitzungsdokumentationen in den Anlagenordner zum Projektbericht ein
Ergänzt die Bewerbung um den TIP-Award

Anhang 02: Gantt-Chart

Nr	Aufgabe	Wer	Start	Dauer	Ende	Status
1,	Kick-Off		19.10.17	M	19.10.17	100%
2,	Konzept		19.10.17	29 D	16.11.17	100%
2,01	Fragebogen (inhaltlich)	UAG1	19.10.17	15 D	02.11.17	100%
2,02	Fragebogen (technisch)	UAG2	19.10.17	15 D	02.11.17	100%
2,03	Einladungs-E-Mail	WS	02.11.17	2 D	03.11.17	100%
2,04	Treffen Repräsentanten Hochschule	PrTe	09.11.17	8 D	16.11.17	100%
2,05	Konzept Abnahme	PrLe	16.11.17	M	16.11.17	100%
3,	Implementierung		02.11.17	19 D	20.11.17	100%
3,01	3 Tools testen	UAG2	02.11.17	7 D	08.11.17	100%
3,02	3 Tools auswerten	UAG2	09.11.17	7 D	15.11.17	100%
3,03	Input der Feedbacks (Fragebogen)	UAG1	16.11.17	4 D	19.11.17	100%
3,04	Input der Feedbacks (Tools)	UAG2	16.11.17	4 D	19.11.17	100%
3,05	Abnahme Prototyp	PrLe	20.11.17	M		100%
4,	Realisierung		20.11.17	15 D	04.12.17	100%
4,01	Start der Befragung	Vpräs	20.11.17	15 D	04.12.17	100%
4,02	Reminder	Vpräs	27.11.17	1 D	27.11.17	100%
4,03	Ende der Befragung	UAG2	04.12.17	M		

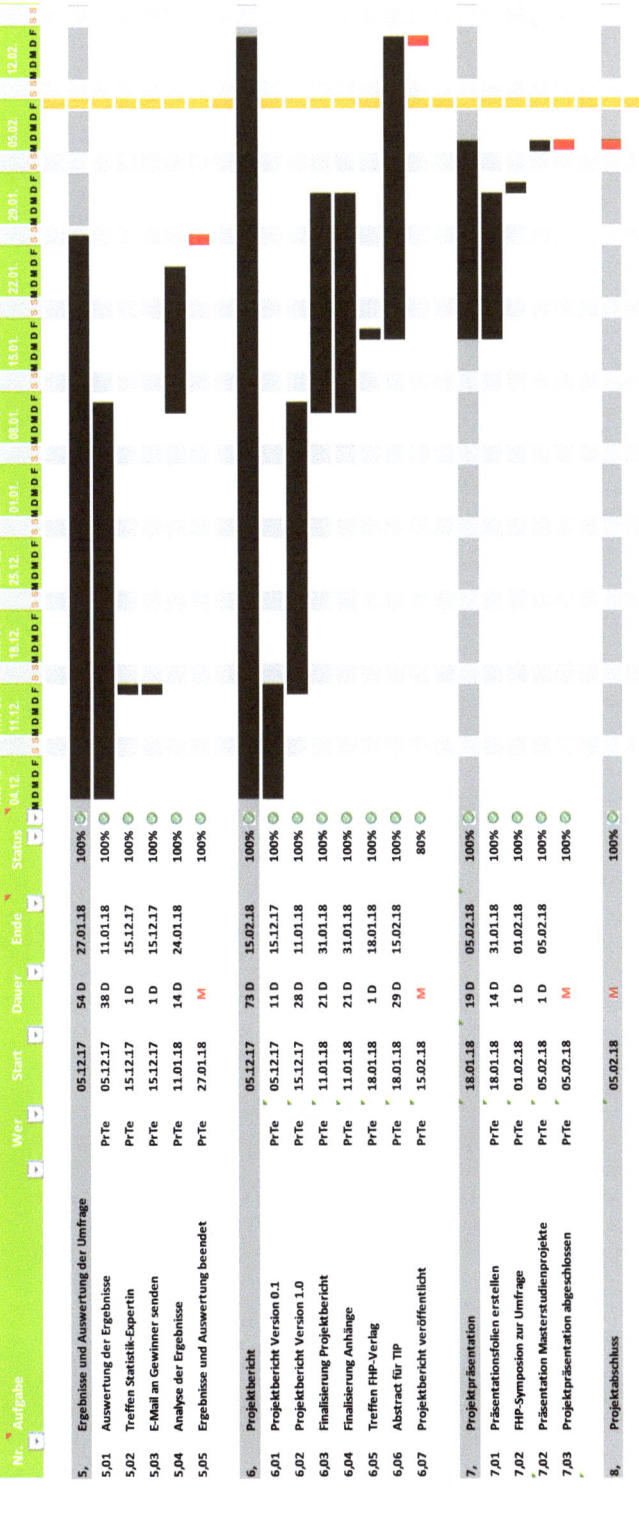

Nr.	Aufgabe	Wer	Start	Dauer	Ende	Status
5,	Ergebnisse und Auswertung der Umfrage		05.12.17	54 D	27.01.18	100%
5,01	Auswertung der Ergebnisse	PrTe	05.12.17	38 D	11.01.18	100%
5,02	Treffen Statistik-Expertin	PrTe	15.12.17	1 D	15.12.17	100%
5,03	E-Mail an Gewinner senden	PrTe	15.12.17	1 D	15.12.17	100%
5,04	Analyse der Ergebnisse	PrTe	11.01.18	14 D	24.01.18	100%
5,05	Ergebnisse und Auswertung beendet	PrTe	27.01.18	M		100%
6,	Projektbericht		05.12.17	73 D	15.02.18	100%
6,01	Projektbericht Version 0.1	PrTe	05.12.17	11 D	15.12.17	100%
6,02	Projektbericht Version 1.0	PrTe	15.12.17	28 D	11.01.18	100%
6,03	Finalisierung Projektbericht	PrTe	11.01.18	21 D	31.01.18	100%
6,04	Finalisierung Anhänge	PrTe	11.01.18	21 D	31.01.18	100%
6,05	Treffen FHP-Verlag	PrTe	18.01.18	1 D	18.01.18	100%
6,06	Abstract für TIP	PrTe	18.01.18	29 D	15.02.18	100%
6,07	Projektbericht veröffentlicht	PrTe	15.02.18	M		80%
7,	Projektpräsentation		18.01.18	19 D	05.02.18	100%
7,01	Präsentationsfolien erstellen	PrTe	18.01.18	14 D	31.01.18	100%
7,02	FHP-Symposion zur Umfrage	PrTe	01.02.18	1 D	01.02.18	100%
7,02	Präsentation Masterstudienprojekte	PrTe	05.02.18	1 D	05.02.18	100%
7,03	Projektpräsentation abgeschlossen	PrTe	05.02.18	M		100%
8,	Projektabschluss		05.02.18	M		100%

Anhang 03: Risiko- und Fehleranalyse

Identifizierung möglicher Risiken

Die Konzeption sowie Umsetzung der Umfrage zum Umgang mit digitalen Forschungsdaten an der FHP war während des gesamten Projekts mit verschiedenen Risiken verbunden. Um die eventuell auftretenden Risiken bei der Entwicklung der Umfrage möglichst präzise zu erfassen, werden sie nachfolgend in zwei Gruppen unterteilt:

●   Inhaltliche Risiken

●   Formelle Risiken

Inhaltliche Risiken

Risiko: Keine Übereinstimmung des Umfrageinhalts mit dem Projektziel

Die wohl größten inhaltlichen Risiken liegen bei einem Projekt dann vor, wenn die inhaltliche Organisation des Projekts mit den gesetzten Projektzielen nicht übereinstimmt. Konkret für die Umfrage zum Umgang mit digitalen Forschungsdaten an der FHP wäre ein solches Risiko im Verlauf der Umfrage-Vorbereitung, indem manche Fragen des Fragebogens nicht präzise genug für den vorgegebenen Zweck der Umfrage formuliert wären. Bleibt ein solcher Fehler unbeachtet, wird eine solche Umfrage von den Teilnehmer(inne)n falsch verstanden, was zur Folge hat, dass auch die Ergebnisse einer solchen nicht korrekt ausgearbeiteten Umfrage am Ende nicht repräsentativ sind. Als eine weitere Auswirkung der nicht korrekt formulierten Forschungsfrage kann eine hohe Abbruch- und somit eine niedrige Rücklaufquote der Ausfüllung des Fragebogens sein.

Zur Vermeidung der Auswirkungen des oben genannten. Risikos wurden seitens der Projektgruppe mehrere Werkzeuge und Methoden während der Konzeptentwicklungsphase der Umfrage angewandt.

Maßnahme: „Roter Faden"

Sowohl aus inhaltlicher als auch aus struktureller Sicht war bei der Konzeptentwicklung der Umfrage ein „roter Faden" nötig, um die Ziele der Umfrage im Auge zu behalten und den inhaltlichen sowie strukturellen Aufbau der Umfrage mit diesen zu vergleichen. Als ein inhaltlicher roter Faden haben zum Beispiel bei der Umfrage der FHP die Umfragekategorien gedient, die dem Fragebogen einen klaren strukturellen sowie inhaltlichen Rahmen verliehen haben.

Maßnahme: Umfrage-Testlauf

Nach der Erstellung des Fragebogens für die Umfrage wurden mehrere Umfrage-Testläufe sowohl innerhalb der Projektgruppe als auch mit externen Testpersonen durchgeführt. Das Testen der Umfrage durch externe Personen hat einige bisher nicht entdeckte Logikfehler aufgedeckt. Als ein ganz wichtiger Teil der Testmethode wurde der Testlauf mit den

Vertreter(innen) der Fachhochschulleitung gesehen. Auf diese Weise konnten während des Testlaufs die Fragen in fachhochschulspeziellen Kontext gebracht und präzisiert werden.

Maßnahme: Arbeitsdokumentation

Während der gesamten Konzeptionsphase wurden etwaige Neuerungen, Änderungen sowie Korrekturen der Umfrage ausführlich in verschiedenen Formaten dokumentiert. Diese Maßnahme wurde für die Nachvollziehbarkeit der Projektergebnisse, aber auch der einzelnen Projektphasen während des gesamten Projektzyklus eingeleitet.

Formelle Risiken

Risiko: Unstimmigkeiten innerhalb der Projektgruppe

Zu den wesentlichen formalen Risiken gehören unter anderem Uneinigkeiten innerhalb der Projektgruppe in Bezug auf die Konzeptwahl, die Umsetzung der Umfrage aber auch die einzelnen Verantwortlichkeiten bei den Projektaufgaben. Dieses Risiko ist während des gesamten Projektverlaufs präsent und könnte das Arbeitsbedingungen innerhalb der Projektgruppe für die einzelnen Mitglieder wesentlich erschweren.

Maßnahme: Klare Verantwortlichkeiten

Als eine der grundlegenden Regulierungsmaßnahmen gegen Konfliktsituationen zwischen den einzelnen Mitgliedern des Projekts ist die Festlegung und klare Abgrenzung der Verantwortlichkeitsbereiche für jedes einzelne Gruppenmitglied. Innerhalb der Projektgruppe wurden dafür freiwillig interne Gruppen gebildet, die für die einzelnen Aufgabenbereiche zuständig waren. Die Gruppenkonstellationen sind in der Projektdokumentation festgehalten.

Maßnahme: Projektkommunikation

Um die eventuell auftretenden Konfliktsituationen sowie Missverständnisse innerhalb der Projektgruppe während des Projekts möglichst gering zu halten, wurden alle Projektdetails während der regelmäßig stattfindenden Projektsitzungen detailliert besprochen und, falls notwendig, in einem Abstimmungsverfahren festgelegt. Außerhalb der Sitzungszeiten erfolgten die Kommunikation sowie die kollaborative Arbeit mittels der Lernplattform Moodle sowie via E-Mail. Der Unterlagen-Austausch fand in Moodle sowie im webbasierten Dienst Google Docs statt.

Risiko: Fehlendes Zeitmanagement

Ein weiteres formales Risiko stellte eine mögliche Überschreitung von vorgegebenen Fristen bei den einzelnen Projektphasen dar, was generell zur Gefährdung des gesamten Projekts führen kann. Die Zeitverzögerungen können durch viele Aspekte, wie zum Beispiel einen krankheitsbedingter Ausfall eines Projektgruppenmitglieds, zustande kommen. Selbst bei kleineren Verzögerungen im Projektablauf wächst der Umfang der zu erledigenden Aufgaben, was zum einen innerhalb der Projektgruppe zur Hektik führen, zum anderen die Qualität der geleisteten Arbeit wesentlich verringern kann.

Maßnahme: Projekt-Meilensteine

Eine geeignete Maßnahme gegen das Überschreiten der Fristen bietet sich in der Setzung von zu erreichenden Meilensteinen, welche vor der eigentlichen Frist liegen, so dass man bei nicht rechtzeitiger Einhaltung des Meilensteines noch Handlungsspielraum vor Erreichen der Frist hat. Im Fall des Umfrage-Projekts wurden in der Anfangsphase klare Fristen mit etwas zeitlicher Reserve für die einzelnen Projektphasen gesetzt. Während jeder Projektsitzung wurden die Fristen auf ihre Einhaltung geprüft und bei Bedarf reagiert.

Maßnahme: GANTT-Chart

Für die grafische Darstellung der einzelnen Projektphasen, -aufgaben sowie der fristen wurde ein GANTT-Chart erstellt und kontinuierlich aktualisiert. Während der Projektsitzungen wurde das Chart erneut diskutiert und, falls nötig, entsprechend den Änderungen angepasst.

Risiko: Probleme mit der technischen Umsetzung der Umfrage

Die Wahl einer für die Umfrage geeigneten Software war im Projekt eine der zentralen Aufgaben für die Durchführung der Umfrage an der FHP. Der dafür vorgesehene durch die Projektgruppe entwickelte Anforderungskatalog an das Softwaretool hatte zum Ziel, jegliche Schwierigkeiten bei der technischen Umsetzung der Umfrage zu minimieren . Theoretisch kann aber auch ein Tool, das allen Anforderungen formal entspricht, für die jeweilige Umfrage ungeeignet oder aus unabhängigen Gründen nicht mehr anwendbar sein. In diesem Fall muss der Umfragestart auf unbestimmte Zeit verschoben werden, was wiederum die Projektorganisation negativ beeinflusst.

Maßnahme: Alternatives Softwaretool

Für den Fall des technischen Versagens der für die Umfrage bestimmten Software QUAMP wurde von der Projektgruppe das Ausweichsoftwaretool Google Forms bestimmt. Somit hätte die Umfrage rechtzeitig anfangen können, selbst wenn die QUAMP-Software nicht einsatzbereit gewesen wäre.

Risiko: Niedrige Rücklaufquote

Folgendes Szenario: Die Umfragewurde fertiggestellt, an die Zielgruppen versendet und die Teilnahmefrist ist auch zu Ende. In diesem Stadium besteht ein weiteres Risiko, nämlich eine zu niedrige Rücklaufquote. Wenn die Anzahl der beendeten und abgesendeten Fragebögen zu niedrig ist, stellt sich die Frage nach der Repräsentativität und statistischen Signifikanz der Umfrageergebnissen.

Maßnahme: Über die Umfrage informieren

Um das Risiko der zu niedrigen Umfragebeteiligung zu minimieren, müssen bereits vor dem Beginn der Umfrage Maßnahmen getroffen werden, welche die Zielgruppe auf die Umfrage aufmerksam machen und sie dazu bewegen, an der Umfrage teilzunehmen. Im Fall der Umfrage zum Umgang mit digitalen Forschungsdaten an der FHP war eine Absprache mit dem Vizepräsidenten für Forschung und Transfer, Professor Dr. Michael Ortgiese, an der

FHP getroffen, laut der die E-Mail zur Umfrage in seinem Namen an die Zielgruppe versendet wird. Eine weitere Maßnahme zum Erreichen einer höheren Rücklaufquote zur Umfrage wurde von der Projektgruppe getroffen, indem für den Fachbereich mit der höchsten prozentualen Beteiligung an der Umfrage ein Preis ausgeschrieben wurde.

Als eine weitere wichtige Maßnahme zur Vermeidung einer niedrigen Beteiligung an der Umfrage wurde eine Erinnerungs-E-Mail gesehen, die nach dem Ablauf der Hälfte der Umfragefrist an die Zielgruppe versendet wurde.

Risiko: Falsche Interpretation der Umfrageergebnisse

Nach der Durchführung der Umfrage beginnt die Auswertungsphase. Zu dieser Phase gehören Aktivitäten wie zum Beispiel die Bereinigung der Rohdaten, Umwandlung der Daten in eine menschenlesbare Form und die Interpretation der Ergebnisse. Da während dieser Phase die Datentabellen mehrfach kopiert und in verschiedenen Fassungen gespeichert werden, kann es dazu kommen, dass sich Fehler bei der Bearbeitung der Daten sowie deren Auswertung einschleichen, was wiederum zu Verzerrungen der Umfrageergebnisse führen kann. Auch wenn die Bereinigung der Rohdaten fehlerfrei verläuft, gibt es als weiteres Risiko die inhaltliche Fehlinterpretation bei der Auswertung der Umfrageergebnisse.

Maßnahme: Mehrfaches Überprüfungsverfahren

Zur Minimierung der oben genannten Risiken einer Fehlinterpretation wurden jedem Projekt-Gruppenmitglied nicht nur ein Umfrageabschnitt zur Auswertung und Interpretation der Daten zugewiesen, sondern auch ein weiterer Abschnitt, der von einem anderen Projekt-Gruppenmitglied analysiert und ausgewertet wurde. Auf diese Art und Weise wurde jeder Umfrageabschnitt von zwei Personen überprüft und eventuell bereinigt.

Zusammenfassung

Während der gesamten Projektphase wurden Risiken und Fehler, welche sich auf die einzelnen Projektbereiche beziehen, seitens der Projektgruppe festgestellt und dokumentiert. Um den potentiellen Risiken vorzubeugen sowie Fehler aufzulösen, wurden während der gemeinsamen Sitzungen konkrete Maßnahmen zum Risikomanagement und -prävention sowie Bewältigung von auftretenden Fehlern ausgearbeitet und anschließend in der Praxis angewandt. Die dafür benötigten Maßnahmen und Lösungen wurden von der Projektgruppe dokumentiert.

Anhang 04: Emails

Von: alle-professoren-request@lists.fh-potsdam.de im Auftrag von Vizepräsident für Forschung und Transfer
An: alle akademischen MitarbeiterInnen; alle ProfessorInnen
Betreff: Einladung zur Teilnahme an einer internen Umfrage zu Forschungsdaten(management)
Datum: Montag, 20. November 2017 16:39:32

Sehr geehrte Damen und Herren,
liebe Kolleginnen und Kollegen,

wir laden Sie herzlich ein, an unserer Umfrage zu Forschungsdaten(management) teilzunehmen, die im Rahmen eines Studierenden-Projektes im Master-Studiengang Informationswissenschaften entstanden ist.
Das Projekt hat das Ziel, eine Erhebung zum Umgang mit Forschungsdaten an der FH Potsdam durchzuführen. Diese Art von Erhebungen finden zurzeit in Deutschland an zahlreichen Hochschulen statt, so zuletzt an der Universität Potsdam.
Die Umfrage erlaubt es uns als Hochschule basierend auf Ihren Rückmeldungen, Konzepte und Strategien zu entwickeln. Dadurch können wir Sie als Forschende in Ihrem Umgang mit digitalen Daten zukünftig besser unterstützen.

Ihre rege Teilnahme hilft uns repräsentative Ergebnisse zu gewinnen. Die Umfrage dauert etwa 10 Minuten. Auch wenn Sie bisher mit Forschungsdaten wenig bis nichts zu tun hatten, würden wir Sie um ihre Mithilfe bitten. In diesem Fall nimmt die Umfrage nur etwa 2 Minuten in Anspruch.
Die Umfrage ist komplett anonym.

Am Donnerstag den 1. Februar möchten wir Sie ab 16 Uhr zu einem Workshop einladen, in dem wir Ihnen die Ergebnisse vorstellen mit anschließender gemeinsamer Diskussion. Einen genauen Ablaufplan sowie Informationen zum Veranstaltungsort werden noch bekannt gegeben. Alle Ergebnisse (inklusive Forschungsdaten) werden auch im Februar 2018 an geeigneter Stelle veröffentlicht.
Der Fachbereich mit der höchsten prozentualen Rücklaufquote erhält von uns einen Überraschungspreis zu Weihnachten!

Die Umfrage endet am 3. Dezember 2017. Folgen Sie bitte diesem Link zur Umfrage
https://survey.fh-potsdam.de/s/75c7b53e/de.html

Vielen Dank im Voraus für Ihre Teilnahme.
Mit freundlichen Grüßen

Michael Ortgiese
Vizepräsident für Forschung und Transfer

Projektgruppe "Umfrage zu Forschungsdaten an der FH Potsdam":
Oleksandra Arndt, Laura Glatz, Benedikt Hummel, Magdalena Porst, Wassili Schabalowski, Sophia Skubatz
Leitung: Prof. Dr. rer. nat. Heike Neuroth
Kontakt: magdalena.porst@fh-potsdam.de

Von: alle-professoren-request@lists.fh-potsdam.de im Auftrag von Vizepräsident für Forschung und Transfer
An: alle ProfessorInnen
Betreff: Reminder: Einladung zur Teilnahme an einer internen Umfrage zu Forschungsdaten(management)
Datum: Montag, 27. November 2017 14:51:24

Sehr geehrte Damen und Herren,
liebe Kolleginnen und Kollegen,

die Umfrage zum Umgang mit Forschungsdaten läuft noch bis zum 3.
Dezember 2017.

Eine hohe Teilnehmerzahl führt zu repräsentativen Ergebnissen. Bisher haben wir
insgesamt einen Rücklauf von vollständig ausgefüllte Fragebögen in Höhe von ca.
10%, was dem Durchschnitt anderer Umfragen an Universitäten entspricht. Dies
würden wir aber als bisher einzige Fachhochschule besser machen wollen – daher
unsere Bitte: Auch wenn Sie bisher nichts mit Forschungsdaten zu tun hatten, füllen
Sie bitte den Fragebogen aus! Es dauert dann nur ca. 2 Minuten und erlaubt uns,
methodisch sauber die Bedarfe und zukünftigen Unterstützungsleistungen
abzuschätzen.

Vergessen Sie bitte nicht: Der Fachbereich mit der größten Zahl an vollständig
ausgefüllten Fragebögen erhält von uns einen **Überraschungspreis** zu
Weihnachten. Dankenswerterweise hat sich der Kreis der "Freunde und Förderer der
FH Potsdam e.V." bereit erklärt, den Preis in Höhe von 100 Euro als Gutschein für
das Casino zu spenden! Diesen Gutschein werden wir noch vor Weihnachten dem
Gewinner-Fachbereich überreichen.

Folgen Sie bitte diesem Link zur Umfrage:
https://survey.fh-potsdam.de/s/75c7b53e/de.html

Herzlichen Dank nochmals für Ihre Teilnahme.
Mit freundlichen Grüßen

Michael Ortgiese
Vizepräsident für Forschung und Transfer

Projektgruppe Umfrage zu Forschungsdaten an der FH Potsdam:
Oleksandra Arndt, Laura Glatz, Benedikt Hummel, Magdalena Porst, Wassili
Schabalowski, Sophia Skubatz
Leitung: Prof. Dr. rer. nat. Heike Neuroth

Von: alle-professoren-request@lists.fh-potsdam.de im Auftrag von Vizepräsident für Forschung znd Transfer
An: alle akademischen MitarbeiterInnen; alle ProfessorInnen
Betreff: Ergebnisse der FHP-internen Forschungsdaten-Umfrage
Datum: Montag, 11. Dezember 2017 12:21:24

Sehr geehrte Damen und Herren,
liebe Kolleginnen und Kollegen,

vielen Dank für Ihre zahlreiche Teilnahme an der Umfrage zum Umgang mit Forschungsdaten an der FH Potsdam.

Mit Ihrer Hilfe konnten aussagekräftige Ergebnisse gewonnen werden, sodass nun eine valide Auswertung Ihrer Antworten möglich ist. Darüber hinaus ist es gelungen, die Umfragebeteiligung im Vergleich zu ähnlichen Befragungen deutlich zu übertreffen: Die Teilnahmequote an der FH Potsdam liegt bei den komplett ausgefüllten Fragebögen bei ca. 25%, was derzeit die höchste Beteiligungsquote für Umfragen dieser Art darstellt.
Daher danken wir Ihnen noch einmal sehr herzlich für Ihr Engagement!
An dieser Stelle möchten wir auch den Fachbereich mit der höchsten Teilnahmequote sowie Gewinner unseres Preises bekannt geben:

Herzlichen Glückwunsch an den FB 5 "Informationswissenschaften"!
Insgesamt haben 18 Personen des FB 5 an der Umfrage teilgenommen. Dies entspricht 62% der am Fachbereich zur Umfrage eingeladenen Teilnehmerinnen und Teilnehmer.

Auch die anderen Fachbereiche liegen mit einer Teilnahmequote zwischen ca. 20-25% deutlich über dem Durchschnitt vergleichbarer Umfragen (ca. 15%).
Um die Ergebnisse der Umfrage zu präsentieren und diese mit Ihnen gemeinsam zu diskutieren, laden wir Sie herzlich zu unserem Symposium im neuen Jahr ein:

1. Februar 2018 um 16.00 Uhr in der Theaterwerkstatt im Hauptgebäude.

Wir wünschen schöne Festtage und einen angenehmen Start in das Neue Jahr,
Michael Ortgiese

Vizepräsident für Forschung und Transfer

sowie die
Projektgruppe Umfrage zu Forschungsdaten an der FH Potsdam:
Oleksandra Arndt, Laura Glatz, Benedikt Hummel, Magdalena Porst, Wassili Schabalowski, Sophia Skubatz
Leitung: Prof. Dr. rer. nat. Heike Neuroth

Von: alle-professoren-request@lists.fh-potsdam.de **im Auftrag von** Vizepräsident für Forschung und Transfer
Gesendet: Montag, 29. Januar 2018 15:43
An: alle akademischen MitarbeiterInnen; alle nichtwissenschaftlichen MitarbeiterInnen; alle ProfessorInnen
Betreff: Einladung Workshop: Ergebnisse der Umfrage "Umgang mit Forschungsdaten" an der FHP

Sehr geehrte Damen und Herren,
liebe Kolleginnen und Kollegen,

wir laden Sie herzlich zu unserem Workshop am **1. Februar um 16 Uhr in der Theaterwerkstatt** (Hauptgebäude) ein, um Ihnen die Ergebnisse der Umfrage „Umgang mit Forschungsdaten" vorzustellen und mit Ihnen zu diskutieren.

Die Agenda sieht wie folgt aus:

- 16.00 - 16.15 Uhr: Begrüßung (Prof. Ortgiese)
- 16.15 - 16.30 Uhr: Hintergrund/Motivation (Prof. Neuroth)
- 16.30 - 16.45 Uhr: Vorgehen (Frau Skubatz, Master InfoWiss)
- 16.45 - 17.00 Uhr: Ergebnisse und Empfehlungen (Herr Hummel, Master
- InfoWiss)
- 17.00 - 17.30 Uhr : Diskussion

Alle Ergebnisse (inklusive Forschungsdaten) werden auch im Februar 2018 im FHP-Verlag (ISBN: 978-3-934329-95-9) und bei zenodo als open access mit der Lizenz „cc by" (https://zenodo.org/) veröffentlicht.

Wir freuen uns auf Ihre Teilnahme und anregende Diskussionen.
Mit freundlichen Grüßen

Michael Ortgiese
Vizepräsident für Forschung und Transfer

Projektgruppe "Umfrage zu Forschungsdaten an der FH Potsdam":
Oleksandra Arndt, Laura Glatz, Benedikt Hummel, Magdalena Porst, Wassili Schabalowski, Sophia Skubatz
Leitung: Prof. Dr. rer. nat. Heike Neuroth

Anhang 05: Übersicht und Vergleich bisher erfolgter Umfragen,
Tabellenblatt 1/3 Synopse

Umfrage-kategorien (nach Uni Potsdam)	00 Uni Potsdam	01 Christian-Albrechts-Universität zu Kiel	02 Deutsches Archäologisches Institut	03 HU Berlin	04 Leibniz Universität Hannover	05 Philipps-Universität Marburg	06 Techn. Universität Hamburg	07 Universität Trier	08 Westfälische Wilhelms-Universität Münster	09 FH Branden-burg
Angaben zum/zur TeilnehmerIn										
	Bitte wählen Sie die Fakultät bzw. Einrichtung aus, bei der Sie hauptsächlich beschäftigt sind.	Bitte wählen Sie den Bereich aus, in dem Sie hauptsächlich beschäftigt sind.	Aus welchem Blickwinkel beantworten Sie diesen Fragebogen?	Bitte wählen Sie das Institut bzw. das Forschungszentrum aus, bei dem Sie hauptsächlich beschäftigt sind.	Bitte wählen Sie die Fakultät bzw. die Forschungsschule aus, bei der Sie hauptsächlich beschäftigt sind.	Bitte wählen Sie den Fachbereich bzw. die Einrichtung aus, dem bzw. der Sie überwiegend angehören.	Bitte wählen Sie das Studiendekanat aus, dem Ihr Institut zugeordnet ist.	Welchem Fach oder welcher Organisationseinheit gehören Sie an?	Welchem Fachbereich gehören Sie an?	Interviewpartner wurden gezielt ausgewählt: drei Professoren aus dem Fachbereich Informatik und Medien • vier Professoren aus dem Fachbereich Technik • drei Professoren aus dem Fachbereich Wirtschaft • Leiter Hochschulrechenzentrum • Leiter Zentrum für Gründung und Transfer (ZGT) • Laborleiter Fachbereich Informatik und Medien • Laborleiter Fachbereich Technik • Laborleiter Fachbereich Wirtschaft
	In welcher Phase Ihrer wissenschaftlichen Karriere befinden Sie sich?	Bitte wählen Sie das Institut aus, bei dem Sie hauptsächlich beschäftigt sind.	Welcher Art von Einrichtung gehören Sie an?	Ihre Position an dem oben ausgewählten Institut bzw. Forschungszentrum	In welcher Phase Ihrer wissenschaftlichen Karriere befinden Sie sich?	In welchem Beschäftigungsverhältnis stehen Sie?	Wieviele Forschungsprojekte betreiben Sie aktuell bzw. haben Sie seit den letzten 5 Jahren bearbeitet?			
	Seit wie vielen Jahren arbeiten Sie in der Wissenschaft im weitesten Sinne (auch in unterstützenden Tätigkeiten wie Labor-Assistent/in oder technische/r Mitarbeiter/in)?	Wie ist (sind) Ihre Position(en) in dem oben ausgewählten Bereich.	Welcher Fachdisziplin gehören Sie an?		Seit wie vielen Jahren arbeiten Sie in der Wissenschaft im weitesten Sinne?	Sind Sie habilitiert / HabilitandIn / promoviert / DoktorandIn / keine der Angaben trifft zu?	Bitte geben Sie Ihre Position [im oben ausgewählten Institut bzw. Arbeitsgruppe] an.			
		Welche andere Position bekleiden Sie?	In welcher Gruppe sind Sie bei der angegebenen Einrichtung tätig?							
Art und Umfang der Daten										
	Auf welche Weise entstehen Ihre Forschungsdaten hauptsächlich?	Aus welchen Quellen schöpfen Sie Ihre Forschungsdaten hauptsächlich?	Wie hoch schätzen Sie den Stellenwert von digitalen Forschungsdaten für Ihre tägliche Arbeit bzw. Forschung ein?	Aus welchen Quellen schöpfen Sie Ihre Forschungsdaten hauptsächlich?	Auf welche Weise entstehen Ihre Forschungsdaten hauptsächlich?	Woher stammen Ihre Forschungsdaten?	Auf welche Art und Weise gewinnen Sie Ihre Forschungsdaten hauptsächlich?	Wie erheben Sie Ihre Forschungsdaten?	Welche Arten von Forschungsdaten fallen im Rahmen Ihrer Forschung an? (Mehrfachnennung)	Welche Forschungsdaten fallen in Ihrem Arbeitsbereich an (+ Dateitypen)?
	In welchen Formen/Formaten liegen Ihre Forschungsdaten hauptsächlich vor?	Aus welchen sonstigen Quellen schöpfen Sie Ihre Forschungsdaten? Bitte beschreiben Sie.	Wie viel Erfahrung besitzen Sie im Umgang mit digitalen Forschungsdaten?	Um welche Datentypen handelt es sich?	In welchen Formen / Formaten liegen Ihre Forschungsdaten hauptsächlich vor?	Um welche Datentypen handelt es sich?	Ergebnisse sind dabei: * (Multiply-Choice-Frage)	Mit welchen Forschungsdaten arbeiten Sie?	In welchen Datentypen liegen Ihre Forschungsdaten vor? (Mehrfachnennung)	Wie umfangreich sind Ihre Forschungsdaten (+ Gesamtgröße)?
		Um welche Datentypen handelt es sich?		Um welche Art fach- oder gerätespezifische Daten handelt es sich?		Bitte nennen Sie Formate, in denen Ihre Daten üblicherweise vorliegen.	Bitte schätzen Sie den benötigten Speicherplatz für die innerhalb eines Jahres von Ihnen selbst erzeugten digitalen Forschungsdaten.	Mit welchen fach- oder gerätespezifischen Daten arbeiten Sie?	Wer ist bei Ihren Projekten an der Erstellung, Archivierung und Aufbereitung von Forschungsdaten beteiligt? (Mehrfachnennung)	Werden diese Daten mit Hilfe von Metadaten-Standards beschrieben?
		Um welche sonstigen Datentypen handelt es sich? Bitte beschreiben Sie.				Bitte schätzen Sie jeweils die Gesamtgröße Ihrer Forschungsdaten		Liegen Ihre Daten analog oder digital vor?	Welchen Umfang hat die Gesamtgröße Ihrer Forschungsdaten derzeit ungefähr?	

					bezogen auf den benötigten Speicherplatz.				
	Um welche Art fach- oder gerätespezifischen Daten handelt es sich?					(Abhängig von Nr. 5) Wenn analog: Wollen Sie Ihre analogen Daten digitalisieren?			
	Um welche sonstige Art von Daten handelt es sich? Bitte beschreiben Sie.					Nennen Sie die Softwareprodukte, die Sie für die Erstellung und Bearbeitung Ihrer Forschungsdaten verwenden! z. B. Office, SPSS, Citavi			
						Nennen Sie die 5 am häufigsten verwendeten Datenformate (Dateiendung), die während Ihrer Forschungsarbeit entstehen! z. B. pdf, jpg, txt, docx, mp3			
					Welche Zunahme bei den erzeugten Datenmengen erwarten Sie in Ihrem Forschungsgebiet in den kommenden Jahren?	In welchem Umfang entstehen Daten in Ihrer Forschungsarbeit?			

Speicherung und Sicherung der Daten

					Wie speichern Sie Ihre digitalen Forschungsdaten? (abhängig von der Antwort wird eine weitere Frage nach konkreten Speicherdiensten gestellt)	Bitte beziffern Sie den Speicherbedarf (referenziert sich auf die o.g. Frage, das Feld müsste nur im Fall ausgefüllt werden, wenn der Speicherbedarf >= 1000 TB lag)			
Bitte schätzen Sie das Gesamtvolumen Ihrer Forschungsdaten (ohne Sicherungskopien).	Wo speichern Sie in erster Linie Ihre Forschungsdaten?	Wie sichern Sie Ihre digitalen Forschungsdaten?	Wo speichern Sie Ihre Forschungsdaten?	Wo speichern Sie Ihre Forschungsdaten (nicht die Sicherungskopie(en))?			Wo speichern Sie Ihre Forschungsdaten während der Forschungsphase?	Wo speichern Sie Forschungsdaten, die im Rahmen Ihrer Projekte anfallen? (Mehrfachnennung)	Wo speichern Sie Ihre Daten (interne oder externe Tools) und welche Gründe gibt es für diese Speicherung?
Wo speichern Sie Ihre Forschungsdaten (nicht die Sicherungskopie/en)?	Wo speichern sie Ihre Forschungsdaten sonst?	Wo werden die Daten vorgehalten?	Auf welchen Datenträgern speichern Sie Ihre Forschungsdaten zusätzlich?	Wo und wie oft wird eine zusätzliche Sicherungskopie Ihrer Forschungsdaten angelegt?		Bitte schätzen Sie den benötigten Speicherplatz für die innerhalb eines Jahres in Ihrer Arbeitsgruppe erzeugten Forschungsdaten.	Erstellen Sie Sicherungskopien Ihrer Forschungsdaten?	Wie lange bewahren Sie die Forschungsdaten in der Regel nach Abschluss des jeweiligen Projektes auf? (nach Fach)	Speichern Sie die Daten auch nach Projektende und wenn ja, wie lange?
Wo und wie oft wird eine zusätzliche Sicherungskopie Ihrer Forschungsdaten angelegt?	Auf welchen Datenträgern speichern Sie Ihre Forschungsdaten zusätzlich?	Gibt es aus Ihrer Sicht Faktoren, welche die Archivierung von Daten bei IANUS erschweren und/oder verhindern?	Bitte schätzen Sie die Gesamtgröße Ihrer Forschungsdaten bezogen auf den benötigten Speicherplatz.			Wo speichern Sie Forschungsdaten zuerst?		Zu welchem Zweck bewahren Sie Forschungsdaten auf? (Mehrfachnennung)	Wie garantieren Sie die Sicherheit der Daten (Sicherungsplan, Recovery Plan)?
	Welche sonstigen Datenträger nutzen sie zur Speicherung?		Wie oft erstellen Sie bzw. werden die Sicherungskopien erstellt?				Wo sichern Sie Ihre Forschungsdaten zusätzlich (Backup)?		
	Bitte schätzen Sie die Gesamtgröße Ihrer Forschungsdaten bezogen auf den benötigten Speicherplatz.						Wie oft werden Sicherungskopien als Backup erstellt?		
	Wie oft erstellen Sie bzw. werden die Sicherungskopien erstellt?						Wären Sie grundsätzlich bereit, in einem zentralen Datenarchiv mit einem differenzierten Zugriffsberechtigungskonzept bestimmte Forschungsdaten abzulegen und zugänglich zu machen?		
	In welchen Intervallen erstellen Sie sonst Sicherungskopien?						Welche Forschungsdaten würden Sie dort ablegen?		

						Wer betreibt tatsächlich die Sicherung oder Archivierung Ihrer Forschungsdaten?			

Praktisches Datenmanagement

Wer übernimmt welche Aufgaben beim Management Ihrer Forschungsdaten? Organisation/Strukturierung der Daten	Wer ist verantwortlich für die Speicherung, Sicherung oder Archivierung Ihrer Forschungsdaten?		Wer ist verantwortlich für die Speicherung, Sicherung oder Archivierung Ihrer Forschungsdaten?	(Zuständigkeiten beim Forschungsdatenmanagement) Wer übernimmt welche Aufgaben beim Management Ihrer Forschungsdaten? (Mehrfach-Antworten möglich)	Archivieren Sie Ihre Daten?	Welche Datenmanagement-Tools werden eingesetzt, wie werden Ergebnisse dokumentiert?	(Thema Zugriff): Arbeiten Sie mit anderen in Ihrem Forschungsbereich an gemeinsamen Datenbeständen?		
Wer übernimmt welche Aufgaben beim Management Ihrer Forschungsdaten? Dokumentation/Beschreibung der Daten	Welche sonstigen Verantwortlichen gibt es? Bitte beschreiben Sie.				Wer darf derzeit auf Ihre Forschungsdaten zugreifen?	Nutzen Sie die technische Infrastruktur anderer Einrichtungen (z.B. in gemeinsamen Projekten)?	Wer hat Zugriff auf Ihre Forschungsdaten während des Forschungsprozesses?		
Wer übernimmt welche Aufgaben beim Management Ihrer Forschungsdaten? Kurzfristige Sicherung/Backup der Daten					Wer bestimmt aktuell die Richtlinien für das Speichern (z.B. Ordnerstruktur und Dateiformate festlegen) Ihrer Forschungsdaten?		Wie erfolgt das gemeinsame Arbeiten an den Forschungsdaten?		
Wer übernimmt welche Aufgaben beim Management Ihrer Forschungsdaten? Langfristige Archivierung der Daten					Wer bestimmt aktuell die Richtlinien für das Sichern (Backup) Ihrer Forschungsdaten?		(Thema Datenverantwortlichkeit) Wer ist verantwortlich für die Forschungsdaten während des Forschungsprozesses?		
Wer übernimmt welche Aufgaben beim Management Ihrer Forschungsdaten? Eigenständige Publikation der Daten (nicht nur der Ergebnisse der Auswertung)					Wer bestimmt aktuell die Richtlinien für das Archivieren (langfristige Zugriff sicherstellen) Ihrer Forschungsdaten?		Wer ist verantwortlich für die Forschungsdaten nach dem Forschungsprozess?		
					Wer bestimmt aktuell die Richtlinien für das Archivieren (langfristige Zugriff sicherstellen) Ihrer Forschungsdaten?				

Aufbewahrung, Leitlinien und informelles Teilen von Daten

In der Denkschrift "Sicherung guter wissenschaftlicher Praxis" der Deutschen Forschungsgemeinschaft (1998) lautet die Empfehlung 7: "Primärdaten als Grundlagen für Veröffentlichungen sollen auf haltbaren und gesicherten Trägern in der Institution, wo sie entstanden sind, zehn Jahre lang aufbewahrt werden." Handeln Sie nach dieser Empfehlung?	Wer außer Ihnen darf bzw. kann auf Ihre Forschungsdaten zugreifen?	Auf welche Weise sind Ihre Forschungsdaten durch Dritte nutzbar bzw. in welcher Weise nutzen Sie Daten anderer?	In den Grundsätzen zur Sicherung guter wissenschaftlicher Praxis der HU (2002) heißt es: "Primärdaten als Grundlagen für Veröffentlichungen sollen auf haltbaren und gesicherten Trägern in der Arbeitsgruppe/Einrichtung, wo sie entstanden sind, für zehn Jahre zugänglich bleiben." Berücksichtigen Sie diese Grundsätze?	In der Denkschrift "Sicherung guter wissenschaftlicher Praxis" der Deutschen Forschungsgemeinschaft lautet die Empfehlung 7: "Primärdaten als Grundlagen für Veröffentlichungen sollen auf haltbaren und gesicherten Trägern in der Institution, wo sie entstanden	Haben Sie schon einmal Ihre Forschungsdaten auf individuelle Anfrage (E-Mail, Telefon, etc.) weitergegeben?	Im TUHH-Senatsbeschluss zur Richtlinie zur Sicherung guter wissenschaftlicher Praxis und zum Umgang mit wissenschaftlichem Fehlverhalten an der Technischen Universität Hamburg-Harburg von 2013 heißt es "Als Beispiele guter wissenschaftlicher Praxis kommen insbesondere in Betracht: ...Resultate zu dokumentiere	(Thema: Rechtliche Rahmenbedingungen) Welchen rechtlichen Rahmenbedingungen unterliegen Ihre Forschungsdaten?	Sie haben angegeben, Ihre Forschungsdaten nicht öffentlich zugänglich zu machen. Was sind die Gründe dafür? (Mehrfachangabe)	Teilen Sie die Daten mit anderen Forschern (intern, extern)?

				sind, zehn Jahre lang aufbewahrt werden." Handeln Sie nach dieser Empfehlung?	n, ...die Sicherung und Aufbewahrung von Primärdaten." Lt. den Leitlinien der DFG zum Umgang mit Forschungsdaten „soll[en] den Regeln der Guten Wissenschaftlichen Praxis folgend Forschungsdaten in der eigenen Einrichtung oder in einer fachlich einschlägigen überregionalen Infrastruktur für mindestens 10 Jahre archiviert werden." Berücksichtigen Sie diese Empfehlung?			
Welche sonstigen Zugreifenden kann es geben? Bitte beschreiben Sie.	Bestehen Verpflichtungen die Forschungsdaten nach Projektabschluss in bestimmter Art und Weise vorzuhalten?	Gibt es weitere formale Richtlinien oder Prozeduren, die den Umgang mit Forschungsdaten genauer bestimmen?	Sind Ihnen weitere Leitlinien zum Umgang mit Forschungsdaten bekannt?	Haben Sie schon einmal Ihre Forschungsdaten bzw. auf gemeinsame Projekt-/Institutsdaten über einen geschützten Speicherort freigegeben?	Gibt es weitere formale Richtlinien oder Empfehlungen, die den Umgang mit Ihren Forschungsdaten genauer bestimmen?	(Thema Richtlinien) Welche Richtlinien zum Umgang mit Forschungsdaten setzen Sie um?		
Sind Ihnen weitere Leitlinien zum Umgang mit Forschungsdaten bekannt?	In den DFG-Richtlinien zur Sicherung der guten wissenschaftlichen Praxis der CAU (2002)	Durch wen / was werden die Verpflichtungen formuliert?	Bitte konkretisieren Sie, um welche Richtlinien es sich handelt?	Haben Sie schon einmal Ihre Forschungsdaten mit geschütztem Zugriff in einem Online-Portal / Repositorium abgelegt?	Haben Sie schon einmal Ihre Forschungsdaten in einem Datenarchiv abgelegt?	(Thema Datennutzung) Nutzen Sie fremde Forschungsdaten oder würden Sie fremde Forschungsdaten für Ihre Forschung nachnutzen?	Gibt es in Ihrer Fachdisziplin zum Thema Forschungsdaten verbindliche Richtlinien und Regelungen zu den folgenden Punkten?	Gibt es bereits einen öffentlichen Zugang zu Ihren Daten und wenn ja, für wen?
	heißt es: "Primärdaten, die als Grundlage für Veröffentlichungen dienen, sind in derjenigen wissenschaftlichen Einrichtung (Seminar, Institut, Klinik), in der sie entstanden sind, für zehn Jahre auf haltbaren und gesicherten Datenträgern aufzubewahren, soweit dies zum Zweck der Nachprüfbarkeit notwendig ist." Berücksichtigen Sie diese Grundsätze?							
Bitte kommentieren Sie Ihre Antwort zu den Grundsätzen. Wie sind Ihre Erfahrungen?	Wie werden die Daten zugänglich gemacht?		Stellen Sie Ihre unveröffentlichten Forschungsdaten noch anderen Personen ganz oder teilweise zur Verfügung?	Haben Sie schon einmal Forschungsdatenveröffentlichungen anderer Forscher zitiert?	Bitte geben Sie den Namen oder die URL des Datenarchivs an, in dem Sie Forschungsdaten abgelegt haben (oder ablegen werden). [Beachte Antwortbedingungen]	Sind Sie bereit Ihre Forschungsdaten anderen Forschern zur Verfügung zu stellen?		Sind Sie bereit Ihre Daten künftig zugänglich zu machen?
Bitte konkretisieren Sie, um welche Richtlinien es sich handelt.	Gibt es weitere formale Richtlinien oder Prozeduren, die Ihren Umgang mit Forschungsdaten genauer bestimmen?	Worauf beziehen sich die Verpflichtungen?	(Falls die o.g. Frage mit "ja" geantwortet wurde): Wem stellen Sie Ihre unveröffentlichten Forschungsdaten ganz oder teilweise zur Verfügung?	Haben Sie schon einmal Ihre Forschungsdaten dem Manuskript bei einer Zeitschrift eingereicht bzw. nachgewiesen?	Haben Sie schon einmal Forschungsdaten anderer Forscher von einem Datenarchiv heruntergeladen bzw. zitiert?			Publizieren Sie die Ergebnisse Ihrer Forschung und wenn ja, wie?
Bitte nennen Sie die Fachorganisation, bzw. den	Kennen Sie den durch das DAI publizierten		Haben Sie schon einmal	Haben Sie schon einmal	Bitte geben Sie den Namen oder die URL des			Thema Richtlinien: Welche Vorgaben gibt

	Drittmittelgeber und beschreiben Sie kurz, welche Richtlinien dort gelten.	„Leitfaden für die Anwendung von informationstechnik in der archäologischen Forschung" bzw. haben Sie diesen schon selbst aktiv genutzt?		Forschungsdaten als Ergänzung zu einem Manuskript bei einer Zeitschrift eingereicht bzw. nachgewiesen?		Datenarchivs an, aus dem Sie Forschungsdaten anderer Forscher heruntergeladen haben en (oder herunterladen werden). [Beachte Antwortbedingungen]			es seitens Ihrer Forschungsförderreinrichtungen?
	Welche anderen Richtlinien betreffen Sie? Machen Sie bitte nähere Angaben.			Beabsichtigen Sie in absehbarer Zukunft, Forschungsdaten als Ergänzung zu einem Manuskript bei einer Zeitschrift einzureichen?		Haben Sie einmal Ihre Forschungsdaten mit einem Manuskript bei einer Zeitschrift eingereicht bzw. nachgewiesen?			
Stellen Sie Ihre unveröffentlichten Forschungsdaten anderen Personen ganz oder teilweise zur Verfügung?				Bitte schätzen Sie das maximale Gesamtvolumen dieser das Manuskript ergänzenden Daten.		Bitte geben Sie den Namen der Zeitschrift an, bei der Sie Ihre Forschungsdaten eingereicht haben (oder einreichen werden). [Beachte Antwortbedingungen]			
Wem stellen Sie Ihre noch nicht veröffentlichten Forschungsdaten ganz oder teilweise zur Verfügung? In welcher Form?						Wären Sie grundsätzlich bereit, bestimmte Forschungsdaten in einem Datenarchiv Open Access zu stellen, d.h. frei zugänglich und verwendbar durch			
						Dritte zu stellen unter Einhaltung der rechtlichen Grundlagen (Urheberrecht, Datenschutz, etc.)?			

Nutzung von Datenrepositorien

Haben Sie schon einmal Forschungsdaten in einem Repositorium abgelegt?	Haben Sie schon einmal...Ihre Forschungsdaten in einem Datenarchiv abgelegt?		Haben Sie schon einmal... [Ihre Forschungsdaten in einem Datenarchiv abgelegt?]	Haben Sie schon einmal Forschungsdaten in einem Repositorium abgelegt?	Wie wichtig sind Ihnen folgende Faktoren, damit Sie Ihre Forschungsdaten an ein fachübergreifendes Forschungsdatenrepositorium an der Philipps-Universität übergeben? [Langfristige sichere Speicherung für mindestens 10 Jahre]; [Qualitätsprüfung der Daten (z.B. ob Daten fehlerfrei lesbar sind)]; [Dauerhafte Adressierung / Zitierbarkeit]; [Online-Bereitstellung zur Nachnutzung]; [Online-Portal mit Suchmöglichkeiten]; [Möglichkeit, differenzierte Zugriffsrechte zu		Wenn Sie Forschungsdaten archivieren (aktuelle Lage) (Frage 21..): Haben Sie Ihre Forschungsdaten schon einmal in einem Repositorium bereitgestellt?	Warum würden Sie keine Forschungsdaten in einem von der WWU bereitgestellten Datenarchiv ablegen?

			vergeben]; [Sichtbarkeit der Daten durch den Nachweis in Katalogen / Suchmaschinen]; [Schutzmechanismen für sensible Einzelinformationen (z.B. Anonymisierung von Personen)]; [Nutzerfreundlicher Zugang (z.B. direkter Download von Forschungsdaten)]; [Nutzungsvereinbarung mit den Datennutzenden]; [Möglichkeit, Lizenzen für die Nutzung meiner Daten auszuwählen (z.B. eine Creative Commons Licence)]; [Zertifizierung des Repositoriums (z.B. durch Standardorganisationen)]; [Sonstiges, nämlich:] Kommentar			
Bitte geben Sie an, ob diese Daten öffentlich zugänglich sind.	Haben Sie schon einmal...Forschungsdaten anderer Forscher von einem Datenarchiv heruntergeladen bzw. Zitiert?	Haben Sie schon einmal... [Forschungsdaten anderer Forscher von einem Datenarchiv heruntergeladen bzw. Zitiert?]	Bitte geben Sie an, ob diese Daten öffentlich zugänglich sind.	Sind Sie grundsätzlich bereit, in Zukunft Ihre Forschungsdaten in einem Forschungsdatenrepositorium an der Philipps-Universität abzulegen?	In welchem Repositorium stellen Sie Ihre Forschungsdaten zur Verfügung?	
		einem Datenarchiv heruntergeladen bzw. Zitiert?]		daten in einem Forschungsdatenrepositorium an der Philipps-Universität abzulegen?		
Bitte geben Sie an, warum Sie bisher keine Daten in einem Repositorium abgelegt haben.	Haben Sie schon einmal...Ihre Forschungsdaten mit dem Manuskript bei einer Zeitschrift eingereicht bzw. Nachgewiesen?	Haben Sie schon einmal... [Ihre Forschungsdaten mit dem Manuskript bei einer Zeitschrift eingereicht bzw. Nachgewiesen?]	Falls die Frage nach der Nutzung von Repositorien mit "nein" geantwortet wurde: Bitte geben Sie an, warum Sie bisher keine Daten in einem Repositorium abgelegt haben.	Sind Sie grundsätzlich bereit, in Zukunft Ihre Forschungsdaten in einem Forschungsdatenrepositorium an der Philipps-Universität zugänglich zu machen?	Wie groß ist das Forschungsdatenvolumen der letzten 5 Jahre, die Sie in ein Repositorium eingestellt haben?	
Kommentar	Bitte geben Sie den Namen oder URL der entsprechenden Datenarchive bzw. Zeitschrift an.	Bitte geben Sie den Namen oder die URL des obengenannten Datenarchivs bzw. der Zeitschrift an.	Beabsichtigen Sie in absehbarer Zukunft, Forschungsdaten in einem Repositorium abzulegen?		Für welchen Zeitraum werden die Daten in dem Repositorium aufbewahrt?	
Beabsichtigen Sie in absehbarer Zukunft, Forschungsdaten in einem Repositorium abzulegen?	Wären Sie grundsätzlich bereit, bestimmte Forschungsdaten in einem Datenarchiv abzulegen bzw. zugänglich zu machen?	Wären Sie grundsätzlich bereit, bestimmte Forschungsdaten in einem Datenarchiv abzulegen bzw. zugänglich zu machen?	Welche Art von Daten würden Sie in einem Repositorium öffentlich zugänglich machen?		Wer hat Zugriff auf die Forschungsdaten im Repositorium?	
Welche Art von Daten würden Sie in einem Repositorium öffentlich zugänglich machen?	Bitte kommentieren Sie Ihre Antwort zur Ablage / zum Zugänglichmachen von Forschungsdaten in einem Datenarchiv.	Welche Forschungsdaten würden Sie dort ablegen?	Was für ein Repositorium würden Sie dafür am ehesten nutzen?		Archivieren Sie Ihre Forschungsdaten nach Abschluss des Forschungsvorhabens?	

Was für ein Repositorium würden Sie dafür nutzen?	Welches Datenarchiv würden Sie am ehesten für welche Art Forschungsdaten nutzen? kritische Forschungsdaten, deren Sicherung besonders wichtig ist		Welches Datenarchiv würden Sie dafür am ehesten nutzen?	Woran orientieren Sie sich bei der Wahl eines geeigneten Repositoriums?		Wo archivieren Sie ihre Forschungsdaten?	
Woran orientieren Sie sich bei der Wahl eines geeigneten Repositoriums?	Welches Datenarchiv würden Sie am ehesten für welche Art Forschungsdaten nutzen? Forschungsdaten, die meinen Publikationen zugrunde liegen		Welche Kriterien würden Ihnen helfen, ein geeignetes Datenarchiv auszuwählen? [Empfehlung meiner Kollegen]	Haben Sie schon einmal in einem Repositorium abgelegte Forschungsdaten anderer Forscher(innen) heruntergeladen oder zitiert?		Wie groß ist das Forschungsdatenvolumen der letzten 5 Jahre?	
Haben Sie schon einmal Forschungsdaten als Ergänzung zu einem Manuskript bei einer Zeitschrift eingereicht bzw. nachgewiesen? Beabsichtigen Sie, dies in absehbarer Zukunft zu tun?	Welches Datenarchiv würden Sie am ehesten für welche Art Forschungsdaten nutzen? Forschungsdaten, die von Kollegen angefragt werden		Welche Kriterien würden Ihnen helfen, ein geeignetes Datenarchiv auszuwählen? [Empfehlung meiner Fachorganisation]	Beabsichtigen Sie in absehbarer Zukunft, in einem Repositorium abgelegte Forschungsdaten anderer Forscher(innen) herunterzuladen oder zu zitieren?		Für welchen Zeitraum archivieren sie ihre Forschungsdaten?	
Bitte schätzen Sie das maximale Gesamtvolumen dieser das Manuskript ergänzenden Daten.	Welches Datenarchiv würden Sie am ehesten für welche Art Forschungsdaten nutzen? alle Forschungsdaten, die aus öffentlichen Fördermitteln entstehen		Welche Kriterien würden Ihnen helfen, ein geeignetes Datenarchiv auszuwählen? [Auswertung oder Ranking in einem unabhängigen Verzeichnis]			Wer hat Zugriff auf ihre archivierten Forschungsdaten?	
Haben Sie schon einmal in einem Repositorium abgelegte Forschungsdaten anderer Forscher/innen heruntergeladen oder zitiert? Beabsichtigen Sie, dies in absehbarer Zukunft zu tun?	Welches Datenarchiv würden Sie am ehesten für welche Art Forschungsdaten nutzen? nicht reproduzierbare, einmalig erhobene Forschungsdaten		Welche Kriterien würden Ihnen helfen, ein geeignetes Datenarchiv auszuwählen? [Bekanntheit der Organisation, die das Datenarchiv betreibt]	Zukünftige Langzeitarchivierung (Zukunft!) (Fortsetzung Frage 21 "nein"): Wollen Sie Ihre zukünftigen Forschungsdaten nach Projektabschluss archivieren? (Wenn nein, weiter zu Frage 44) Wollen Sie Ihre zukünftigen Forschungsdaten in einem online-Repositorium bereitstellen? In welchem Repositorium wollen Sie Ihre Forschungsdaten zur Verfügung stellen? Mit welchem Forschungsdatenvolumen rechnen Sie in den nächsten 3 Jahren? Für welchen Zeitraum sollen Ihre Forschungsdaten im Repositorium bereitgestellt werden? Wer soll Zugriff auf die bereitgestellten Forschungsdaten haben? Wo wollen Sie Ihre Forschungsdaten archivieren? Mit welchem Archivierungsumfang rechnen Sie in den nächsten 3 Jahren? Für welchen Zeitraum werden Sie Ihre Forschungsdaten archivieren? Wer wird Zugriff auf die archivierten Forschungsdaten haben?			
In der öffentlichen Diskussion werden häufig die folgenden	Welches Datenarchiv würden Sie am		Welche Kriterien würden Ihnen				

Argumente für das Publizieren von Forschungsdaten angeführt. Welchen davon stimmen Sie zu?	ehesten für welche Art Forschungsdaten nutzen? In kollaborativen Projekten entstandene Forschungsdaten		helfen, ein geeignetes Datenarchiv auszuwählen? [Am besten entscheide ich es selbstständig]					
	Welches Datenarchiv würden Sie am ehesten für welche Art Forschungsdaten nutzen? alle Forschungsdaten		Bitte beschreiben Sie sonstige Kriterien im Freitext-Feld.					
	Welches Datenarchiv würden Sie am ehesten für welche Art Forschungsdaten nutzen? Sonstige Daten		Nutzen Sie die technische Infrastruktur anderer Einrichtungen (z.B. in gemeinsamen Projekten)?					
	Warum wäre ein Veröffentlichen der Forschungsdaten problematisch? Bitte erläutern Sie.							
	Welche sonstigen Daten würden Sie veröffentlichen wollen? Bitte erläutern Sie.							
	Wo würden Sie die Daten sonst veröffentlichen wollen? Bitte erläutern Sie.							
	Welche Kriterien würden Ihnen helfen, ein geeignetes Datenarchiv auszuwählen? Empfehlung meiner Kollegen							
	Welche Kriterien würden Ihnen helfen, ein geeignetes							
	Datenarchiv auszuwählen? Empfehlung meiner Fachorganisation							
	Welche Kriterien würden Ihnen helfen, ein geeignetes Datenarchiv auszuwählen? Auswertung oder Ranking in einem unabhängigen Verzeichnis							
	Welche Kriterien würden Ihnen helfen, ein geeignetes Datenarchiv auszuwählen? Bekanntheit der Organisation, die das Datenarchiv betreibt							
	Welche Kriterien würden Ihnen helfen, ein geeignetes Datenarchiv auszuwählen? Am besten entscheide ich es selbstständig							
	Welche Kriterien würden Ihnen helfen, ein geeignetes Datenarchiv auszuwählen? Sonstiges (bitte genauer angeben)							
	Bitte beschreiben Sie die sonstigen Kriterien.							
	Nutzen Sie die technische Infrastruktur anderer Einrichtungen (z.B. in gemeinsamen							

		Projekten oder Dienstleistungen von Laboren)?							
		Bitte kommentieren Sie Ihre Antwort zur Nutzung technischer Infrastruktur anderer Einrichtungen. Wenn möglich, beschreiben Sie bitte kurz die gängige Praxis ihrem Fachbereich.							

Probleme und Unterstützungsbedarf

Waren Sie in Bezug auf Forschungsdaten schon einmal mit folgenden Problemen konfrontiert bzw. befürchten Sie diese für die Zukunft?	Welche Serviceleistungen würden Sie sich im Bezug auf Forschungsdatenmanagement wünschen?	Wie wichtig sind Ihnen die folgenden Faktoren in Bezug auf die Langzeitarchivierung und die Bereitstellung von Forschungsdaten? - Nachvollziehbarkeit von Ergebnissen - Höhere Sichtbarkeit der eigenen Forschungsleistungen - Bessere Zitierbarkeit der eigenen Forschungsergebnisse - Reduzierung von (Druck-)Kosten - Langfristiger Zugriff - (kostenlose) Wiederverwend- barkeit von Daten - Verlust von Fachwissen vorbeugen - Verbesserung des elektronischen Austauschs von Fachinhalten - Möglichkeit der erneuten Analyse und Bewertung von bereits erhobenen Daten	Welche Serviceleistungen würden Sie sich von der HU wünschen?	Waren Sie in Bezug auf Forschungsdaten schon einmal mit folgenden Problemen konfrontiert bzw. befürchten Sie diese für die Zukunft?	Welche Serviceleistungen zum Forschungsdatenmanagement sind für Sie an der Philipps-Universität von Interesse?	Welche zentralen Serviceleistungen rund um Forschungsdaten würden Sie sich von der TUHH wünschen?		Wie gut schätzen Sie Ihre Kenntnisse im Bereich Forschungsdatenmanagement ein?	Wie schätzen Sie Ihre Erfahrungen im Management von Forschungsdaten ein?
Welche Service-Leistungen zur Unterstützung im Umgang mit Forschungsdaten erwarten Sie von der Universität Potsdam?	Welche sonstigen Serviceleistungen würden Sie sich wünschen?	Welche geplanten Dienstleistungen von IANUS wären für Sie von welchem Interesse?	Wären Sie bereit, von Ihren Erfahrungen zum Umgang mit Forschungsdaten und Erwartungen an zentrale Serviceleistungen in einem persönlichen Gespräch zu berichten?	Welche Service-Leistungen zur Unterstützung im Umgang mit Forschungsdaten erwarten Sie von der Leibniz Universität Hannover?	Haben Sie noch Kommentare oder Anregungen?			Zu welchen der folgenden Themen würden Sie sich ein Beratungs- und Schulungsangebot der WWU wünschen? (Mehrfachantwort)	Welche Services nutzen Sie bereits?
Sind Sie grundsätzlich bereit, uns Ihre Erfahrungen im Umgang mit Forschungsdaten in einem Interview zu schildern?	Wären Sie bereit, von Ihren Erfahrungen ja nein zum Umgang mit Forschungsdaten und Erwartungen an zentrale Serviceleistungen in einem persönlichen Gespräch zu berichten?	Wie wichtig sind Ihnen folgende Faktoren, damit Sie Daten bei IANUS archivieren würden? - Differenzierte Zugriffsrechte auf Daten (z. B. ganz offen-teil-offen-geschlossen) - Schutzmechanismen für sensible Einzelinformationen (Personen, Objekte, Fundstellen, etc.) - Nicht exklusive Rechte für IANUS (Daten werden mehrfach in verschied. Systemen vorgehalten) - Verbreitung	Wenn Sie Interesse an Ergebnissen der Umfrage haben, können Sie hier Ihre E-Mail-Adresse angeben.						Wo würden Sie sich mehr Unterstützung wünschen? / Welche weiteren Services wünschen Sie sich künftig von der Hochschule?

		und Nachweis der Inhalte in anderen Systemen - Klare Nutzungs- und Lizenzvereinba rungen zw. Datenproduze nten, IANUS und Endnutzern - Eindeutige Zitierbarkeit von Forschungsdat en - Angemessene Kosten für die Aufbereitung (Kuratierung) von Daten zur Langzeitarchivi erung - Höhere Sichtbarkeit und eindeutige Zitierbarkeit der eigenen Forschungsleis tungen - Moderater Arbeitsaufwan d bei der Vorbereitung der Daten vor der Übergabe an IANUS - Ausreichende praktische Unterstützung bei der Datenaufbereit ung - Übertragung eventueller Verpflichtunge n (z. B. Veröffentlichun g. Archivierung)					
	Bitte geben Sie an, wie wir Sie für ein persönliches Gespräch erreichen können (bevorzugt per E-Mail). Alternativ: E-Mail senden.	Auf welche Weise wollen Sie über Entwicklungen von IANUS informiert werden?					
	Wenn Sie Interesse an Ergebnissen der Umfrage haben, können Sie hier Ihre E-Mail-Adresse angeben. Alternativ: E-Mail senden.						
Sonstiges							
			In der öffentlichen Diskussion werden häufig die folgenden Argumente für das Publizieren von Forschungs daten angeführt. Welchen davon stimmen Sie zu?	Wie hoch ist der Stellenwert von digitalen Forschungsdaten für Ihre Forschung?	Wären Sie bereit zu einem persönlichen Interview? (mit festgelegter Bedingung)+ Angabe der E-Mail		
				Wie viel Erfahrung besitzen Sie im Umgang mit digitalen Forschungs daten?	Wären Sie zu einem persönlichen Gespräch bereit? + Angabe der E-Mail		
				Welchen Anteil Ihrer Arbeitszeit benötigen Sie für die Verwaltung Ihrer digitalen Forschungs daten?	Möchten Sie persönlich über die Ergebnisse der Umfrage informiert werden? + Angabe der E-Mail		
				(Thema Verpflichtun gen) Bestehen oder bestanden Verpflichtun gen, die	Kommentar		

	2016-2017	2014	2014	2013	2015	2014	2016	2016	2014	2016
						Forschungs daten nach Projektabsc hluss in einer bestimmten Art und Weise vorzuhalten ?				
						Durch wen / was werden die Verpflichtun gen formuliert?				
						Welche Verpflichtun gen bestehen hinsichtlich der Zugänglichk eit der Daten?				
						Wären Sie bereit, von Ihren Erfahrungen zum Umgang mit Forschungs daten und Erwartunge n an				
						Vielen Dank, dass Sie zu einem persönliche n Gespräch bereit wären. Um mit ihnen Kontakt aufnehmen zu können, geben Sie bitte Ihre E-Mail-Adresse an.				

Eckdaten

	2016-2017	2014	2014	2013	2015	2014	2016	2016	2014	2016
Jahr	2016-2017	2014	2014	2013	2015	2014	2016	2016	2014	2016
Inhaltliche Basis für die Umfrage	Erstellt in Anlehnung an Befragungen anderer Universitäten, insbesondere der HU Berlin (2013) und der LU Hannover (2015/2016).		Ziel des Fragebogens ist es herauszufinde n, welche Anforderunge n ein Forschungsdat enzentrum erfüllen muss, um Akzeptanz bei den Wissenschaftle rinnen (Stakeholdern) zu erreichen.	Vor allem die Expertise des britischen Digital Curation Centre (DCC) und der von ihm frei zur Verfügung gestellten Materialien waren dabei von besonderer Bedeutung.	Das wichtigste Vorbild war dabei der Fragebogen, den die Humboldt-Universität Berlin für ihre Umfrage im Jahr 2013 entworfen hatte. Weitere Anregungen gaben die Arbeiten des europäische n PARSE.Insi ght-Konsortiums sowie die Umfrage an der Universität Münster.	Grundlage: die Umfrage an der Humboldt-Universität Berlin Anfang 2013 und die Stakeholder analyse zu Forschungs daten in den Altertumswi ssenschafte n, die im Projekt IANUS von Mai bis Oktober 2013 durchgeführ t wurde.	Inhaltliche Vorlage: nachgearbeite te Version der Umfrage der Universitätsbi bliothek Darmstadt	Forschungsdatenma nagement + Archivierung der Daten ziel- und bedarfsorientiert aufbauen zu können (S. 4), Langzeitarchivierung und -bereitstellung	Ausgestaltung des Forschungsdaten managements an der Universität	Die Technische Hochschule Brandenburg (THB) möchte ihre Forschenden3 sowie im Umgang mit digitalen Forschungsdat en besser unterstützen und diese langfristig bewahren.
Laufzeit der Umfrage (Zeitraum)				vom 24. Januar bis 8. März 2013	Sommer 2015	02.11.2014 – 30.11.2014	11.07.2016 – 15.08.2016	1 Monate (Mitte April bis Mitte Mai)	14.07-04.08.2014, 3 Wochen	nicht vorhanden
Erinnerungs-E-Mail (Datum)						Zwei Wochen vor Schließung der Umfrage	Eine Woche vor Schließung der Umfrage	Eine Woche vor Schließung der Umfrage	keine angabe	nicht vorhanden
Einladung ging an... (Anzahl)	1897				ca. 2650 Forschende sowie zusätzlich technische Mitarbeiterin nen und Mitarbeiter der Leibniz-Uni	keine Angabe	751 Personen	1256 Personen der Zielgruppe wurden eingeladen	6.000 Personen	nicht vorhanden
Umfrage-Zielgruppen	Gesamtzahl der in den Fakultäten tätigen hauptberuflichen Mitarbeiter/innen. Zahl für 2016 mit 1897. Promotion Postdoc/Habilitation Privatdozent Professor/Juniorprof essur ich übe eine unterstützende	Professor(in) Leiter(in) einer Arbeitsgruppe Wissenschaftlich e(r) Mitarbeiter(in) Doktorand(in) IT-Mitarbeiter(in) Datenmanager(i n) Studentische(r) Mitarbeiter(in)	Studierende Promovierende Lehrende technische Mitarbeiter wissenschaftlic he Mitarbeiter Daten- und/oder IT-Beauftragte(r) Projektleiterin	wissenschaftli chen Mitarbeiter (Mittelbau) und die Professuren Professor(in) Leiter(in) der Arbeitsgruppe Wissenschaftli cha(r) Mitarbeiter(in)	alle an der Leibniz Universität Hannover tätigen Professor/Innen, Privatdozent /-innen, Postdocs1 und	'alle Professorin nen und Professoren sowie das wissenschaf tliche Personal der Fachbereich e 01 bis 21	Wissenschaftl iches Personal - Professoren, WiMis Institute Haushalt, WiMis Drittmittel	Professoren, wissenschaftliche Mitarbeiter und Doktoranden	Mailing an alle wissenschaftlich Beschäftigten der WWU	Einerseits wurden Forschende aus den drei Fachbereichen zu ihrer Arbeitsweise sowie ihren spezifischen Anforderungen interviewt. Andererseits

	Tätigkeit aus (z.B. als Labor-Assistent/in oder technische/r Mitarbeiter/in andere Karrierephase, nämlich	Masterand(in) Bachelorand(in) andere Position	Leiterin der Einrichtung	Doktorand(in) IT-Mitarbeiter/in Studentische(r) Mitarbeiter/in Sonstiges davon: - Privatdozent, Lehrkraft für besondere Aufgaben - Projekt-, freier Mitarbeiter - Direktor, Leiter - Assistant-, Junior Prof. - Koordinator - Post-doc - sonstiges	Promovierende sowie diejenigen Beschäftigten aus Technik und Verwaltung, die den Forschenden unmittelbar zuarbeiten und somit selbst Forschungsdaten erheben oder verarbeiten (z.B. Laborassistent/innen, Beschäftigte in Versuchswerkstätten und IT-Fachpersonal)	und der Zentren.*				wurden Mitarbeiter der Serviceeinrichtungen (Hochschulrechenzentrum, Labore und Zentrum für Gründung und Transfer) befragt
Software	Upsurvey/QUAMP	keine Angaben	keine Angaben	LimeSurvey	LimeSurvey	Questback/ EFS Survey 10.3.	LimeSurvey	Softwaresystem Unipark	keine Angabe	Interview erfolgte mit Tonbandaufnahmen, eine Befragung erfolgte schriftlich
Struktur der Umfrage	31 Fragen Angaben zum/zur Teilnehmer/in Art und Umfang der Daten Speicherung und Sicherung der Daten Praktisches Datenmanagement Aufbewahrung, Leitlinien und informelles Teilen von Daten Nutzung von Datenrepositorien Probleme und Unterstützungsbedarf	68 Fragen Themen: Fachbereiche und Position Datentypen Zugang Infrastruktur und Service Interesse	16 Fragen STATISTISCHE & ALLGEMEINE FRAGEN FRAGEN ZUR AKTUELLEN PRAXIS FRAGEN ZU IANUS	24 Fragen Fachbereich und Position des Teilnehmers, Datentypen (Eigenschaften und Speicherung von Forschungsdaten), Zugang (Veröffentlichung und Nachnutzung von Forschungsdaten, Infrastruktur und Service (vorhandene und gewünschte Infrastruktur, hilfreiche Kriterien) und weiteres Interesse (Kontaktangabe bei Interesse an einem persönlichen Interview oder Umfrageergebnissen)	Online-Umfrage mit insgesamt 31 Fragen wurde in sechs Fragegruppen eingeteilt: 1) Angaben zur/zum Person 2) Datenart und – Umfang 3) Datenspeicherung und -sicherung 4) Dauer der Datenaufbewahrung und Zugriffsrechte 5) Nutzung von Repositorien 6) Unterstützung beim Umgang mit Forschungsdaten durch die Leibniz Universität Hannover	Online-Umfrage mit insgesamt 25 Fragen	Die Umfrage umfasste 26 Fragen. Gliederung der Umfrage in zwei Teile: im 1. Teil eine anonymisierte Umfrage; im 2. Teil der Vorschlag, Anonymisierung aufzuheben und bei einem Interview mitzumachen. Inhaltlich lässt sich die Umfrage in 6 thematische Abschnitte aufteilen: 1) Angaben zur Institutionszugehörigkeit und Position; 2) Angaben zur Entstehung und Art ihrer Daten; 3) Angaben zum Umfang ihrer Forschungsdaten; 4) Angaben zur Sicherung ihrer Forschungsdaten; 5) Angaben zur Art der Archivierung und des Zugangs; 6) Angaben zu gewünschten Infrastrukturen und Services	Insgesamt 43 Fragen, mindestens aber 33: Gliederung in vier Abschnitte: (1) Fach-/Institutszugehörigkeit (2) Forschungsdatenmanagement im Forschungsprozess (3) Archivierung und Bereitstellung von Forschungsdaten (4) Bereitschaft Interview und Interesse an Umfrage	Themenbereiche der Befragung: Zugehörigkeit und Position, Arten von Forschungsdaten, Aufbewahrung, Zugänglichmachung, Bedeutung von Richtlinien und Vorgaben, Wissensstand und Beratungsbedarf, Nutzungsbereitschaft einer universitätseigenen Forschungsdatenplattform	Themenkomplexe der qualitativen Befragung an der THB sind: Arten und Datentypen von Forschungsdaten, Aufbewahrung von Forschungsdaten, Zugänglichmachung von Forschungsdaten, Bedeutung von Richtlinien und Vorgaben, Beratungsbedarf und Wünsche
Rücklauf-Quote (quantitativ sowie prozentual)	•280 Aufrufe (ohne Tests) •238 begonnene Fragebögen – 12,5% der Zielgruppe •198 weitgehend vollständig ausgefüllte Fragebögen (kein Abbruch oder Abbruch erst ab Frage 20, auch wenn ggf. einzelne Fragen vorher übersprungen wurden) – 10,5% der Zielgruppe •179 vollständig ausgefüllte Fragebögen – 9,5% der Zielgruppe	Insgesamt 218. - davon deutschsprachige Version des Fragebogens 173 - englischsprachige Version des Fragebogens 45		Rücklaufquote 24% insgesamt 499. - davon deutschsprachige Version des Fragebogens 475 - englischsprachige Version des Fragebogens 24	294 Personen haben sich an der Online-Umfrage beteiligt. Mit 20 Personen wurden Interviews durchgeführt. 14,3 Prozent der Professor/-innen an der Umfrage und 8,0 Prozent der wissenschaftlichen Mitarbeiter/-innen beteiligt.	389 beendete und 38 in wesentlichen Teilen abgeschlossene, insgesamt also 427 Umfragen (18,3% der Gesamtzielgruppe).	1 Teil: 96 vollständig ausgefüllte Fragebögen aus 128 Antworten (12,8 %) 2. Teil: Aufruf der Eingangsseite : 72 Interesse an Ergebnissen der Umfrage: 21 Bereitschaft für Interview: 16.	19% (bzw. 15,4%) 234 Personen an der Umfrage teilgenommen, 193 haben die Umfrage vollständig beantwortet	1.042 Teilnehmer (Rücklaufquote: 17 %). 667 beendete Fragebögen	15 Interviewpartner
Belohnung für die Umfrage					keine Angabe	keine Angabe	keine Angabe	keine Angabe	keine Angabe	keine Angabe

| Besonderheiten | | | | | Um schon vor der Umfrage einem möglichst großen Teil der Zielgruppe das Thema Forschungsdatenmanagement ins Bewusstsein zu bringen, wurden Artikel in Universitätsmedien platziert.6 Außerdem wurde in verschiedenen Gremiensitzungen auf die Umfrage hingewiesen. Um auch die Beschäftigten aus Technik und Verwaltung zu erreichen, die dem wissenschaftlichen Personal zuarbeiten, wurden außerdem Einladungen an die Institutssekretariate mit der Bitte um Weiterleitung an den betreffenden Personenkreis versandt (Info für Magdalena) | "Um deutlich zu machen, dass das Projekt „Kompetenzzentrum Forschungsdatenmanagement und -archivierung" mit Unterstützung des Präsidiums arbeitet und dort auch organisatorisch verankert ist, hat der Vizepräsident für Informations- und Qualitätsmanagement zu Beginn der Umfrage eine E-Mail als Einladung an die Mitglieder der Zielgruppe verschickt." Außerdem wurde das Projekt und die Umfrage auf der Home-Page der Universität beworben. | | | |

Anhang 05: Übersicht und Vergleich bisher erfolgter Umfragen,
Tabellenblatt 2/3 Kategorien Fragen

Angaben zu Teilnehmern	Art und Umfang der Forschungs-daten	Speicherung und Sicherung der Forschungsdaten	Praktisches Datenmanagement	Leitlinien und informelles Teilen von Daten	Nutzung von Datenrepositorien	Probleme und Unterstützungsbedarf
Bitte wählen Sie den Fachbereich / Institut aus, in dem Sie hauptsächlich beschäftigt sind (01)	Wie hoch schätzen Sie den Stellenwert von Forschungsdaten für Ihre tägliche Arbeit bzw. Forschung ein? (02)	Zu welchem Zweck bewahren Sie Forschungsdaten auf? (Mehrfachnennung) (08)	Wer übernimmt welche Aufgaben beim Management Ihrer Forschungsdaten? (Matrix) (04)	In der Denkschrift "Sicherung guter wissenschaftlicher Praxis" der Deutschen Forschungsgemeinschaft (1998) lautet die Empfehlung 7: "Primärdaten als Grundlagen für Veröffentlichungen sollen auf haltbaren und gesicherten Trägern in der Institution, wo sie entstanden sind, zehn Jahre lang aufbewahrt werden." Handeln Sie nach dieser Empfehlung? (00)	"Haben Sie schon einmal Forschungsdaten in einem Repositorium/Datenarchiv abgelegt?" (04)	Wie gut schätzen Sie Ihre Kenntnisse im Bereich Forschungsdatenmanagement ein? (08)
In welcher Gruppe sind Sie bei der angegebenen Einrichtung tätig? (02)	Fallen bei Ihren Tätigkeiten die Generierung von Forschungsdaten an?	Wo speichern Sie Forschungsdaten, die im Rahmen Ihrer Projekte anfallen? (Mehrfachnennung) (08)	Wer außer Ihnen darf bzw. kann auf Ihre Forschungsdaten zugreifen? (01)	Sind Ihnen weitere Leitlinien zum Umgang mit Forschungsdaten bekannt? (00)	In welchem Repositorium legen Sie Ihre Forschungsdaten ab? (07)	Waren Sie in Bezug auf Forschungsdaten schon einmal mit folgenden Problemen konfrontiert bzw. befürchten Sie diese für die Zukunft? (01)
	Woher stammen Ihre Forschungsdaten? (05) / Auf welche Art und Weise gewinnen Sie Ihre Forschungsdaten hauptsächlich? (06)	Wie garantieren Sie die Sicherheit der Daten? (09)	Wer ist verantwortlich für die Forschungsdaten nach dem Forschungsprozess? (07)	Bitte konkretisieren Sie, um welche Richtlinien es sich handelt. (00)	Woran orientieren Sie sich bei der Wahl eines geeigneten Repositoriums? (00)	Welche Serviceleistungen würden Sie sich von der FH wünschen? (03)
	Um welche Datentypen handelt es sich? (03)			Haben Sie schon einmal Ihre Forschungsdaten auf individuelle Anfrage (E-Mail, Telefon, etc.) weitergeben? (05)	"Haben Sie schon einmal in einem Repositorium abgelegte Forschungsdaten anderer Forscher(innen) heruntergeladen oder zitiert?" (04)	
	In welchem Umfang entstehen Daten in Ihrer Forschungsarbeit? (07)				Sind Sie bereit Ihre Forschungsdaten anderen Forschern zur Verfügung zu stellen? (05)	
					Auf welche Weise sind Ihre Forschungsdaten durch Dritte nutzbar bzw. in welcher Weise nutzen Sie Daten anderer? (02) Matrix	

Anhang 05: Übersicht und Vergleich bisher erfolgter Umfragen,
Tabellenblatt 3/3 Fragen Antworten Relevanz

Fragen	Antworten	Relevanz/Begründung	Bemerkung	Bemerkung II
Angaben zu Teilnehmern (Sophia)				
Bitte wählen Sie den Fachbereich / Institut aus, in dem Sie hauptsächlich beschäftigt sind (01)	Typ: Einfachauswahl (?) ------ Antworten: FB1 Sozial- und Bildungswissenschaften; FB 2 Stadt Bau Kultur, FB 3 Bauingenieurwesen, FB 4 Design; FB 5 Informationswissenschaften Wissenschaftliche Einrichtung oder Institut (Namentlich), Sonstiges (Namentlich)	Diese Frage zielt darauf ab, die Teilnehmer/-innen der Umfrage den verschiedenen Fachbereichen und Einrichtungen an der Fachhochschule zuzuordnen. So lässt sich die Beteiligung an der Umfrage je nach Fachbereich ablesen. Auch lassen sich Rückschlüsse hinsichtlich des Zusammenhangs zwischen Fachbereichszugehörigkeit und Angaben zum Forschungsdatenmanagement ziehen.	Hilfsmittel: Organigramm der FH Was ist mit Forschungsprofessuren, die fachbereichsübergreifend gestaltet sind? (Bsp. Marian Dörk) Wiss. Einrichtungen/Institute : Lieber Auswahl zur Nennung geben? Liste möglicher Nennungen: - IID, Landesfachstelle Archive und ÖB, Institut für Bauforschung und -erhaltung, Institut für angewandte Forschung, Zentrale Einrichtung für Transfer, International Office, Bibliothek, Zentrum für Medienwiss., IFFE, IBZ??	
In welcher Gruppe sind Sie bei der angegebenen Einrichtung tätig? (02)	Typ: Einfachauswahl ------ Antworten: Professoren/-innen, Wissenschaftliche Mitarbeiter/-innen, Doktoranden	Diese Frage dient der weiteren Einordnung des/der Teilnehmers/Teilnehmerin.	Fehlt eine Gruppe? Ist damit das wissenschaftliche Personal ausreichend abgedeckt? Was ist mit „Gruppenleiterin"?	
Art und Umfang der Forschungsdaten (Sophia)				
Wie hoch schätzen Sie den Stellenwert von Forschungsdaten für Ihre tägliche Arbeit bzw. Forschung ein? (02)	Typ: Einfachauswahl ------ Antworten: sehr hoch, hoch, eher hoch, eher niedrig, niedrig, sehr niedrig	Die Frage dient einer ersten Einschätzung des Stellenwerts von Forschungsdaten am jeweiligen Fachbereich/Institut. Sie schafft ebenfalls eine Grundlage zur Kontextualisierung des Fragebogens.	Skala? Tauschen mit der nachstehenden Frage! Zuerst: Fallen Forschungsdaten an?	

Fragen	Antworten	Relevanz/Begründung	Bemerkung	Bemerkung II
Fallen bei Ihren Tätigkeiten die Generierung von Forschungsdaten an?	Typ: Einfachauswahl ------ Antworten: Ja, Nein	Die Frage dient der grundsätzlichen Klärung, ob an einem Fachbereich oder einem Institut überhaupt Forschungsdaten anfallen. Sofern die Frage mit Nein beantwortet wird, können Teile des Fragebogens übersprungen werden.	Formulierung! Fallen bei Ihren Tätigkeiten die Generierung von Forschungsdaten an?	
Woher stammen Ihre Forschungsdaten? (05) / Auf welche Art und Weise gewinnen Sie Ihre Forschungsdaten hauptsächlich? (06)	Typ: Mehrfachnennung ------ Antworten: - Beobachtungen, Labor-Experimente, Feld-Experimente, Simulationen, Abbildungen von Objekten, quantitativen Umfragen und Interviews, qualitativen Befragungen, amtliche Statistik und Referenzdaten, sonstige Statistiken, Logfiles und Nutzungsdaten, Textdokumente, Klinische Studien, Gendaten, Synthetische Daten, Sonstige: bitte eintragen ------ - Beobachtungen und Experimente außerhalb des Labors, Laborversuche, Simulationen, Umfragen und Interviews, Numerische Methoden, Analytische Methoden, Sonstiges (Kommentar) (06)	Durch diese Frage wird aufgezeigt, welche Methoden zur Gewinnung von Forschungsdaten verwendet werden. Die vergleichsweise große Auswahlmöglichkeit spiegelt die an den verschiedenen Fachbereichen bevorzugten Methoden wieder. Durch die Frage sollen Zusammenhänge zwischen Ausrichtung des Fachbereichs und den genutzten Methoden aufgedeckt werden.	Anpassen an Rahmen der FH und Fachbereiche?	
Um welche Datentypen handelt es sich? (03)	Typ: Mehrfachnennung (?): ------ Antworten: Berichte, mehrdimensionale Visualisierungen und Modelle, Audio-Aufzeichnungen, Video-Aufzeichnungen, Texte, Tabellen, Datenbanken, Programme und Anwendungen, Fach- oder gerätespezifische Daten, Sonstiges: Kommentar	Sind verschiedene Datentypen und Anwendungen auf spezifische Fachbereiche verteilt? Oder durchziehen dieselben Datentypen alle Fachbereiche gleichermaßen?	Eventuell fach- oder gerätespezifische Daten abfragen? Bsp.: Statistische Auswertung, Messreihen, Fragebögen etc.? (03)	

Fragen	Antworten	Relevanz/Begründung	Bemerkung	Bemerkung II
In welchem Umfang entstehen Daten in ihrer Forschungsarbeit? (07)	Typ: Einfachauswahl ------ Antworten: < 1 GB 1 – 20 GB 21 – 100 GB 101 GB – 1 TB > 1 TB Kann ich nicht einschätzen	Dient der Klärung an welchen Fachbereichen der größte Datenumfang entsteht. Ebenfalls, wie groß die Datenmengen verhältnismäßig zu den verschiedenen Teilnehmergruppen stehen. (Bsp.: Verhältnis Karrierestatus und Menge an Daten)	Passen die Angaben? Oder mehr Stufen? Mehr Umfang?	
Speicherung und Sicherung der Forschungsdaten (Oleksandra)				
Zu welchem Zweck bewahren Sie Forschungsdaten auf? (Mehrfachnennung) (08)	1. Für den Nachweis der Replizierbarkeit der Ergebnisse 2. Für die eigene Re-Analyse 3. Für die Re-Analyse von anderen Forschern 4. Zum Ausschluss rechtlicher Risiken 5. Zu Übungszwecken für die Lehre 6. Ohne inhaltlichen Grund 7. Zur Bewahrung der Daten als Kulturgut oder ... (?) 8. Sonstiges 9. Für weitere Analysen / Publikationen 10. Vorschrift 11. Backup / Archivierung		Die letzten drei Antwort-Kategorien (9, 10, 11) wurden aus eigenen Angaben gewonnen.	
Wo speichern Sie Forschungsdaten, die im Rahmen Ihrer Projekte anfallen? (Mehrfachnennung) (08)	1. Lokal auf meinem dienstlichen Rechner 2. Auf externen Datenträgern 3. Dezentral auf einem Server der FH 4. Lokal auf meinem privaten Rechner 5. Zentral auf einem Server des ZIV (?) 6. Bei einem externen Cloud-Anbieter 7. Bei einem Datenarchiv für diese Art von Forschungsdaten 8. Sonstiges	Anhand dieser Frage soll herausgefunden werden, wo die im Rahmen von Projekten entstandenen Forschungsdaten gespeichert werden. Besonders wichtig dabei ist, ob die Forschungsdaten innerhalb oder außerhalb der Institution gespeichert werden.	Rot markierte Stelle (FH): ursprünglich " am Institut"	
Wie garantieren Sie die Sicherheit der Daten? (09)	Typ: Mehrfachbenennung? 1. Erstellung von Sicherungskopien auf weiteren Speichermedien 2. Erstellung von Recovery-Plänen 3. Regelmäßiges Daten-Back-up		Die Antworten stammen als Interview-Material aus der Originalquelle. Als eine zusätzliche Antwort kann sowas wie "Ich habe mich mit dem Thema noch nicht beschäftigt" fungieren. Insgesamt ist die Frage recht allgemein gestellt. Sie könnte um weitere Fragen erweitert werden. Z.B. konkrete Benennung von Speichermedien, auf welchen die Sicherheitskopien erstellt werden. Eine konkretere Frage	

Fragen	Antworten	Relevanz/Begründung	Bemerkung	Bemerkung II
			könnte lauten: "Wie sichern Sie Ihre Forschungsdaten?" - da ginge es allerdings nur um die Medien, auf welchen die Sicherheitskopien abgelegt wären.	
Praktisches Datenmanagement (Oleksandra)				
Wer übernimmt welche Aufgaben beim Management Ihrer Forschungsdaten? (Matrix) (04)	Tätigkeiten: 1. Organisation / Strukturierung 2. Dokumentation 3. Sicherung 4. Archivierung 5. Publikation Akteure: 1. Ich selbst 2. Der / Die Projektgruppenleiter(in) 3. IT-Personal (der FH) 4. Ein(e) andere(r) Beauftragte 5. Ein(e) wissenschaftliche(r) Mitarbeiter(in) 6. Ist mir unbekannt 7. Ist nicht vorgesehen	Mit dieser Frage soll geklärt werden, wer bei welchen Aufgaben des Dokumentenmanagements für die Forschungsdaten zuständig ist.	Zusätzliche Antwortmöglichkeiten laut der Quelle 01 (Frage: 15) 1. Meine Assistent(in) 2. Externer Dienstleister Rot markierte Stelle (FH) - ursprünglich "am Institut"	
Wer außer Ihnen darf bzw. kann auf Ihre Forschungsdaten zugreifen? (01) (Mehrfachnennung)	1. Projektmitglieder 2. Mitglieder meiner Arbeitsgruppe 3. Angehörige meines Instituts / Seminars / Fachbereichs 4. Angehörige meiner Fakultät / Einrichtung 5. Meine Institution insgesamt 6. (Fach)Öffentlichkeit 7. Forschungsdaten werden Interessenten per Anfrage bereitgestellt 8. Niemand 9. Sonstiges	Durch diese Frage wird aufgezeigt, welche weiteren Personen Zugriff auf die Forschungsdaten des jeweiligen Umfrage-Teilnehmers erhalten.	Wird die Antwort 09 in der Originalversion ausgewählt, gibt es eine weiterführende Frage: Welche sonstigen Zugreifenden kann es geben? Bitte beschreiben Sie (Kommentar)	
Wer ist verantwortlich für die Forschungsdaten nach dem Forschungsprozess? (07) (Einfachauswahl)	1. Ich 2. Verantwortlicher im Projekt 3. Externe (Kommentar-Möglichkeit) 4. Sonstige (Kommentar-Möglichkeit)	Die Frage klärt, " [...] wer für die Forschungsdaten, die Einhaltung der Zugriffsbedingungen sowie der rechtlichen Rahmenbedingungen verantwortlich ist, die im Falle von Mitarbeiterwechseln und am Projektende zum Tragen kommen".		
Leitlinien und informelles Teilen von Daten (Ben)				

Fragen	Antworten	Relevanz/Begründung	Bemerkung	Bemerkung II
In der Denkschrift "Sicherung guter wissenschaftlicher Praxis" der Deutschen Forschungsgemeinschaft (1998) lautet die Empfehlung 7: "Primärdaten als Grundlage für Veröffentlichungen sollen auf haltbaren und gesicherten Trägern in der Institution, wo sie entstanden sind, zehn Jahre lang aufbewahrt werden." Handeln Sie nach dieser Empfehlung? (00)	Nur eine Antwort: - ja, alle Primärdaten werden für mindestens zehn Jahre aufbewahrt - ja, aber nur ausgewählte Primärdaten werden für mindestens zehn Jahre aufbewahrt - nein, alle Primärdaten werden für weniger als zehn Jahre aufbewahrt - nein, alle Primärdaten werden kurz nach Abschluss des Projektes gelöscht - ich bin mir unsicher - diese Grundsätze kenne ich nicht.	5 von 9 Einrichtungen listen die Frage auf. Sensibilisierung sowie Bewußtsein schaffen für wissenschaftliches Arbeiten mit Forschungsdaten	Die Antworten der Uni Potsdam und der Leibniz Uni Hannover sind identisch sowie die Antwortkategorien der CAU Kiel und der HU Berlin. Die Antworten der TU Hamburg sind ähnlich formuliert.	
Sind Ihnen weitere Leitlinien zum Umgang mit Forschungsdaten bekannt? (00)	Nur eine Antwort: Ja, Nein		Wenn ja, dann weiter mit Frage "Bitte konkretisieren Sie, um welche Richtlinien es sich handelt" Wenn nein, dann weiter mit Frage "Haben Sie schon einmal Ihre Forschungsdaten auf individuelle Anfrage (E-Mail, Telefon, etc.) weitergeben?"	
Bitte konkretisieren Sie, um welche Richtlinien es sich handelt. (00)	Mehrfachantworten möglich: - Richtlinien meiner Arbeitsgruppe, Fachbereichs oder Projektes - Richtlinien meiner Fachorganisation - Richtlinien des Drittmittelgebers (z.B. DFG, BMBF, EU oder eine Stiftung) - Mir ist die genaue Situation nicht bekannt - Sonstiges		Sonstiges als Kommentarfeld (Text)	
Haben Sie schon einmal Ihre Forschungsdaten auf individuelle Anfrage (E-Mail, Telefon, etc.) weitergeben? (05)	- Ja - Nein, aber ich habe es vor - Nein, diese Möglichkeit war mir nicht bekannt - Nein, in der nächsten Zeit habe ich es nicht vor	Werden Forschungsdaten außerhalb von Informationsinfrastruktur-Dienstleistungen wie Repositories geteilt?		

Nutzung von Datenrepositorien (Ben)

Fragen	Antworten	Relevanz/Begründung	Bemerkung	Bemerkung II
"Haben Sie schon einmal Forschungsdaten in einem Repositorium/Datenarchiv abgelegt?" (04)	Nur eine Antwort: Ja, Nein		Wenn ja, dann weiter mit Frage "In welchem Repositorium legen Sie Ihre Forschungsdaten ab?" Wenn nein, dann weiter mit Frage "Haben Sie schon einmal in einem Repositorium abgelegte Forschungsdaten anderer Forscher(innen) heruntergeladen oder zitiert?" Spätestens an dieser solle eine Definition kommen, was unter einem Repositorium bzw. Datenarchiv verstanden wird.	"Ja / Nein, wenn ja, dann: Bitte geben Sie an, ob diese Daten zugänglich sind (Mehrfachantwort): - die Daten sind uneingeschränkt öffentlich abrufbar - die Daten werden erst nach Ablauf einer Embargo-Frist öffentlich aufrufbar sein - die Daten sind nicht öffentlich abrufbar und werden es in Zukunft auch nicht sein wenn nein, dann: Bitte geben Sie an, warum Sie bisher keine Daten in einem Repositorium abgelegt haben (Mehrfachantwort): - ich sehe keine Notwendigkeit, Daten in einem Repositorium abzulegen - mir war die Möglichkeit, Daten in einem Repositorium abzulegen, bisher nicht bekannt - ich habe kein für mich geeignetes Repositorium gefunden"
In welchem Repositorium legen Sie Ihre Forschungsdaten ab? (07)	wenn Frage davor mit ja beantwortet, dann (Mehrfachantwort): - ein fachspezifisches Repositorium - ein fachübergreifendes nationales oder internationales Repositorium - ein fachübergreifendes institutionelles Repositorium der FH Potdam - Ich muss erst noch genauer informieren. - eine andere Art von Repositorium, nämlich:		eine andere Art von Repositorium, nämlich: als Kommentarfeld (Text)	
Woran orientieren Sie sich bei der Wahl eines geeigneten Repositoriums? (00)	wenn Frage davor mit ja beantwortet, dann (Mehrfachantwort): - Empfehlung meiner Kolleg(inn)en - Empfehlung meiner Fachorganisation - Empfehlung in einer Publikation (z.B. Webseite oder Fachzeitschrift) - Bekanntheit und Ruf der Organisation, die das Repositorium betreibt - an Zertifizierungen, die Qualitätsstandards garantieren - an anderen Kriterien, nämlich:		an anderen Kriterien, nämlich: als Kommentarfeld (Text)	
"Haben Sie schon einmal in einem Repositorium abgelegte Forschungsdaten anderer Forscher(innen) heruntergeladen oder zitiert?" (04)	Nur eine Antwort: Ja, Nein	Auf welche Art und Weise werden Repositorien für		

Fragen	Antworten	Relevanz/Begründung	Bemerkung	Bemerkung II
	Forschungsdaten genutzt und verwendet?			
Sind Sie bereit Ihre Forschungsdaten anderen Forschern zur Verfügung zu stellen? (07)	Ja Nein Nicht relevant für mein Forschungsgebiet Keine Angabe			
Auf welche Weise sind Ihre Forschungsdaten durch Dritte nutzbar bzw. in welcher Weise nutzen Sie Daten anderer? (02) Matrix	Mehrfachantworten möglich:	Bereitstellung eigener Daten für Dritte	Nachnutzung von Daten Dritter	
	Auf individuelle Anfrage (E-Mail, Telefon, etc.)	☐	☐	
	Freigabe von / Zugriff auf gemeinsame(n) Projekt-/ Institutsdaten über geschützten Speicherort	☐	☐	
	Nachweis von / Zugriff auf Daten in einem geschützten Online-Portal	☐	☐	
	Nachweis von / Zugriff auf Daten in einem offenen Online-Portal	☐	☐	
	Downloads der Daten über ein Online-Portal	☐	☐	
	Nutzung der Daten durch Webservices	☐	☐	
Probleme und Unterstützungsbedarf (Sophia)				
Wie gut schätzen Sie Ihre Kenntnisse im Bereich Forschungsdatenmanagement ein? (08)	Typ: Einfachauswahl: ------ Antworten: Sehr gut, gut, durchschnittlich, gering, sehr gering	Dient der Einschätzung des derzeitigen Wissensstands eingeteilt nach Fachbereichen und Teilnehmergruppe.	Skala	
Waren Sie in Bezug auf Forschungsdaten schon einmal mit folgenden Problemen konfrontiert bzw. befürchten Sie diese für die Zukunft? (01)	Typ: Mehrfachauswahl ------ Antworten: Veraltete Datenformate sind mit aktueller Software nicht mehr lesbar; Daten gingen durch technische Pannen, Viren oder ähnliches verloren; ein Repositorium, das Sie nutzen wollten, besteht nicht mehr; für die Archivierung fallen immer höhere laufende Kosten an (z.B. steigende Gebühren); für das Herunterladen von Dateien werden unverhältnismäßig hohe Gebühren verlangt; Daten werden von Unbefugten eingesehen/benutzt/verbreitet/Vervielfältigt; Daten sind unzureichend dokumentiert und daher nicht (mehr) zuverlässig interpretierbar; Daten sind schwer zu finden;	Ziel ist es herauszufinden, wie viele der Teilnehmer/-innen schon einmal mit Problemen hinsichtlich des Forschungsdatenmanagements zu tun hatten und um welche spezifischen Probleme es sich hierbei gehandelt hat. Weiterhin können spezifische Probleme möglicherweise einzelnen Fachbereichen zugeordnet werden oder auch in Verbindung mit der Teilnehmergruppe stehen.	Fehler: Nicht 01 sondern 04 Antwortmöglichkeit: „Daten sind schwer zu finden": Spezifizieren? Ist damit das Wiederauffinden gemeint?	

Fragen	Antworten	Relevanz/Begründung	Bemerkung	Bemerkung II
	Sie haben keine Zugriffsberechtigungen für Daten anderer AutorInnen, die für Ihre eigene Forschung relevant sind; Sie haben Rückfragen an den Autor, doch dieser ist nicht mehr kontaktierbar oder unbekannt			
Welche Serviceleistungen würden Sie sich von der FH wünschen? (03)	Typ: Mehrfachauswahl Einen gesicherten und verlässlichen Speicherplatz für meine Forschungsdaten Beratung bei rechtlichen Fragen (z.B. Zugangseinschränkungen, Umgang mit sensiblen Daten, Nutzung von Lizenzen); Beratung bei technischen Fragen (z.B. Metadaten, Standards, langfristige Archivierung) Beratung zum Publizieren und Zitieren von Forschungsdaten; Beratung in allgemeinen Fragen zum Umgang mit Forschungsdaten; Unterstützung bei konkreten Angelegenheiten (z.B. beim Einreichen eines Manuskripts in einer Zeitschrift, die Veröffentlichung von Forschungsdaten vorgibt); Unterstützung beim Erstellen eines Datenmanagementplans, wenn ein solcher von der Förderorganisation angefordert wird. Sonstiges (Kommentar); Ich brauche keine Serviceleistungen	Geklärt werden soll, welche Beratungsangebote bzw. Serviceleistungen seitens der FH am meisten gewünscht sind: Durch die entsprechende Nachfrage kann geklärt werden, ob es sich um einzelne Bereiche handelt oder ein breites Themenspektrum gedeckt werden muss.		

Anhang 06: Struktur des Fragebogens

Nr.	Frage	Teil A | I	Nr.	Frage	Teil B | II
1. Art und Umfang der Forschungsdaten					
I - 01	Fallen bei Ihren Tätigkeiten Forschungsdaten* an? * Zu Forschungsdaten zählen u.a. Messdaten, Laborwerte, audiovisuelle Informationen, Texte, Surveydaten, Objekte aus Sammlungen oder Proben, die in der wissenschaftliche n Arbeit entstehen, entwickelt oder ausgewertet werden. Methodische Testverfahren wie Fragebögen, Software und Simulationen können ebenfalls zentrale Ergebnisse wissenschaftlicher Forschung darstellen und sollten daher ebenfalls unter den Begriff Forschungsdaten gefasst werden. Quelle: http://www.dfg.de/foerderung/antragstellung_begutachtung_entscheidung/antragstellende/antragstellung/nachnutzung_forschungsdaten/	Typ: Einfachauswahl ------ Antworten: • (I - 01 - a) Ja Auswertung: deskriptiv / absolute Häufigkeiten			Typ: Einfachauswahl ------ Antworten: • (I - 01 - b) Nein weiter mit Frage II - 01
I - 02 - a/b	Wissen Sie, dass Sie zusätzliche Ressourcen (Sach- und Personalkosten) für Forschungsdatenmanagement bei diversen Förderorganisationen für Ihr Vorhaben extra beantragen können?	Typ: Einfachauswahl ------ Antworten: • (I - 02 - a) Ja • (I - 02 - b) Nein Auswertung: deskriptiv / absolute Häufigkeiten			
I - 03 a/b/c	Wie hoch schätzen Sie den Stellenwert von Forschungsdaten für Ihre tägliche Arbeit bzw. Forschung ein?	Typ: Einfachauswahl - Antworten: • (I - 03 - a) Hoch • (I - 03 - b) Mittel • (I - 03 - c) Niedrig Auswertung: deskriptiv / absolute Häufigkeiten ggf. Mittelwert			
I - 04	Auf welche Art und Weise gewinnen Sie Ihre Forschungsdaten hauptsächlich?	Typ: Mehrfachnennung ------ Antworten: • (I - 04 - a) Quantitativen Umfragen und Interviews • (I - 04 - b) Qualitativen Befragungen • (I - 04 - c) Amtliche Statistik und Referenzdaten • (I - 04 - d) Sonstige Statistiken • (I - 04 - e) Logfiles und Nutzungsdaten • (I - 04 - f) Textdokumente • (I - 04 - g) Beobachtungen • (I - 04 - h) Labor-Experimente			

Nr.	Frage	Teil A | I	Nr.	Frage	Teil B | II
		• (I - 04 - i) Feld-Experimente • (I - 04 - j) Simulationen • (I - 04 - k) Abbildungen von Objekten • (I - 04 - l) Klinische Studien • (I - 04 - m) Gendaten • (I - 04 - n) Synthetische Daten • (I - 04 - o) Analytische Methoden • (I - 04 - p) Messdaten • (I - 04 - q) Sonstige: (Freitext) Auswertung: deskriptiv / absolute Häufigkeiten			
I - 05	Um welche Datentypen / Herkunftssysteme handelt es sich?	Typ: Mehrfachnennung: ------ Antworten: • (I - 05 - a) Texte • (I - 05 - b) Tabellen • (I - 05 - c) Datenbanken • (I - 05 - d) Bilder • (I - 05 - e) Mehrdimensionale Visualisierungen und Modelle • (I - 05 - f) Audio-Aufzeichnungen • (I - 05 - g) Video-Aufzeichnungen • (I - 05 - h) Programme und Anwendungen • (I - 05 - i) Sonstiges: (Freitext) Auswertung: deskriptiv / absolute Häufigkeiten			
I - 06	Um welche fach- oder gerätespezifischen Daten handelt es sich?	Typ: Mehrfachnennung: ------ Antworten: • (I - 06 - a) Fragebögen • (I - 06 - b) Statistische Auswertung • (I - 06 - c) Text-Korpora / Annotationen • (I - 06 - d) Daten Geoinformationssysteme (GIS) • (I - 06 - e) Topographische Daten • (I - 06 - f) Satellitenbilder • (I - 06 - g) Fernerkundungsdaten • (I - 06 - h) Spektra • (I - 06 - i) Messreihen • (I - 06 - j) Klimamodellierungen • (I - 06 - k) Patienten-Daten • (I - 06 - l) Sonstiges: (Freitext) Auswertung: deskriptiv / absolute Häufigkeiten			

Nr.	Frage	Teil A	I	Nr.	Frage	Teil B	II
I - 07	In etwa welchem Umfang entstehen pro Jahr Daten in Ihrer Forschungsarbeit?	Typ: Einfachauswahl Antworten: • (I - 07 - a) < 1 GB • (I - 07 - b) 1 - 100 GB • (I - 07 - c) 101 GB – 1 TB • (I - 07 - d) > 1 TB • (I - 07 - e) Kann ich nicht einschätzen *Auswertung:* *deskriptiv / absolute Häufigkeiten*				

2. Speicherung und Sicherung der Forschungsdaten

Nr.	Frage	Teil A	I	Nr.	Frage	Teil B	II
I - 08	Zu welchem Zweck bewahren Sie Forschungsdaten auf?	Typ: Mehrfachnennung: Antworten: • (I - 08 - a) Für Publikation(en) • (I - 08 - b) Für den Nachweis der Replizierbarkeit der Ergebnisse • (I - 08 - c) Für die weitere eigene Analyse • (I - 08 - d) Für die Nachnutzung durch andere Forscher • (I - 08 - e) Zum Ausschluss rechtlicher Risiken • (I - 08 - f) Zu Übungszwecken für die Lehre • (I - 08 - g) Zur Bewahrung der Daten als Kulturgut • (I - 08 - h) Vorschrift (z.B. Geldgeber) • (I - 08 - i) Backup / Archivierung • (I - 08 - j) Ohne inhaltlichen Grund • (I - 08 - k) Sonstiges: (Freitext) *Auswertung:* *deskriptiv / absolute Häufigkeiten*				
I - 09	Wo speichern Sie Forschungsdaten, die im Rahmen Ihrer Tätigkeiten sowohl während des Prozesses als auch am Ende anfallen?	Typ: Mehrfachnennung: Antworten: • (I - 09 - a) Lokal auf meinem dienstlichen Rechner • (I - 09 - b) Auf externen Datenträgern • (I - 09 - c) Dezentral auf einem Server der FH • (I - 09 - d) Lokal auf meinem privaten Rechner • (I - 09 - e) Bei einem externen Cloud-Anbieter (z.B. GoogleDrive, Dropbox usw.) • (I - 09 - f) Bei einem Datenarchiv für diese Art von Forschungsdaten • (I - 09 - g) Sonstiges: (Freitext) *Auswertung:* *deskriptiv / absolute Häufigkeiten*				

Nr.	Frage	Teil A	I	Nr.	Frage	Teil B	II
I - 10	Wie garantieren Sie die Sicherheit der Daten? * Ein Disaster Recovery Plan (DRP) ist ein dokumentierter Prozess zur Wiederherstellung einer Business-IT-Infrastruktur im Falle einer Katastrophe / eines Ausfalls. Quelle: https://www.kroll-ontrack.de/blog/entwickeln-sie-ihren-business-continuity-bcp-und-disaster-recovery-drp-plan-sechs-wichtige-punkte-die-dabei-zu-beachten-sind/7281	Typ: Mehrfachnennung: Antworten: • (I - 10 - a) Erstellung von Sicherungskopien auf weiteren Speichermedien • (I - 10 - b) Erstellung von Recovery-Plänen* • (I - 10 - c) Regelmäßiges Daten-Backup • (I - 10 - d) Ich habe mich mit dem Thema noch nicht eingehend beschäftigt *Auswertung:* *deskriptiv / absolute Häufigkeiten*				

3. Praktisches Datenmanagement

Nr.	Frage	Teil A	I	Nr.	Frage	Teil B	II
I - 11	Wer übernimmt welche Aufgaben beim Management Ihrer Forschungsdaten?	Typ: Matrix (Einfachauswahl) Antworten: (siehe Tabelle)				

Akteure / Tätigkeit	Organisation / Strukturierung (I - 11 - a)	Erhebung (I - 11 - b)	Dokumentation (I - 11 - c)	Sicherung (I - 11 - d)	Archivierung (I - 11 - e)	Publikation (I - 11 - f)
Projekt-gruppenleiter(in)	● (I - 11 - a - 1)	☐ (I - 11 - b - 1)	☐ (I - 11 - c - 1)	☐ (I - 11 - d - 1)	☐ (I - 11 - e - 1)	☐ (I - 11 - f - 1)
Forschungs-verbundleiter(in)	● (I - 11 - a - 2)	☐ (I - 11 - b - 2)	☐ (I - 11 - c - 2)	☐ (I - 11 - d - 2)	☐ (I - 11 - e - 2)	☐ (I - 11 - f - 2)
IT-Personal (der FH)	● (I - 11 - a - 3)	☐ (I - 11 - b - 3)	☐ (I - 11 - c - 3)	☐ (I - 11 - d - 3)	☐ (I - 11 - e - 3)	☐ (I - 11 - f - 3)
Akademische(r) Mitarbeiter(in)	● (I - 11 - a - 4)	☐ (I - 11 - b - 4)	☐ (I - 11 - c - 4)	☐ (I - 11 - d - 4)	☐ (I - 11 - e - 4)	☐ (I - 11 - f - 4)
Andere(r) Beauftragte(r) (z.B. externe Dienstleister oder Verbundpartner)	● (I - 11 - a - 5)	☐ (I - 11 - b - 5)	☐ (I - 11 - c - 5)	☐ (I - 11 - d - 5)	☐ (I - 11 - e - 5)	☐ (I - 11 - f - 5)
Ist mir unbekannt	● (I - 11 - a - 6)	☐ (I - 11 - b - 6)	☐ (I - 11 - c - 6)	☐ (I - 11 - d - 6)	☐ (I - 11 - e - 6)	☐ (I - 11 - f - 6)
Ist nicht vorgesehen	● (I - 11 - a - 7)	☐ (I - 11 - b - 7)	☐ (I - 11 - c - 7)	☐ (I - 11 - d - 7)	☐ (I - 11 - e - 7)	☐ (I - 11 - f - 7)
Niemand	● (I - 11 - a - 8)	☐ (I - 11 - b - 8)	☐ (I - 11 - c - 8)	☐ (I - 11 - d - 8)	☐ (I - 11 - e - 8)	☐ (I - 11 - f - 8)

Nr.	Frage	Teil A	I	Nr.	Frage	Teil B	II
		Auswertung: deskriptiv / absolute Häufigkeiten					
I - 12	Wer außer Ihnen darf auf Ihre Forschungsdaten zugreifen?	Typ: Mehrfachnennung: Antworten: • (I - 12 - a) Projektmitglieder • (I - 12 - b) Mitglieder meiner Arbeitsgruppe • (I - 12 - c) Angehörige meines Instituts / Fachbereichs • (I - 12 - d) Angehörige meiner Hochschule • (I - 12 - e) (Fach)Öffentlichkeit • (I - 12 - f) Forschungsdaten werden Interessent(inn)en per Anfrage bereitgestellt. • (I - 12 - g) Niemand • (I - 12 - h) Sonstiges: (Freitext) *Auswertung: deskriptiv / absolute Häufigkeiten*					
I - 13	Wer ist für die Forschungsdaten nach Ende des Projektes rechtlich verantwortlich?	Typ: Mehrfachnennung: Antworten: • (I - 13 - a) Ich • (I - 13 - b) Verantwortliche(r) im Projekt • (I - 13 - c) Fachbereich • (I - 13 - d) Hochschule • (I - 13 - e) Ungeklärt • (I - 13 - f) Ich habe mich mit dem Thema noch nicht eingehend beschäftigt • (I - 13 - g) Externe (Freitext) • (I - 13 - h) Sonstige (Freitext) *Auswertung: deskriptiv / absolute Häufigkeiten*					
4. Leitlinien							
I - 14	Die Deutsche Forschungsgemeinschaft (DFG) hat 2015 " Leitlinien zum Umgang mit Forschungsdaten" verabschiedet. Die 3. Empfehlung lautet: " Den Regeln der Guten Wissenschaftlichen Praxis folgend sollen Forschungsdaten in der eigenen Einrichtung oder in einer fachlich einschlägigen, überregionalen Infrastruktur für mindestens 10 Jahre archiviert werden." Wenden Sie diese Empfehlung schon an? Leitlinien: http://www.dfg.de/download/ pdf/foerderung/antragstellung/ forschungsdaten/richtlinien_ forschungsdaten.pdf	Typ: Mehrfachnennung: Antworten: • (I - 14 - a) Ja, alle Forschungsdaten werden für mindestens zehn Jahre aufbewahrt • (I - 14 - b) Ja, aber nur ausgewählte Forschungsdaten werden für mindestens zehn Jahre aufbewahrt • (I - 14 - c) Nein, alle Forschungsdaten werden für weniger als zehn Jahre aufbewahrt • (I - 14 - d) Nein, alle Forschungsdaten werden kurz nach Abschluss des Projektes gelöscht • (I - 14 - e) Ich bin mir unsicher • (I - 14 - f) Diese Grundsätze kenne ich nicht					

Nr.	Frage	Teil A	I	Nr.	Frage	Teil B	II
		Auswertung: deskriptiv / absolute Häufigkeiten					
I - 15	Existieren in Ihrem Forschungsgebiet weitere Leitlinien oder Verträge (z. B. Kooperationsverträge), die den Umgang mit Forschungsdaten regeln?	Typ: Einfachauswahl ——— Antworten: • (I - 15 - a) Ja *weiter mit Frage I - 16* • (I - 15 - b) Nein *weiter mit Frage I - 17* *Auswertung: deskriptiv / absolute Häufigkeiten*					
I - 16	Bitte konkretisieren Sie, um welche Richtlinie(n) oder Verträge es sich handelt:	Typ: (I - 16 - a) Kommentar (Freitext) *Auswertung: deskriptiv*					
5. Nutzung von Datenrepositorien							
I - 17	Haben Sie schon einmal Forschungsdaten in einem Repositorium/Datenarchiv* abgelegt? * Ein Forschungsdaten-Repositorium ist ein Teil einer nachhaltigen Informationsinfrastruktur, die die Langzeitspeicherung von und den Zugriff auf Forschungsdaten befördert. Quelle: http://doi.org/10.2312/re3.008	Typ: Einfachauswahl ——— Antworten: • (I - 17 - a) Ja *weiter mit Frage I - 19* • (I - 17 - b) Nein *weiter mit Frage I - 18* *Auswertung: deskriptiv / absolute Häufigkeiten*					
I - 18	Bitte geben Sie an, warum Sie bisher keine Daten in einem Repositorium abgelegt haben	Typ: Mehrfachnennung: ——— Antworten: • (I - 18 - a) Ich sehe keine Notwendigkeit, Daten in einem Repositorium abzulegen • (I - 18 - b) Mir war die Möglichkeit, Daten in einem Repositorium abzulegen, bisher nicht bekannt • (I - 18 - c) Ich habe kein für mich geeignetes Repositorium gefunden • (I - 18 - d) Ich habe mich mit dem Thema noch nicht eingehend beschäftigt *weiter mit Frage I - 21* *Auswertung: deskriptiv / absolute Häufigkeiten*					

Nr.	Frage	Teil A | I	Nr.	Frage	Teil B | II
I - 19	In welchem Repositorium legen Sie Ihre Forschungsdaten ab? * Referenz: https://www.re3data.org/	Typ: Mehrfachnennung: —— Antworten: • (I - 19 - a) Fachspezifisches Repositorium • (I - 19 - c) Fachübergreifendes nationales oder internationales Repositorium • (I - 19 - c) Ich informiere mich in re3data*, welches Forschungsdatenrepositorium für mich in Frage kommt • (I - 19 - d) Ich habe mich mit dem Thema noch nicht eingehend beschäftigt • (I - 19 - e) Andere Art von Repositorium, nämlich: (Freitext) Auswertung: deskriptiv / absolute Häufigkeiten			
I -20	Woran orientieren Sie sich bei der Wahl eines geeigneten Repositoriums?	Typ: Mehrfachnennung: —— Antworten: • (I - 20 - a) Empfehlung meiner Kolleg(inn)en • (I - 20 - b) Empfehlung meiner Fachorganisation / Fachgesellschaft • (I - 20 - c) Empfehlung in einer Publikation (z.B. Webseite oder Fachzeitschrift) • (I - 20 - d) Bekanntheit und Ruf der Organisation, die das Repositorium betreibt • (I - 20 - e) An Zertifizierungen, die Qualitätsstandards garantieren • (I - 20 - f) An anderen Kriterien, nämlich: (Freitext) Auswertung: deskriptiv / absolute Häufigkeiten			
I - 21	Haben Sie schon einmal Forschungsdaten anderer Forscher(innen) nachgenutzt?	Typ: Einfachauswahl —— Antworten: • (I - 21 - a) Ja weiter mit Frage I - 22 • (I - 21 - b) Nein weiter mit Frage I - 24 Auswertung: deskriptiv / absolute Häufigkeiten	II - 01	Haben Sie schon einmal Forschungsdaten anderer Forscher(innen) nachgenutzt?	Typ: Einfachauswahl —— Antworten: • (II - 01 - a) Ja weiter mit Frage II - 02 • (II - 01 - b) Nein weiter mit Frage II - 04 Auswertung: deskriptiv / absolute Häufigkeiten
			II - 02	Wenn Sie fremde Forschungsdaten nachnutzen, wie hoch schätzen Sie den Stellenwert ein?	Typ: Einfachauswahl —— Antworten: • (II - 02 - a) Hoch • (II - 02 - b) Mittel • (II - 02 - c) Niedrig

Nr.	Frage	Teil A | I	Nr.	Frage	Teil B | II
					Auswertung: deskriptiv / absolute Häufigkeiten
I - 22	Auf welche Art und Weise nutzen Sie die Daten anderer?	Typ: Mehrfachnennung: —— Antworten: • (I - 22 - a) Auf individuelle Anfrage (E-Mail, Telefon, etc.) • (I - 22 - b) Zugriff auf gemeinsame Projekt-/Institutsdaten über geschützten Speicherort • (I - 22 - c) Zugriff auf Daten in einem geschützten Online-Portal • (I - 22 - d) Zugriff auf Daten in einem offenen Online-Portal • (I - 22 - e) Nutzung der Daten durch Webservices /Schnittstelle(n) Auswertung: deskriptiv / absolute Häufigkeiten	II - 03	Auf welche Art und Weise nutzen Sie die Daten anderer?	Typ: Mehrfachnennung: —— Antworten: • (II - 03 - a) Auf individuelle Anfrage (E-Mail, Telefon, etc.) • (II - 03 - b) Zugriff auf gemeinsame Projekt-/Institutsdaten über geschützten Speicherort • (II - 03 - c) Zugriff auf Daten in einem geschützten Online-Portal • (II - 03 - d) Zugriff auf Daten in einem offenen Online-Portal • (II - 03 - e) Nutzung der Daten durch Webservices /Schnittstelle(n) Auswertung: deskriptiv / absolute Häufigkeiten
			II - 04	Werden Forschungsdaten in 5 Jahren für Ihre Tätigkeit eine größere Rolle spielen als zurzeit?	Typ: Einfachauswahl —— Antworten: • (II - 04 - a) Ja • (II - 04 - b) Nein • (II - 04 - c) Ich habe mich mit dem Thema noch nicht eingehend beschäftigt Auswertung: deskriptiv / absolute Häufigkeiten als Text oder Tabelle
I - 23	Sind Sie bereit Ihre Forschungsdaten anderen Forscher(inne)n zur Verfügung zu stellen unter der Voraussetzung, dass es keine rechtlichen oder datenschutzbedingten Einschränkungen gibt?	Typ: Einfachauswahl —— Antworten: • (I - 23 - a) Ja • (I - 23 - b) Nein Auswertung: deskriptiv / absolute Häufigkeiten als Text oder Tabelle			
I - 24	Auf welche Art und Weise sind Ihre Forschungsdaten durch Dritte nutzbar?	Typ: Mehrfachnennung: —— Antworten: • (I - 24 - a) Auf individuelle Anfrage (E-Mail, Telefon, etc.) • (I - 24 - b) Zugriff auf gemeinsame Projekt-/Institutsdaten über geschützten Speicherort			

Nr.	Frage	Teil A | I	Nr.	Frage	Teil B | II
		• (I - 24 - c) Zugriff auf Daten in einem geschützten Online-Portal • (I - 24 - d) Zugriff auf Daten in einem offenen Online-Portal • (I - 24 - e) Nutzung der Daten durch Webservices/ Schnittstelle(n) etc. Auswertung: deskriptiv / absolute Häufigkeiten			

6. Probleme und Unterstützungsbedarf

Nr.	Frage	Teil A | I	Nr.	Frage	Teil B | II
I - 25	Wie gut schätzen Sie Ihre Kenntnisse im Bereich Forschungsdatenmanagement ein?	Typ: Einfachauswahl ——— Antworten: • (I - 25 - a) Gut • (I - 25 - b) Durchschnittlich • (I - 25 - c) Gering Auswertung: deskriptiv / absolute Häufigkeiten	II - 05	Wie gut schätzen Sie Ihre Kenntnisse im Bereich Forschungsdatenmanagement ein?	Typ: Einfachauswahl ——— Antworten: • (II - 05 - a) Gut • (II - 05 - b) Durchschnittlich • (II - 05 - c) Gering Auswertung: deskriptiv / absolute Häufigkeiten
I - 26	Waren Sie in Bezug auf Forschungsdaten schon einmal mit folgenden Problemen konfrontiert bzw. befürchten Sie diese für die Zukunft? * Ein Forschungsdaten-Repositorium ist ein Teil einer nachhaltigen Informationsinfrastruktur, die die Langzeitspeicherung von und den Zugriff auf Forschungsdaten befördert. Quelle: http://doi.org/10.2312/re3.008	Typ: Mehrfachauswahl ——— Antworten: • (I - 26 - a) Veraltete Datenformate sind mit aktueller Software nicht mehr lesbar • (I - 26 - b) Daten gingen durch technische Pannen, Viren oder ähnliches verloren • (I - 26 - c) Ein Repositorium / Datenarchiv*, das Sie nutzen wollten, besteht nicht mehr • (I - 26 - d) Für die Archivierung fallen immer höhere laufende Kosten an (z.B. steigende Gebühren) • (I - 26 - e) Für das Herunterladen von Dateien werden unverhältnismäßig hohe Gebühren verlangt • (I - 26 - f) Daten werden von Unbefugten eingesehen/benutzt/verbreitet/vervielfältigt • (I - 26 - g) Daten sind unzureichend dokumentiert und daher nicht (mehr) zuverlässig interpretierbar • (I - 26 - h) Relevante Daten sind schwer zu finden • (I - 26 - i) Sie haben keine Zugriffsberechtigungen für Daten anderer Autor(inn)en, die für Ihre eigene Forschung relevant sind • (I - 26 - j) Sie haben Rückfragen an Personen, die nicht mehr kontaktierbar oder unbekannt sind • (I - 26 - k) Ich habe mich mit dem Thema noch nicht eingehend beschäftigt • (I - 26 - l) Sonstiges (Freitext) Auswertung: deskriptiv / absolute Häufigkeiten	II - 06	Waren Sie in Bezug auf Forschungsdaten schon einmal mit folgenden Problemen konfrontiert bzw. befürchten Sie diese für die Zukunft? * Ein Forschungsdaten-Repositorium ist ein Teil einer nachhaltigen Informationsinfrastruktur, die die Langzeitspeicherung von und den Zugriff auf Forschungsdaten befördert. Quelle: http://doi.org/10.2312/re3.008	Typ: Mehrfachauswahl ——— Antworten: • (II - 06 - a) Veraltete Datenformate sind mit aktueller Software nicht mehr lesbar • (II - 06 - b) Daten gingen durch technische Pannen, Viren oder ähnliches verloren • (II - 06 - c) Ein Repositorium / Datenarchiv*, das Sie nutzen wollten, besteht nicht mehr • (II - 06 - d) Für die Archivierung fallen immer höhere laufende Kosten an (z.B. steigende Gebühren) • (II - 06 - e) Für das Herunterladen von Dateien werden unverhältnismäßig hohe Gebühren verlangt • (II - 06 - f) Daten werden von Unbefugten eingesehen/benutzt/verbreitet/vervielfältigt • (II - 06 - g) Daten sind unzureichend dokumentiert und daher nicht (mehr) zuverlässig interpretierbar • (II - 06 - h) Relevante Daten sind schwer zu finden • (II - 06 - i) Sie haben keine Zugriffsberechtigungen für Daten anderer Autor(inn)en, die für Ihre eigene Forschung relevant sind • (II - 06 - j) Sie haben Rückfragen an Personen, die nicht mehr kontaktierbar oder unbekannt sind • (II - 06 - k) Ich habe mich mit dem Thema noch nicht eingehend beschäftigt • (II - 06 - l) Sonstiges (Freitext) Auswertung: deskriptiv / absolute Häufigkeiten

Nr.	Frage	Teil A | I	Nr.	Frage	Teil B | II
I - 27	Welche Serviceleistungen würden Sie sich im Bereich Forschungsdatenmanagement von der FHP wünschen?	Typ: Mehrfachauswahl ——— Antworten: • (I - 27 - a) Gesicherten, verlässlichen und leicht zugänglichen Speicherplatz für meine Forschungsdaten • (I - 27 - b) Beratung bei rechtlichen Fragen (z.B. Zugangseinschränkungen, Umgang mit sensiblen Daten, Nutzung von Lizenzen) • (I - 27 - c) Beratung bei technischen Fragen (z.B. Metadaten, Standards, langfristige Archivierung) • (I - 27 - d) Beratung zum Publizieren und Zitieren von Forschungsdaten • (I - 27 - e) Beratung in allgemeinen Fragen zum Umgang mit Forschungsdaten • (I - 27 - f) Unterstützung bei konkreten Angelegenheiten (z.B. beim Einreichen eines Manuskripts in eine Zeitschrift, die Veröffentlichung von Forschungsdaten vorgibt) • (I - 27 - g) Unterstützung beim Erstellen eines Datenmanagementplans • (I - 27 - h) Ich habe mich mit dem Thema noch nicht eingehend beschäftigt • (I - 27 - i) Ich brauche keine Serviceleistungen • (I - 27 - j) Sonstiges (Freitext) Auswertung: deskriptiv / absolute Häufigkeiten	II - 07	Welche Serviceleistungen würden Sie sich im Bereich Forschungsdatenmanagement von der FHP wünschen?	Typ: Mehrfachauswahl ——— Antworten: • (II - 07 - a) Gesicherten, verlässlichen und leicht zugänglichen Speicherplatz für meine Forschungsdaten • (II - 07 - b) Beratung bei rechtlichen Fragen (z.B. Zugangseinschränkungen, Umgang mit sensiblen Daten, Nutzung von Lizenzen) • (II - 07 - c) Beratung bei technischen Fragen (z.B. Metadaten, Standards, langfristige Archivierung) • (II - 07 - d) Beratung zum Publizieren und Zitieren von Forschungsdaten • (II - 07 - e) Beratung in allgemeinen Fragen zum Umgang mit Forschungsdaten • (II - 07 - f) Unterstützung bei konkreten Angelegenheiten (z.B. beim Einreichen eines Manuskripts in eine Zeitschrift, die Veröffentlichung von Forschungsdaten vorgibt) • (II - 07 - g) Unterstützung beim Erstellen eines Datenmanagementplans • (II - 07 - h) Ich habe mich mit dem Thema noch nicht eingehend beschäftigt • (II - 07 - i) Ich brauche keine Serviceleistungen • (II - 07 - j) Sonstiges (Freitext) Auswertung: deskriptiv / absolute Häufigkeiten

7. Angaben zu Teilnehmern

Nr.	Frage	Teil A | I	Nr.	Frage	Teil B | II
I - 28	Bitte wählen Sie den Fachbereich / das Institut aus, in dem Sie hauptsächlich beschäftigt sind	Typ: Mehrfachauswahl ——— Antworten: • (I - 28 - a) FB 1 Sozial- und Bildungswissenschaften • (I - 28 - b) FB 2 Stadt | Bau | Kultur • (I - 28 - c) FB 3 Bauingenieurwesen • (I - 28 - d) FB 4 Design • (I - 28 - e) FB 5 Informationswissenschaften • (I - 28 - f) ZETUP • (I - 28 - g) ZEW • (I - 28 - h) IaF • (I - 28 - i) Doktorand(in) / Stipendiat(in) Auswertung: deskriptiv / absolute Häufigkeiten	II - 08	Bitte wählen Sie den Fachbereich / das Institut aus, in dem Sie hauptsächlich beschäftigt sind	Typ: Mehrfachauswahl ——— Antworten: • (II - 08 - a) FB 1 Sozial- und Bildungswissenschaften • (II - 08 - b) FB 2 Stadt | Bau | Kultur • (II - 08 - c) FB 3 Bauingenieurwesen • (II - 08 - d) FB 4 Design • (II - 08 - e) FB 5 Informationswissenschaften • (II - 08 - f) ZETUP • (II - 08 - g) ZEW • (II - 08 - h) IaF • (II - 08 - i) Doktorand(in) / Stipendiat(in) Auswertung: deskriptiv / absolute Häufigkeiten
I - 29	In welcher Gruppe sind Sie bei der angegebenen Einrichtung tätig?	Typ: Mehrfachauswahl ——— Antworten: • (I - 29 - a) Professor(in) • (I - 29 - b) Akademische(r) Mitarbeiter(in)	II - 09	In welcher Gruppe sind Sie bei der angegebenen Einrichtung tätig?	Typ: Mehrfachauswahl ——— Antworten: • (II - 09 - a) Professor(in) • (II - 09 - b) Akademische(r) Mitarbeiter(in)

Nr.	Frage	Teil A | I	Nr.	Frage	Teil B | II
		• (I - 29 - c) Doktorand(in) / Stipendiat(in) Auswertung: deskriptiv / absolute Häufigkeiten			• (II - 09 - c) Doktorand(in) / Stipendiat(in) Auswertung: deskriptiv / absolute Häufigkeiten
I - 30	Angaben zum Alter	Typ: Einfachauswahl ——— Antworten: • (I - 30 - a) < 35 • (I - 30 - b) 35 - 45 • (I - 30 - c) > 45 • (I - 30 - d) Keine Angabe Auswertung: deskriptiv / absolute Häufigkeiten	II - 10	Angaben zum Alter	Typ: Einfachauswahl ——— Antworten: • (II - 10 - a) < 35 • (II - 10 - b) 35 - 45 • (II - 10 - c) > 45 • (II - 10 - d) Keine Angabe Auswertung: deskriptiv / absolute Häufigkeiten
I - 31	Haben Sie noch weitere Anregungen oder Kommentare für uns?	Typ: (I - 31 - a) Freitext Auswertung: deskriptiv	II - 11	Haben Sie noch weitere Anregungen oder Kommentare für uns?	Typ: (II - 11 - a) Freitext Auswertung: deskriptiv

Anhang 07: Tabelle zur Übersicht und Vergleich der technischen Tools

Tool	Mindestens 220 Befragungs-teilnehmer	Onlien-Tool (keine Installation)	Export der Daten	kostenlose Nutzung	Es müssen 12 - 20 Fragen gestellt werden können	***
Quamp	Ja	Ja	Export als MS Excel und Text; des Weiteren Übernahme des Codebuchs in SPSS etc. über Import-Skripte	Ja, in dem Sinne das Studenten der FH-Potsdam es kostenlos nutzen können da eine Lizenz erworben wurde	Ja	
q set	Ja, beliebig viele	Ja	SPSS Export Syntaxdatei: syntax.sps Datendatei: spssdata.csv	Ja, ohne Auswertung Kosten entstehen bei mehr als 2000 Fragen und wenn die Umfrage ohne Werbung angezeigt werden soll	Ja	
Google Forms	Ja	Ja	Möglich in CSV	Ja	Ja	
umbuzzo	Ja, beliebig viele	Ja	Excel/CSV	Ja	Ja	
Sphinx-Survey	Ja	Nein				
Surveymonkey	Nein (Grundversion: Antwortlimit 100 Personen sowie 10 Fragen, Aufstockung kostenpflichtig (Ergänzung der Minimalanforderung: Mehr als 10 Fragen müssen gestellt werden können?)	Ja	Nein (Ja bei Erweiterung für benötigten Umfang; Datenexport in CSV, PDF, PPT, XLS; SPSS nur in Extra und Premium)	Ja, in der Grundversion möglich ABER Nein, für benötigten Umfang (ca. 39 Dollar im Monat)		
Surlvo	Nein (Grundversion: Antwortlimit 100 Personen, Aufstockung kostenpflichtig)	Ja	Ja, Export als PDF, DOCx, XLSx, CSV	Ja, in der Grundversion möglich ABER Nein, für benötigten Umfang (ca. 25 Dollar im Monat [Firma])		
Doodle	Ja	Ja	Nein	Ja	Nein	
Pingo	Ja (Ergänzung Minimalanforderungen um Onlinetool, keine eigene Installation erforderlich?)	Ja	Nein	Ja		
SoSci Survey	ja	Ja	ja in verschieden Formaten u.a. Excel	Ja		
LimeSurvey		Ja		Nein		
Jotform	ja	Ja	Export als MS Excel und CSV-Report	Ja, in der Starter-Version (100 MB Speicherplatz, 800 Antwortende)		
Typeform	100	Ja	ja	Scheinbar		
maQ Online	Ja	Ja	.csv-/.txt-Format -> SPSS und Excel	ja		

Sprungmöglichkeit	Funktionalität	**	Fortschrittsbalken	Bedienbarkeit
ja	Große Auswahl der Antwortmöglichkeiten		ja	etwas hackelig, aber einarbeitbar
Ja	Mehrfachauswahl (Checkbox), Statisch, Notenvergabe ohne Gesamtnote, Notenvergabe mit Gesamtnote, Einfachauswahl (Radiobutton), Freie Antwort, Matrix, Rangliste/Hierarchie, Semantisches Differenzial, Mehrere Eingabefelder in einer Tabelle, Summenfrage, Umfrageteilnehmer lädt ein Bild hoch		Keine Angabe gefunden	Aufgrund der umfangreichen Anleitung wahrscheinlich gut möglich
	Relativ Umfangreich		ja	gut
Ja, es können Abhängigkeiten zu Antworten definiert werden.	Einfachauswahl, Mehrfachauswahl, Skalen, Freie Eingabe, Information (z. B. Text mit unterstützenden Hinweisen zur Frage) Die meisten der Funktionalität können auf mehr als eine Weise gestaltet		Keine Angabe gefunden	Erscheint im Tutorial gut erläutert und somit auch angemessen umsetzbar
keine Verzweigungslogik (Verzweigungslogik bei Erweiterung für benötigten Umfang) denoch einfaches weiterscrollen bei Umfrage auf einer Seite möglich	Große Auswahl der Antwortmöglichkeiten; Schiebereglerfragen und Sternbewertungen		Ja	
nicht weiter getestet da Minimalanforderungen nicht erfüllt wurden	nicht weiter getestet da Minimalanforderungen nicht erfüllt wurden		nicht weiter getestet da Minimalanforderungen nicht erfüllt wurden	nicht weiter getestet da Minimalanforderungen nicht erfüllt wurden
Nein (nicht nötig aufgrund Umfang)	geringer Umfang (Eine Frage + Freitextfeld); Antwortmöglichkeiten beschränkt; primär Nutzung zur Terminvereinbarung		nur eine Frage, Fortschrittsbalken nicht nötig	Sehr leicht und selbsterklärend
Nein	geringer Umfang, wenige Gestaltungsmöglichkeiten für Fragen		nein	realtiv klar
ja	etwas unübersichtlich aber erlaubt eine Große Anzahl von unterschiedlichen Fragegestaltungen		Ja	Kompliziert allerdings mit verständlichem Tutorial und FAQ
	Große Auswahl der Antwortmöglichkeiten			Drag and Drop – Kindergartenniveau
	Sehr umfangreich		ja	gut
ja	Textfelder mit Vorbelegung und weiche für längere Texte, Checkboxen und horizonle sowie vertikale Ratingskalen		Nein	Ohne Tutorial o. ä. in Anspruch genommen zu haben nicht vollständig intuitiv benutzbar.

Datenablage in Deutschland	*	Oberflächengestaltung	Mailinglistenverwaltung	Kollaborativ
Server FH Potsdam? Mindestens Potsdamer Server		Customize auf FH Potsdam	Ja + personalisierte Mails möglich	Ja, Aufgaben Zuweisung; genaue Funktionalität muss näher betrachtet werden
Die von den Nutzern gemachten Angaben und selber angelegten oder durch Umfragen von Dritten gewonnenen Daten werden nicht an Dritte weitergegeben. Der Betreiber dieser Domain ist jedoch berechtigt und verpflichtet, abgeschlossene, aktuell laufende und in Bearbeitung befindliche Umfragen zu beobachten sowie alle damit verbundenen Daten regelmäßig einzusehen und diese bei Verstößen gegen geltende rechtliche Vorschriften zu sperren oder zu löschen.		individuelle Hintergrundfarben Schriftart, Zurück-Button, Seitenzahl im Fragebogen und einiges mehr	Ja	Nein?
unbekannt		Begrenzt möglich	scheinbar nein	ja
Umbuzoo auf europäischen Servern gehostet wird, die höchste Sicherheitsstandards erfüllen (unter anderem Zertifizierung nach ISO 27001)		Es gibt verschiedene Gestaltungsmöglichkeite. Z. B. können auch Icons genutzt werden. Das Logo kann eingefügt werden. Es kann auch ein selbst definiertes CSS-Theme hochgeladen werden.	Nein. Nicht kostenlos	?
„EU-US Privacy Shield SurveyMonkey nimmt (wie auch das Tochterunternehmen Infinity Box Inc.) am EU-US Privacy Shield, einem Datenschutzabkommen zwischen der Europäischen Union und den USA, teil und hat die Einhaltung dieses Abkommens zertifiziert. SurveyMonkey verpflichtet sich, alle aus Mitgliedsländern der Europäischen Union (EU) empfangenen personenbezogenen Daten auf Grundlage des Privacy Shield-Abkommens und entsprechend dessen anwendbaren Grundsätzen zu behandeln."		Nein (Ja bei Erweiterung für benötigten Umfang)	Ja	1 Benutzer insgesamt, nur Kommentarfunktion; 2 Benutzer mit allen Vorteilen nur bei Premium und Extra
Tschechien?		Nein (kostenlose Grundversion); Ja (Bezahlversion, Rabatt für Studenten)	nicht weiter getestet da Minimalanforderungen nicht erfüllt wurden	nicht weiter getestet da Minimalanforderungen nicht erfüllt wurden
USA		Nein	Ja (Versendung von Mails über Tool)	nein?
ja		Nein	nein	möglich?
ja		Ausführlich möglich	Ja	wenn der selbe log in verwendet wird
USA		möglich	Ja	ja, einloggen in Survey
unbekannt		ja	nein	Nein?
Vom Anbieter werden die jeweils anwendbaren, insbesondere die in Deutschland gültigen datenschutzrechtlichen Bestimmungen beachtet.		Nur sehr gering. Bilder können nicht eingebunden werden.	Nein.	Nein. Benutzername und Passwort können lediglich von mehereren Personen genutzt werden.

Länge Freifelder	Auswertung	Auffälligkeiten	URL
groß (Angabe in Zeichen)	Standard Bericht: absolute und relative Häufigkeiten, Charts zu allen Fragen	Expertise an der FH :-) Personalisieter Links möglich; Mobilansicht möglich; Pretest möglich; bereits vorformulierte Fragen abrufbar	Quamp: https://survey.fh-potsdam.de/admin.html
Keine Begrenzung gefunden	Unterschiedliche Angaben auf der Website zu den Kosten: Auswertung von 2000 beantworteten Fragen im Wert von 19 Euro. SchülerInnen und StudentenInnen: Auswertung von 4000 beantworteten Fragen im Wert von 38 Euro (bitte Nachweis an Q-Set senden per E-Mail, Fax oder Post)	Es gibt eine umfangreiche Anleitung. Das Glossar (https://www.q-set.at/Glossar/) bietet Hinweise und Hilfe in vielen Angelegenheiten auch allgemein zur Fragebogenerstellung Zwischenspeichern des Fragebogens kann gestattet werden. Komplexe Fragebogengestaltung ist möglich.	https://www.q-set.at/Meine_Online-Umfragen.php
ja	Ja		Google Forms
Keine Begrenzung gefunden	ja, aber nicht in der kostenlosen Version. Kostenlos nur Excel/CSV-Export		https://www.umbuzoo.de/
			www.shinx-survey.de
	Datentrends und 1 Filter (bei Erweiterung für benötigten Umfang auch Kreuztabelle; keine Statistische Signifikanz aber Textanalyse)	keine mehrsprachigen Umfragen; Mobilversion; Dateiupload möglich; Einbetten von Umfragefragen in E-Mails möglich, Echtzeit	Surveymonkey: www.surveymonkey.de
nicht weiter getestet da Minimalanforderungen nicht erfüllt wurden	Graphische Darstellungen, Auswertung als solches ausgelagert	Schutz & Sicherheit: 2048-Bit-SSL-Verschlüsselung; ISO/IEC 270001 Standards; Tägliche Datensicherung	Surivo: www.survio.com
gering	Nein, auch kein Export der Antwortmöglichkeiten	Nicht geeignet für Zweck aufgrund des geringen Frageumfangs (andere Zweck, Terminvereinbarung, des Tools als herkömmliche Umfragen	Doodle: www.doodle.com/de
ja	begrenzt	Wenige Möglichkeiten, Auswertung begrenzt, misst den Zeitverlauf der Umfrage.	Pingo: http://pingo.upb.de/
ja	umfangreich möglich	Umfangreiches Tool mit vielen Möglichkeiten Erstellung und Bedingung des tools ist aber gewöhnungsbedürftig	SoSci Survey: https://www.soscisurvey.de/
bisher keine Angaben	Graphische Darstellungen aber Auswertung als solches an Excel/SPSS ausgelagert	Recherche: Secret Services Shutdown 2012	Jotform: https://eu.jotform.com/
	Ja		Typeform: https://www.typeform.com/
Keine Begrenzung gefunden	Nein	Es besteht die Möglichkeit für die einzelnen Bögen der Umfrage verschiedene Passwörter zu vergeben. Sie können mittels dem Passwortgenerator erstellt werden.	maQ Online

Anhang 08: Gutschein

FH;P Fachhochschule Potsdam
University of
Applied Sciences

Forschungsdaten-Umfrage im Rahmen eines Master-Projekts
Fachbereich Informationswissenschaften · November 2017

Unterstützt vom Vizepräsidenten für Forschung und Transfer
Prof. Dr.-Ing. Michael Ortgiese und Matthias Hauf

Gutschein
100 Euro für den

Fachbereich Informationswissenschaften

einzulösen im Casino der FHP

Sponsored by

Freunde + Förderer
der Fachhochschule Potsdam

Designed by Nikolas Ripka

Anhang 09: Rohdatensätze des Projekts

DOI 10.5281/zenodo.1181895 (https://doi.org/10.5281/zenodo.1181895)

Titel: *Ergebnisse der Umfrage zum Forschungsdatenmanagement an der FH Potsdam*

Publikationsdatum: 2018-02-04

Access Right: Open Access

License: Creative Commons Attribution 4.0/CC-BY

Umfasst zwei Excel-Tabellen inklusive der jeweiligen Code-Bücher, die in Zenodo publiziert sind:

- 75c7b53e_data.xlsx (Rohdaten FD-Produzenten, Strang I);
- d36dcde9_data.xlsx (Rohdaten Nicht-FD-Produzenten, Strang II)

Rohdaten:

Nach Beendigung der Umfrage am 04. Dezember 2017 die Befragungsdaten per Excel-Export aus dem Backend von QUAMP heruntergeladen. Hierbei entstanden zwei Excel-Exporte.

Zum einen für den **Strang I** (**75c7b53e_data.xlsx**), bei dem die Befragten angaben, Forschungsdaten zu generieren, und zum anderen für den **Strang II** (**d36dcde9_data.xlsx**), bei dem die Befragten angaben, dass bei ihren Tätigkeiten keine Forschungsdaten anfallen. Diese Rohdaten-Exporte werden unverändert im Rahmen dieser Forschungsdatenpublikation veröffentlicht.

Anhang 10: Vorprozessierte QUAMP-Berichte

Fachhochschule Potsdam
Fachbereich Informationswissenschaften

Ergebnisbericht

Standard-Bericht

Fragebogen: „Umgang mit Forschungsdaten an der FHP 5.0 Teil A"

Befragungszeitraum: 20.11.17 - 04.12.17

Erstellt am: 4. Dezember 2017

Umgang mit Forschungsdaten an der FHP 5.0 Teil A
Fachbereich Informationswissenschaften, Befragungszeitraum: 20.11.17 - 04.12.17

QUAIII**P** SURVEY

Inhaltsverzeichnis

1   Beschreibung der Stichprobe

1.1   Beteiligung

Beteiligung	Absolut	Prozent
Befragung begonnen	76	100%
Befragung abgebrochen	26	34%
Befragung beendet	50	66%
Durchschnittlich beantwortete Fragen	23	74%

Tabelle 1 – Beteiligung

1.2   Teilnehmerentwicklung

Zeitraum	Absolut	Prozent	K. Prozent
20.11.17	19	25%	25%
21.11.17	13	17%	42%
22.11.17	3	4%	46%
23.11.17	2	3%	49%
27.11.17	18	24%	72%
28.11.17	11	14%	87%
29.11.17	7	9%	96%
30.11.17	2	3%	99%
01.12.17	1	1%	100%
Insgesamt	**76**	**100%**	

Tabelle 2 – Teilnehmerentwicklung

2   Fragen

2.1   1. Fallen bei Ihren Tätigkeiten Forschungsdaten* an?

Antworten Gültig: 68 (89.5%), Fehlend: 8 (10.5%) Modus: 1	Absolut	Prozent
Ja	61	89.7%
Nein	7	10.3%
Gesamt	**68**	**100.0%**

Tabelle 3 – Häufigkeiten: Frage-Text eingeben

Umgang mit Forschungsdaten an der FHP 5.0 Teil A
Fachbereich Informationswissenschaften, Befragungszeitraum: 20.11.17 - 04.12.17

QUAMPSURVEY

2.2   2. Wissen Sie, dass Sie zusätzliche Ressourcen (Sach- und Personalkosten) für Forschungsdatenmanagement bei diversen Förderorganisationen für Ihr Vorhaben extra beantragen können?

Antworten
Gültig: 59 (77.6%), Fehlend: 17 (22.4%)

Modus: 2	Absolut	Prozent
Nein	36	61.0%
Ja	23	39.0%
Gesamt	**59**	**100.0%**

Tabelle 4 – Häufigkeiten: Frage-Text eingeben

2.3   3. Wie hoch schätzen Sie den Stellenwert von Forschungsdaten für Ihre tägliche Arbeit bzw. Forschung ein?

Antworten
Gültig: 59 (77.6%), Fehlend: 17 (22.4%)

Modus: 1	Absolut	Prozent
Hoch	30	50.8%
Mittel	21	35.6%
Niedrig	8	13.6%
Gesamt	**59**	**100.0%**

Tabelle 5 – Häufigkeiten: Frage-Text eingeben

2.4   4. Auf welche Art und Weise gewinnen Sie Ihre Forschungsdaten hauptsächlich?

Hinweistext der Frage: Mehrfachnennungen sind möglich.

Umgang mit Forschungsdaten an der FHP 5.0 Teil A
Fachbereich Informationswissenschaften, Befragungszeitraum: 20.11.17 - 04.12.17

QUAⅢP SURVEY

Antworten
Gültig: 58 (76.3%), Fehlend: 18 (23.7%)

	Absolut	Prozent aller Teilnehmer
Textdokumente	35	60.3%
Qualitative Befragungen	34	58.6%
Quantitative Umfragen und Interviews	27	46.6%
Analytische Methoden	19	32.8%
Beobachtungen	18	31.0%
Amtliche Statistiken und Referenzdaten	17	29.3%
Sonstige Statistiken	14	24.1%
Labor-Experimente	14	24.1%
Feld-Experimente	13	22.4%
Abbildungen von Objekten	12	20.7%
Logfiles und Nutzungsdaten	10	17.2%
Simulationen	10	17.2%
Messdaten	8	13.8%
Synthetische Daten	2	3.4%
Gendaten	0	0.0%
Klinische Studien	0	0.0%
Sonstige:	6	10.3%

Tabelle 6 – Häufigkeiten: 4. Auf welche Art und Weise gewinnen Sie Ihre Forschungsdaten hauptsächlich?

Sonstige:

- Bilddokumente
- Geobasisdaten in Verbindung mit digitalisierten historischen Karten; digitalisierte oder digitale Text- und

- Bilddaten aus öffentlichen Archiven und Vermessungsämtern
- Literaturanalye
- Soziale Medien

- Videos, Audio-Materialien
- aus Forschungsworkshops mit ProbandInnen

2.5   5. Um welche Datentypen / Herkunftssysteme handelt es sich?

Hinweistext der Frage: Mehrfachnennungen sind möglich.

Antworten
Gültig: 58 (76.3%), Fehlend: 18 (23.7%)

	Absolut	Prozent aller Teilnehmer
Texte	45	77.6%
Tabellen	36	62.1%
Bilder	26	44.8%
Datenbanken	24	41.4%
Audio-Aufzeichnungen	24	41.4%
Video-Aufzeichnungen	20	34.5%
Programme und Anwendungen	15	25.9%
Mehrdimensionale Visualisierungen und Modelle	14	24.1%
Sonstiges:	2	3.4%

Tabelle 7 – Häufigkeiten: 5. Um welche Datentypen / Herkunftssysteme handelt es sich?

Umgang mit Forschungsdaten an der FHP 5.0 Teil A
Fachbereich Informationswissenschaften, Befragungszeitraum: 20.11.17 - 04.12.17

QUA**M**P SURVEY

Sonstiges:

- Eytracking, EEG, Reaktionszeitmessungen am Computer
- Vektorgrafiken

2.6 6. Um welche fach- oder gerätespezifischen Daten handelt es sich?

Hinweistext der Frage: Mehrfachnennungen sind möglich.

Antworten
Gültig: 57 (75.0%), Fehlend: 19 (25.0%)

	Absolut	Prozent aller Teilnehmer
Fragebögen	35	61.4%
Statistische Auswertungen	32	56.1%
Text-Korpora / Annotationen	24	42.1%
Messreihen	8	14.0%
Topographische Daten	7	12.3%
Daten Geoinformationssysteme (GIS)	6	10.5%
Satellitenbilder	3	5.3%
Klimamodellierungen	3	5.3%
Patienten-Daten	2	3.5%
Fernerkundungsdaten	1	1.8%
Spektra	1	1.8%
Sonstiges:	6	10.5%

Tabelle 8 – Häufigkeiten: 6. Um welche fach- oder gerätespezifischen Daten handelt es sich?

Sonstiges:

- Baudatenbanken, Gebäudesimulation
- Bilder, Film-Sequenzen
- Interviews, Workshops
- Selbsterstellte Grafiken
- Transkripte von Interview
- versuchsdaten, systemmodellierun-

gen

2.7 7. In etwa welchem Umfang entstehen pro Jahr Daten in Ihrer Forschungsarbeit?

Antworten
Gültig: 56 (73.7%), Fehlend: 20 (26.3%)
Modus: 2

	Absolut	Prozent
1 - 100 GB	20	35.7%
< 1 GB	17	30.4%
Kann ich nicht einschätzen	12	21.4%
101 GB – 1 TB	6	10.7%
> 1 TB	1	1.8%
Gesamt	**56**	**100.0%**

Tabelle 9 – Häufigkeiten: Frage-Text eingeben

2.8 8. Zu welchem Zweck bewahren Sie Forschungsdaten auf?

Hinweistext der Frage: Mehrfachnennungen sind möglich.

Antworten
Gültig: 57 (75.0%), Fehlend: 19 (25.0%)

	Absolut	Prozent aller Teilnehmer
Für Publikation(en)	50	87.7%
Für die weitere eigene Analyse / für weitere Projekte	48	84.2%
Backup / Archivierung	32	56.1%
Zu Übungszwecken für die Lehre	31	54.4%
Für den Nachweis der Replizierbarkeit der Ergebnisse	29	50.9%
Vorschrift (z. B. Geldgeber)	22	38.6%
Für die Nachnutzung durch andere Forscher	17	29.8%
Zum Ausschluss rechtlicher Risiken	12	21.1%
Zur Bewahrung der Daten als Kulturgut	7	12.3%
Ohne inhaltlichen Grund	2	3.5%
Sonstiges:	1	1.8%

Tabelle 10 – Häufigkeiten: 8. Zu welchem Zweck bewahren Sie Forschungsdaten auf?

Sonstiges:

- ich bewahre die Daten nicht stringent auf, da in den meisten Fällen die daten niemanden interessieren und sie auch nicht nach genutzt werden können

2.9   9. Wo speichern Sie Forschungsdaten, die im Rahmen Ihrer Tätigkeiten sowohl während des Prozesses als auch am Ende anfallen?

Hinweistext der Frage: Mehrfachnennungen sind möglich.

Antworten
Gültig: 55 (72.4%), Fehlend: 21 (27.6%)

	Absolut	Prozent aller Teilnehmer
Lokal auf meinem dienstlichen Rechner	42	76.4%
Auf externen Datenträgern	38	69.1%
Dezentral auf einem Server der FH	18	32.7%
Bei einem externen Cloud-Anbieter (z. B. GoogleDrive, Dropbox usw.)	18	32.7%
Lokal auf meinem privaten Rechner	16	29.1%
Bei einem Datenarchiv für diese Art von Forschungsdaten	1	1.8%
Sonstiges:	1	1.8%

Tabelle 11 – Häufigkeiten: 9. Wo speichern Sie Forschungsdaten, die im Rahmen Ihrer Tätigkeiten sowohl während des Prozesses als auch am Ende anfallen?

Sonstiges:

- Github

2.10   10. Wie garantieren Sie die Sicherheit der Daten?

Hinweistext der Frage: Mehrfachnennungen sind möglich.

Antworten

Gültig: 41 (53.9%), Fehlend: 35 (46.1%)	Absolut	Prozent aller Teilnehmer
Erstellung von Sicherungskopien auf weiteren Speichermedien	41	100.0%
Regelmäßiges Daten-Backup	32	100.0%
Ich habe mich mit dem Thema noch nicht eingehend beschäftigt	6	100.0%
Erstellung von Recovery-Plänen*	1	100.0%
Sonstiges:	4	66.7%

Tabelle 12 – Häufigkeiten: 10. Wie garantieren Sie die Sicherheit der Daten?

Sonstiges:

- Keine Proirität
- Verschlüsselung

- Verschlüsselung/ Anonymisierung
- durch "Aufbeahren" auf nicht am

Netz angeschlossenen Speichermedien (Sie meinten Sicherheit?)

2.11   11. Wer übernimmt überwiegend welche Aufgaben beim Management Ihrer Forschungsdaten?*

Tätigkeit	Projekt-gruppen-leiter(in) (1)	Forschungs-verbundleiter(in](der FH) (2)	IT-Personal (3)	Akademische(r) Mitarbei-ter(in) (4)	Andere(r) Beauftrag-te(r) (z. B. externe Dienstleis-ter oder Verbund-partner) (5)	Ist mir unbe-kannt (6)	Ist nicht vorge-sehen (7)	Niemand (8)	Anz.	M	s
Organisation / Struk-turierung	38%	2%	–	50%	–	2%	4%	4%	48	3.2	2.0
Erhebung	17%	4%	–	66%	4%	2%	2%	4%	47	3.7	1.6
Dokumentation	17%	2%	2%	66%	6%	2%	2%	2%	47	3.7	1.5
Sicherung	15%	–	11%	63%	–	4%	4%	2%	46	3.7	1.5
Archivierung	19%	–	2%	49%	4%	9%	4%	13%	47	4.3	2.1
Publikation	48%	–	–	41%	–	2%	4%	4%	46	2.9	2.1

Tabelle 13 – Häufigkeiten: 11. Wer übernimmt überwiegend welche Aufgaben beim Management Ihrer Forschungsdaten?*

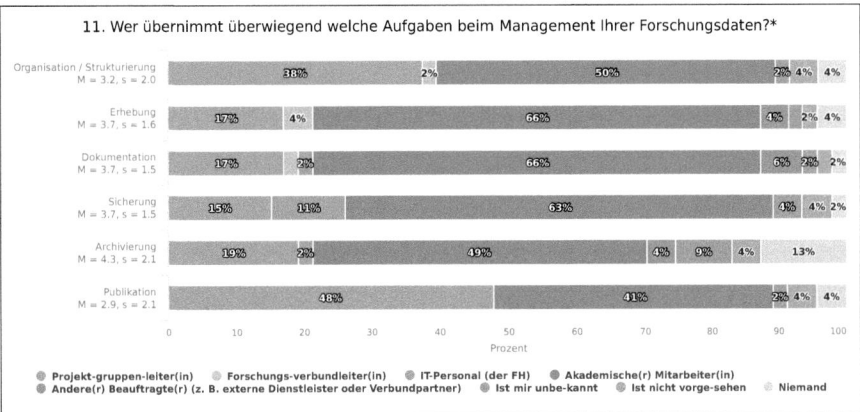

Abbildung 1 – 11. Wer übernimmt überwiegend welche Aufgaben beim Management Ihrer Forschungsdaten?*

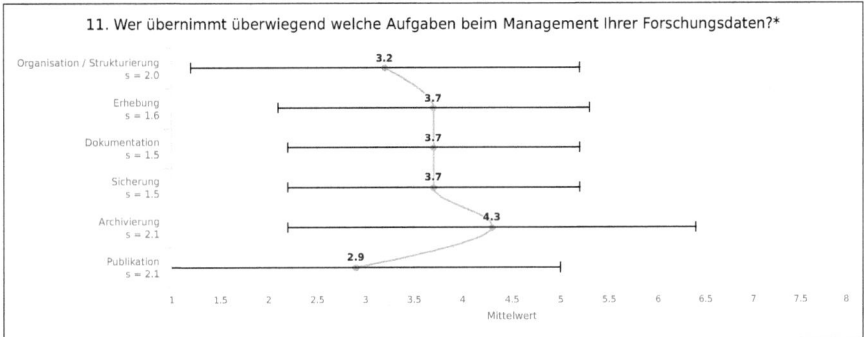

Abbildung 2 – 11. Wer übernimmt überwiegend welche Aufgaben beim Management Ihrer Forschungsdaten?*

2.12   12. Wer außer Ihnen darf auf Ihre Forschungsdaten zugreifen?

Hinweistext der Frage: Mehrfachnennungen sind möglich.

Umgang mit Forschungsdaten an der FHP 5.0 Teil A
Fachbereich Informationswissenschaften, Befragungszeitraum: 20.11.17 - 04.12.17

QUAⅢPSURVEY

Antworten
Gültig: 54 (71.1%), Fehlend: 22 (28.9%)

	Absolut	Prozent aller Teilnehmer
Projektmitglieder	41	75.9%
Mitglieder meiner Arbeitsgruppe	33	61.1%
Forschungsdaten werden Interessent(inn)en auf Anfrage bereitgestellt	26	48.1%
Angehörige meines Instituts / Fachbereichs	11	20.4%
(Fach-)Öffentlichkeit	9	16.7%
Niemand	6	11.1%
Angehörige meiner Hochschule	4	7.4%
Sonstiges:	1	1.9%

Tabelle 14 – Häufigkeiten: 12. Wer außer Ihnen darf auf Ihre Forschungsdaten zugreifen?

Sonstiges:

- Da es eher stud. Arbeiten sind, will das eigentlich keiner. Das Silqua-Projekt ist veröffentlicht und im Umzug sind die Urdaten wohl weggeworfen worden.

2.13   13. Wer ist für die Forschungsdaten nach Ende des Projektes rechtlich verantwortlich?

Hinweistext der Frage: Mehrfachnennungen sind möglich.

Antworten
Gültig: 54 (71.1%), Fehlend: 22 (28.9%)

	Absolut	Prozent aller Teilnehmer
Ich	30	55.6%
Verantwortliche(r) im Projekt	19	35.2%
Ich habe mich mit dem Thema noch nicht eingehend beschäftigt	14	25.9%
Hochschule	7	13.0%
Ungeklärt	4	7.4%
Fachbereich	1	1.9%
Externe:	1	1.9%
Sonstige:	1	1.9%

Tabelle 15 – Häufigkeiten: 13. Wer ist für die Forschungsdaten nach Ende des Projektes rechtlich verantwortlich?

Externe:

- Historische Kommission Brandenburg

Sonstige:

- z.T. ungeklärt

Umgang mit Forschungsdaten an der FHP 5.0 Teil A
Fachbereich Informationswissenschaften, Befragungszeitraum: 20.11.17 - 04.12.17

QUAMPSURVEY

2.14   14. Die Deutsche Forschungsgemeinschaft (DFG) hat 2015 "Leitlinien zum Umgang mit Forschungsdaten" verabschiedet. Die 3. Empfehlung zur langfristigen Sicherung von Forschungsdaten lautet: "Den Regeln der Guten Wissenschaftlichen Praxis folgend sollen Forschungsdaten in der eigenen Einrichtung oder in einer fachlich einschlägigen, überregionalen Infrastruktur für mindestens 10 Jahre archiviert werden." Wenden Sie diese Empfehlung schon an?

Hinweistext der Frage: Mehrfachnennungen sind möglich.

Antworten Gültig: 17 (22.4%), Fehlend: 59 (77.6%)	Absolut	Prozent aller Teilnehmer
Ja, alle Forschungsdaten werden für mindestens zehn Jahre aufbewahrt	17	100.0%
Ich bin mir unsicher	15	100.0%
Diese Grundsätze kenne ich nicht	12	100.0%
Ja, aber nur ausgewählte Forschungsdaten werden für mindestens zehn Jahre aufbewahrt	11	100.0%
Nein, alle Forschungsdaten werden für weniger als zehn Jahre aufbewahrt	2	100.0%
Nein, alle Forschungsdaten werden kurz nach Abschluss des Projektes gelöscht	1	100.0%

Tabelle 16 – Häufigkeiten: 14. Die Deutsche Forschungsgemeinschaft (DFG) hat 2015 "Leitlinien zum Umgang mit Forschungsdaten" verabschiedet. Die 3. Empfehlung zur langfristigen Sicherung von Forschungsdaten lautet: "Den Regeln der Guten Wissenschaftlichen Praxis folgend sollen Forschungsdaten in der eigenen Einrichtung oder in einer fachlich einschlägigen, überregionalen Infrastruktur für mindestens 10 Jahre archiviert werden." Wenden Sie diese Empfehlung schon an?

2.15   15. Existieren in Ihrem Forschungsgebiet weitere Leitliniten oder Verträge (z. B. Kooperationsverträge), die den Umgang mit Forschungsdaten regeln?

Antworten Gültig: 51 (67.1%), Fehlend: 25 (32.9%) Modus: 2	Absolut	Prozent
Nein	37	72.5%
Ja	14	27.5%
Gesamt	**51**	**100.0%**

Tabelle 17 – Häufigkeiten: Frage-Text eingeben

2.16   15a. Bitte konkretisieren Sie, um welche Richtlinie(n) oder Verträge es sich handelt:

Frage-Text eingeben

- Code of Ethics der American Sociological Association (ASA, 2008)
- EU Vorgaben
- Einverständniserklärungen und Kooperationsverträge
- Einzelregelungen von Projektmittel-
- gebern und Praxispatnern
- Empfehlungen der Dt. Gesellschaft f. Psychologie
- Erfindungsschutz - patentrechte
- Ethikgutachten
- Kooperationspartner-Verträge
- Kooperationsverträge mit außeruniversitären Einrichtungen
- Richtlinien der DGPS
- Urheberrecht, Verwendung bei veröffentlichungen
- Verträge mit Fördergeber

2.17   16. Haben Sie schon einmal Forschungsdaten in einem Repositorium / Datenarchiv* veröffentlicht?

Antworten
Gültig: 51 (67.1%), Fehlend: 25 (32.9%)
Modus: 2

	Absolut	Prozent
Nein	46	90.2%
Ja	5	9.8%
Gesamt	**51**	**100.0%**

Tabelle 18 – Häufigkeiten: Frage-Text eingeben

2.18   17. Bitte geben Sie an, warum Sie bisher keine Daten in einem Repositorium abgelegt haben

Hinweistext der Frage: Mehrfachnennungen sind möglich.

Antworten
Gültig: 47 (61.8%), Fehlend: 29 (38.2%)

	Absolut	Prozent aller Teilnehmer
Ich habe mich mit dem Thema noch nicht eingehend beschäftigt	29	61.7%
Ich sehe keine Notwendigkeit, Daten in einem Repositorium abzulegen	11	23.4%
Mir war die Möglichkeit, Daten in einem Repositorium abzulegen, bisher nicht bekannt	9	19.1%
Ich habe kein für mich geeignetes Repositorium gefunden	5	10.6%

Tabelle 19 – Häufigkeiten: 17. Bitte geben Sie an, warum Sie bisher keine Daten in einem Repositorium abgelegt haben

2.19   16a. In welches Repositorium legen Sie Ihre Forschungsdaten ab?

Hinweistext der Frage: Mehrfachnennungen sind möglich.

Antworten
Gültig: 5 (6.6%), Fehlend: 71 (93.4%)

	Absolut	Prozent aller Teilnehmer
Fachspezifisches Repositorium	5	100.0%
Fachübergreifendes nationales oder internationales Repositorium	0	0.0%
Ich habe mich mit dem Thema noch nicht eingehend beschäftigt	0	0.0%
Ich informiere mich in re3data, welches Forschungsdatenrepositorium für mich in Frage kommt	0	0.0%
Andere Art von Repositorium, nämlich:	0	0.0%

Tabelle 20 – Häufigkeiten: 16a. In welches Repositorium legen Sie Ihre Forschungsdaten ab?

2.20   17. Woran orientieren Sie sich bei der Wahl eines geeigneten Repositoriums?

Hinweistext der Frage: Mehrfachnennungen sind möglich.

Antworten
Gültig: 5 (6.6%), Fehlend: 71 (93.4%)

	Absolut	Prozent aller Teilnehmer
Empfehlung meiner Fachorganisation / Fachgesellschaft	4	80.0%
Empfehlung meiner Kolleg(inn)en	2	40.0%
Empfehlung in einer Publikation (z. B. Webseite oder Fachzeitschrift)	2	40.0%
Bekanntheit und Ruf der Organisation, die das Repositorium betreibt	2	40.0%
An Zertifizierungen, die Qualitätsstandards garantieren	0	0.0%
An anderen Kriterien, nämlich:	1	20.0%

Tabelle 21 – Häufigkeiten: 17. Woran orientieren Sie sich bei der Wahl eines geeigneten Repositoriums?

An anderen Kriterien, nämlich:

• persönliche wissenschaftliche Expertise

2.21 18. Haben Sie schon einmal Forschungsdaten anderer Forscher(innen) nachgenutzt?

Antworten
Gültig: 50 (65.8%), Fehlend: 26 (34.2%)
Modus: 1

	Absolut	Prozent
Ja	27	54.0%
Nein	23	46.0%
Gesamt	**50**	**100.0%**

Tabelle 22 – Häufigkeiten: Frage-Text eingeben

2.22 18a. Auf welche Art und Weise nutzen Sie die Daten anderer?

Hinweistext der Frage: Mehrfachnennungen sind möglich.

Antworten
Gültig: 29 (38.2%), Fehlend: 47 (61.8%)

	Absolut	Prozent aller Teilnehmer
Auf individuelle Anfrage (E-Mail, Telefon etc.)	23	79.3%
Zugriff auf gemeinsame Projekt- / Institutsdaten über geschützten Speicherort	12	41.4%
Nutzung der Daten durch Webservices, Schnittstelle(n) etc.	12	41.4%
Zugriff auf Daten in einem offenen Online-Portal	11	37.9%
Zugriff auf Daten in einem geschützten Online-Portal	8	27.6%

Tabelle 23 – Häufigkeiten: 18a. Auf welche Art und Weise nutzen Sie die Daten anderer?

2.23   19. Sind Sie bereit, Ihre Forschungsdaten anderen Forscher(inne)n zur Verfügung zu stellen unter der Voraussetzung, dass es keine rechtlichen oder datenschutzbedingten Einschränkungen gibt?

Antworten
Gültig: 28 (36.8%), Fehlend: 48 (63.2%)
Modus: 1

	Absolut	Prozent
Ja	27	96.4%
Nein	1	3.6%
Gesamt	28	100.0%

Tabelle 24 – Häufigkeiten: 19. Sind Sie bereit, Ihre Forschungsdaten anderen Forscher(inne)n zur Verfügung zu stellen unter der Voraussetzung, dass es keine rechtlichen oder datenschutzbedingten Einschränkungen gibt?

2.24   19a. Auf welche Art und Weise sind Ihre Forschungsdaten durch Dritte nutzbar?

Hinweistext der Frage: Mehrfachnennungen sind möglich.

Antworten
Gültig: 51 (67.1%), Fehlend: 25 (32.9%)

	Absolut	Prozent aller Teilnehmer
Auf individuelle Anfrage (E-Mail, Telefon etc.)	42	82.4%
Zugriff auf gemeinsame Projekt- / Institutsdaten über geschützten Speicherort	17	33.3%
Zugriff auf Daten in einem geschützten Online-Portal	8	15.7%
Zugriff auf Daten in einem offenen Online-Portal	7	13.7%
Nutzung der Daten durch Webservices, Schnittstelle(n) etc.	2	3.9%

Tabelle 25 – Häufigkeiten: 19a. Auf welche Art und Weise sind Ihre Forschungsdaten durch Dritte nutzbar?

2.25   20. Wie gut schätzen Sie Ihre Kenntnisse im Bereich Forschungsdatenmanagement ein?

Antworten
Gültig: 50 (65.8%), Fehlend: 26 (34.2%)
Modus: 3

	Absolut	Prozent
Gering	28	56.0%
Durchschnittlich	12	24.0%
Gut	10	20.0%
Gesamt	50	100.0%

Tabelle 26 – Häufigkeiten: Frage-Text eingeben

2.26   21. Waren Sie in Bezug auf Forschungsdaten schon einmal mit folgenden Problemen konfrontiert bzw. befürchten Sie diese für die Zukunft?

Hinweistext der Frage: Mehrfachnennungen sind möglich.

Umgang mit Forschungsdaten an der FHP 5.0 Teil A
Fachbereich Informationswissenschaften, Befragungszeitraum: 20.11.17 - 04.12.17

QUAIIPSURVEY

Antworten Gültig: 51 (67.1%), Fehlend: 25 (32.9%)	Absolut	Prozent aller Teilnehmer
Veraltete Datenformate sind mit aktueller Software nicht mehr lesbar	23	45.1%
Daten sind unzureichend dokumentiert und daher nicht (mehr) zuverlässig interpretierbar	23	45.1%
Relevante Daten sind schwer auffindbar	22	43.1%
Daten gingen durch technische Pannen, Viren oder Ähnliches verloren	17	33.3%
Sie haben Rückfragen an Personen, die nicht mehr kontaktierbar oder unbekannt sind	13	25.5%
Sie haben keine Zugriffsberechtigungen für Daten anderer Autor(inn)en, die für Ihre eigene Forschung relevant sind	8	15.7%
Für die Archivierung fallen immer höhere laufende Kosten an (z. B. steigende Gebühren)	7	13.7%
Ein Repositorium / Datenarchiv*, das Sie nutzen wollten, besteht nicht mehr	6	11.8%
Für das Herunterladen von Dateien werden unverhältnismäßig hohe Gebühren verlangt	6	11.8%
Ich habe mich mit dem Thema noch nicht eingehend beschäftigt	6	11.8%
Daten werden von Unbefugten eingesehen / benutzt / verbreitet / vervielfältigt	5	9.8%
Sonstiges:	3	5.9%

Tabelle 27 – Häufigkeiten: 21. Waren Sie in Bezug auf Forschungsdaten schon einmal mit folgenden Problemen konfrontiert bzw. befürchten Sie diese für die Zukunft?

Sonstiges:

- Hauptproblem: unzureichende Infrastruktur / Speicherplatz / Verfahrensregeln an der FH
- Portale mit offenen Metadaten bieten keine offene Schnittstelle an
- zu wenig Zeit, um Daten wiederauffindbar zu strukturieren, Relevanz schlecht absehbar

2.27   22. Welche Serviceleistungen würden Sie sich im Bereich Forschungsdatenmanagement von der FHP wünschen?

Hinweistext der Frage: Mehrfachnennungen sind möglich.

Antworten Gültig: 51 (67.1%), Fehlend: 25 (32.9%)	Absolut	Prozent aller Teilnehmer
Gesicherten, verlässlichen und leicht zugänglichen Speicherplatz für meine Forschungsdaten	42	82.4%
Beratung bei rechtlichen Fragen (z. B. Zugangseinschränkungen, Umgang mit sensiblen Daten, Nutzung von Lizenzen)	38	74.5%
Beratung bei technischen Fragen (z. B. Metadaten, Standards, langfristige Archivierung)	38	74.5%
Beratung zum Publizieren und Zitieren von Forschungsdaten	22	43.1%
Beratung in allgemeinen Fragen zum Umgang mit Forschungsdaten	21	41.2%
Unterstützung bei konkreten Angelegenheiten (z. B. beim Einreichen eines Manuskripts in einer Zeitschrift, die Veröffentlichung von Forschungsdaten vorgibt)	19	37.3%
Unterstützung beim Erstellen eines Datenmanagementplans	15	29.4%
Ich habe mich mit dem Thema noch nicht eingehend beschäftigt	4	7.8%
Ich brauche keine Serviceleistungen	1	2.0%
Sonstiges:	1	2.0%

Tabelle 28 – Häufigkeiten: 22. Welche Serviceleistungen würden Sie sich im Bereich Forschungsdatenmanagement von der FHP wünschen?

Umgang mit Forschungsdaten an der FHP 5.0 Teil A
Fachbereich Informationswissenschaften, Befragungszeitraum: 20.11.17 - 04.12.17

QUAⅢPSURVEY

Sonstiges:

- keine Beratung, sondern konkrete personelle Ressourcen über die Projektdauer hinaus zur Aufbereitung der Metadaten und der Codebücher

2.28 23. Bitte wählen Sie den Fachbereich / das Institut aus, in dem Sie hauptsächlich beschäftigt sind:

Hinweistext der Frage: Mehrfachnennungen sind möglich.

Antworten
Gültig: 12 (15.8%), Fehlend: 64 (84.2%)

	Absolut	Prozent aller Teilnehmer
FB 5 Informationswissenschaften	15	100.0%
FB 1 Sozial- und Bildungswissenschaften	12	100.0%
FB 4 Design	8	100.0%
FB 3 Bauingenieurwesen	6	100.0%
FB 2 Stadt - Bau - Kultur*	5	100.0%
IaF	5	100.0%
Doktorand(in) / Stipendiat(in)	3	100.0%
ZETUP	0	0.0%
ZEW	0	0.0%

Tabelle 29 – Häufigkeiten: 23. Bitte wählen Sie den Fachbereich / das Institut aus, in dem Sie hauptsächlich beschäftigt sind:

2.29 24. In welcher Gruppe sind Sie bei der angegebenen Einrichtung tätig?

Hinweistext der Frage: Mehrfachnennungen sind möglich.

Antworten
Gültig: 51 (67.1%), Fehlend: 25 (32.9%)

	Absolut	Prozent aller Teilnehmer
Akademische(r) Mitarbeiter(in)	25	49.0%
Professor(in)	23	45.1%
Doktorand(in) / Stipendiant(in)	3	5.9%

Tabelle 30 – Häufigkeiten: 24. In welcher Gruppe sind Sie bei der angegebenen Einrichtung tätig?

2.30 25. Angaben zum Alter:

Antworten
Gültig: 49 (64.5%), Fehlend: 27 (35.5%)
Modus: 3

	Absolut	Prozent
> 45	22	44.9%
35 - 45	12	24.5%
< 35	11	22.4%
Keine Angaben	4	8.2%
Gesamt	**49**	**100.0%**

Tabelle 31 – Häufigkeiten: Frage-Text eingeben

Umgang mit Forschungsdaten an der FHP 5.0 Teil A
Fachbereich Informationswissenschaften, Befragungszeitraum: 20.11.17 - 04.12.17

QUAIIPSURVEY

2.31   26. Haben Sie noch weitere Anregungen oder Kommentare für uns?

Frage-Text eingeben

- 1 Frage (weshalb nicht bereitsgestellt) nicht beantwortet, da alle Antwortmöglichkeiten nicht passten. In meinen Projekten: Daten konnten aus eigentumsrechtlichen Gründen nicht veröffentlicht werden.

- Danke für diese Umfrage!

- Eine zehnjährige Aufbewahrung von Forschungsdaten ist noch keine Archivierung. Hier muss das FHP-Hochschularchiv zu Fragen der digitalen Langzeitarchivierung einbezogen werden. Keine Angst: da ist jemand, der dieses Problem versteht.

- Forschungsdaten(management) könnte/sollte in Kooperation mit anderen Hochschulen/Forschungseinrichtungen in Brandenburg angegangen werden

- Meine Erfahrung ist, dass man vorrangig allein steht und sich durchkämpft. Was aus dem ordentlich sortiert und abgelegten Kartons beim Umzug geworden ist - ich weiß es nicht, ich vermute weggeworfen, weil ich nicht sofort gerannt bin bzw. während der Sommerpause kamen Auf-

forderungen, deren Fristen abgelaufen waren als ich nach kurzem Urlaub wieder da war. Ich habe während des Umzugs entsorgt, entsorgt, entsorgt. Ich bin nicht "der große Forscher" und werde es nicht werden. Meine Schwierigkeit ist nicht das Datenmanagement, sondern wie finde ich Koop-partner für ein sinnvolles Projekt, was auch Zukunft hätte, wenn man nicht zur Elite des IaF oder den Forschungsprofs gehört und nicht vom FB - wenn es eine Angebot von draußen gibt - Dinge angeboten bekommt. Das kriegen immer die jungen Lehrkräfte für bes. Aufgaben, weil sie gefördert werden sollen, auch wenn sie inhaltlich keinerlei Ahnung zum Gebiet haben. Ich habe erfahren auch die Forschungs-AG ist ein Diskussionsort um zu klären, stellen wir einen gemeinsamen Antrag, wer macht mit, wenn könnten wir noch ansprechen, das läuft informell unter den Forschungsprofs. D.h. es gibt kein Forum, wo man reinkommt und eine offene Diskussion führen kann wie seinerzeit das Innokolleg, dass ja

offen gesucht hat. Wenn immer so getan wird, dass nur die Drittmittel-Leute "etwas wert" und wichtig sind - dann ist es eben so. Dass die Leute, die 90-120 Leute in Vorlesungen und Klausuren versorgen, zur Basisfinanzierung der FHP beitragen, was Interflex-Seminare und kleine nette Projektgruppen sicher irgendwie auch tun, aber nicht mit der workload, das ist in den letzten Jahren verloren gegangen. Also weiter so wie gehabt. Diese Befragung trifft vermutlich vorrangig die Bedürfnisse und Bedarfe der forschungsstarken Kollegen/innen. Beste Grüße PS: Das waren deutlich mehr als 2 Min., was dieser FB braucht.

- zur Umfrage. a) sie ist zu leicht deanonymisierbar. b) die in den Sozial- und Geisteswissenschaften Forschungsaktivitäten sind zu vielfältig, als dass sie durch einen klassischen Fragebogen gut genug erfassbar wären. (hier wäre ein qualitatives Vorgehen sinnvoller gewesen) c) es fehlten dementsprechend offene Fragen und Kommentarfelder

Fachhochschule Potsdam
Fachbereich Informationswissenschaften

Ergebnisbericht

Standard-Bericht

Fragebogen: „Umgang mit Forschungsdaten an der FHP 5.0 Teil B"

Befragungszeitraum: 20.11.17 - 04.12.17

Erstellt am: 4. Dezember 2017

Umgang mit Forschungsdaten an der FHP 5.0 Teil B
Fachbereich Informationswissenschaften, Befragungszeitraum: 20.11.17 - 04.12.17

QUAⅢPSURVEY

Inhaltsverzeichnis

Umgang mit Forschungsdaten an der FHP 5.0 Teil B
Fachbereich Informationswissenschaften, Befragungszeitraum: 20.11.17 - 04.12.17

QUAIIIPSURVEY

1 Beschreibung der Stichprobe

1.1 Beteiligung

Beteiligung	Absolut	Prozent
Befragung begonnen	7	100%
Befragung abgebrochen	1	14%
Befragung beendet	6	86%
Durchschnittlich beantwortete Fragen	10	91%

Tabelle 1 – Beteiligung

1.2 Teilnehmerentwicklung

Zeitraum	Absolut	Prozent	K. Prozent
20.11.17	2	29%	29%
27.11.17	3	43%	71%
28.11.17	2	29%	100%
Insgesamt	**7**	**100%**	

Tabelle 2 – Teilnehmerentwicklung

2 Fragen

2.1 2. Haben Sie schon einmal Forschungsdaten anderer Forscher(innen) nachgenutzt?

Antworten
Gültig: 7 (100.0%), Fehlend: 0 (0.0%)

Modus: 2	Absolut	Prozent
Nein	4	57.1%
Ja	3	42.9%
Gesamt	**7**	**100.0%**

Tabelle 3 – Häufigkeiten: Frage-Text eingeben

2.2   2a. Wenn Sie fremde Forschungsdaten nachnutzen, wie hoch schätzen Sie deren Stellenwert für Ihre eigene Forschung ein?

Antworten
Gültig: 3 (42.9%), Fehlend: 4 (57.1%)

Modus: multimodal	Absolut	Prozent
Hoch	1	33.3%
Mittel	1	33.3%
Niedrig	1	33.3%
Gesamt	**3**	**100.0%**

Tabelle **4** – Häufigkeiten: Frage-Text eingeben

2.3   2b. Auf welche Art und Weise nutzen Sie die Daten anderer?

Hinweistext der Frage: Mehrfachnennungen sind möglich.

Antworten
Gültig: 3 (42.9%), Fehlend: 4 (57.1%)

	Absolut	Prozent aller Teilnehmer
Nutzung der Daten durch Webservices, Schnittstelle(n) etc.	2	66.7%
Auf individuelle Anfrage (E-Mail, Telefon etc.)	1	33.3%
Zugriff auf Daten in einem offenen Online-Portal	1	33.3%
Zugriff auf Daten in einem geschützten Online-Portal	0	0.0%
Zugriff auf gemeinsame Projekt- / Institutsdaten über geschützten Speicherort	0	0.0%

Tabelle **5** – Häufigkeiten: 2b. Auf welche Art und Weise nutzen Sie die Daten anderer?

2.4   3. Werden Forschungsdaten in 5 Jahren für Ihre Tätigkeit eine größere Rolle spielen als zurzeit?

Antworten
Gültig: 7 (100.0%), Fehlend: 0 (0.0%)

Modus: 2	Absolut	Prozent
Nein	3	42.9%
Ja	2	28.6%
Ich habe mich mit dem Thema noch nicht eingehend beschäftigt	2	28.6%
Gesamt	**7**	**100.0%**

Tabelle **6** – Häufigkeiten: Frage-Text eingeben

2.5   4. Wie gut schätzen Sie Ihre Kenntnisse im Bereich Forschungsdatenmanagement ein?

Antworten
Gültig: 6 (85.7%), Fehlend: 1 (14.3%)

Modus: 3	Absolut	Prozent
Gering	4	66.7%
Gut	1	16.7%
Durchschnittlich	1	16.7%
Gesamt	**6**	**100.0%**

Tabelle 7 – Häufigkeiten: Frage-Text eingeben

2.6   5. Waren Sie in Bezug auf Forschungsdaten schon einmal mit folgenden Problemen konfrontiert bzw. befürchten Sie diese für die Zukunft?

Hinweistext der Frage: Mehrfachnennungen sind möglich.

Antworten
Gültig: 2 (28.6%), Fehlend: 5 (71.4%)

	Absolut	Prozent aller Teilnehmer
Daten sind unzureichend dokumentiert und daher nicht (mehr) zuverlässig interpretierbar	4	100.0%
Relevante Daten sind schwer auffindbar	4	100.0%
Ein Repositorium / Datenarchiv*, das Sie nutzen wollten, besteht nicht mehr	3	100.0%
Veraltete Datenformate sind mit aktueller Software nicht mehr lesbar	2	100.0%
Daten gingen durch technische Pannen, Viren oder Ähnliches verloren	2	100.0%
Sie haben Rückfragen an Personen, die nicht mehr kontaktierbar oder unbekannt sind	2	100.0%
Für die Archivierung fallen immer höhere laufende Kosten an (z. B. steigende Gebühren)	1	100.0%
Daten werden von Unbefugten eingesehen / benutzt / verbreitet / vervielfältigt	1	100.0%
Sie haben keine Zugriffsberechtigungen für Daten anderer Autor(inn)en, die für Ihre eigene Forschung relevant sind	1	100.0%
Ich habe mich mit dem Thema noch nicht eingehend beschäftigt	1	100.0%
Für das Herunterladen von Dateien werden unverhältnismäßig hohe Gebühren verlangt	0	0.0%
Sonstiges:	0	0.0%

Tabelle 8 – Häufigkeiten: 5. Waren Sie in Bezug auf Forschungsdaten schon einmal mit folgenden Problemen konfrontiert bzw. befürchten Sie diese für die Zukunft?

2.7   6. Welche Serviceleistungen würden Sie sich von der FHP wünschen?

Hinweistext der Frage: Mehrfachnennungen sind möglich.

Umgang mit Forschungsdaten an der FHP 5.0 Teil B
Fachbereich Informationswissenschaften, Befragungszeitraum: 20.11.17 - 04.12.17

QUAℓℓP SURVEY

Antworten
Gültig: 6 (85.7%), Fehlend: 1 (14.3%)

	Absolut	Prozent aller Teilnehmer
Beratung bei rechtlichen Fragen (z. B. Zugangseinschränkungen, Umgang mit sensiblen Daten, Nutzung von Lizenzen)	3	50.0%
Beratung bei technischen Fragen (z. B. Metadaten, Standards, langfristige Archivierung)	3	50.0%
Gesicherten, verlässlichen und leicht zugänglichen Speicherplatz für meine Forschungsdaten	2	33.3%
Beratung zum Publizieren und Zitieren von Forschungsdaten	2	33.3%
Unterstützung beim Erstellen eines Datenmanagementplans	2	33.3%
Beratung in allgemeinen Fragen zum Umgang mit Forschungsdaten	1	16.7%
Unterstützung bei konkreten Angelegenheiten (z. B. beim Einreichen eines Manuskripts in einer Zeitschrift, die Veröffentlichung von Forschungsdaten vorgibt)	1	16.7%
Ich brauche keine Serviceleistungen	0	0.0%
Ich habe mich mit dem Thema noch nicht eingehend beschäftigt	0	0.0%
Sonstiges:	0	0.0%

Tabelle 9 – Häufigkeiten: 6. Welche Serviceleistungen würden Sie sich von der FHP wünschen?

2.8 7. Bitte wählen Sie den Fachbereich / das Institut aus, in dem Sie hauptsächlich tätig sind:

Hinweistext der Frage: Mehrfachnennungen sind möglich.

Antworten
Gültig: 1 (14.3%), Fehlend: 6 (85.7%)

	Absolut	Prozent aller Teilnehmer
FB 5 Informationswissenschaften	3	100.0%
FB 2 Stadt - Bau - Kultur*	2	100.0%
FB 4 Design	2	100.0%
IaF	2	100.0%
FB 1 Sozial- und Bildungswissenschaften	1	100.0%
FB 3 Bauingenieurwesen	1	100.0%
ZETUP	1	100.0%
ZEW	1	100.0%
Doktorand(in) / Stipendiat(in)	1	100.0%

Tabelle 10 – Häufigkeiten: 7. Bitte wählen Sie den Fachbereich / das Institut aus, in dem Sie hauptsächlich tätig sind:

2.9 8. In welcher Gruppe sind Sie bei der angegebenen Einrichtung tätig?

Hinweistext der Frage: Mehrfachnennungen sind möglich.

Antworten
Gültig: 6 (85.7%), Fehlend: 1 (14.3%)

	Absolut	Prozent aller Teilnehmer
Professor(in)	3	50.0%
Akademische(r) Mitarbeiter(in)	3	50.0%
Doktorand(in) / Stipendiant(in)	0	0.0%

Tabelle 11 – Häufigkeiten: 8. In welcher Gruppe sind Sie bei der angegebenen Einrichtung tätig?

Umgang mit Forschungsdaten an der FHP 5.0 Teil B
Fachbereich Informationswissenschaften, Befragungszeitraum: 20.11.17 - 04.12.17

QUAIIIPSURVEY

2.10   9. Angaben zum Alter:

Antworten
Gültig: 6 (85.7%), Fehlend: 1 (14.3%)

Modus: 3	Absolut	Prozent
35 - 45	2	33.3%
> 45	2	33.3%
Keine Angaben	2	33.3%
Gesamt	**6**	**100.0%**

Tabelle 12 – Häufigkeiten: Frage-Text eingeben

Anhang 11: Auswertungstabelle

DOI 10.5281/zenodo.1181895 (https://doi.org/10.5281/zenodo.1181895)

Titel: ***Ergebnisse der Umfrage zum Forschungsdatenmanagement an der FH Potsdam***

Publikationsdatum: 2018-02-04

Access Right: Open Access

License: Creative Commons Attribution 4.0/CC-BY

Umfasst eine Excel-Tabelle, die in Zenodo publiziert ist inklusive:

- Auswertungstabelle.xlsx
    - Freitextantworten_komplett (der abgesandten Antworten)
    - Daten_Teil_I
    - Daten_Teil_II
    - Codebuch

Prozessierung der Daten:

Die Rohdaten der Umfrage (vgl. Anlage 09) enthalten sowohl in beiden Strängen als auch jeweils nur in einem Strang gestellte Fragen. Für die Zusammenführung der Befragungsdaten wurden Fragen, welche nur im Stang I oder Strang II gestellt wurden sowie gemeinsame Fragen identifiziert. In einer Excel-Tabelle mit den Befragungsdaten zum Strang I wurden im Anschluss die Fragen, welche singulär für den Strang II vorkommen, an inhaltlich passender Stelle eingefügt.

Der Header der Befragungsdaten wurde angepasst, sodass er die Nummerierung des Fragebogens widerspiegelt. Zur weiteren Verbesserung der Menschenlesbarkeit wurden fragebezogene Stichworte zu der alphanumerischen Signatur ergänzt.

Zur Ergänzung der Befragungsdaten für die singulär gestellten Fragen wurden über die temporär vergebene User-IDs die Teilnehmer(innen) identifiziert, die nach Beantwortung der Frage I – 01 – a/b „Fallen bei Ihren Tätigkeiten Forschungsdaten an?" mit „Nein" in den Strang II wechselten. Diese Teilnehmer(innen) sind im weiteren Verlauf der Rohdaten für Strang I nach ihrem Wechsel als Variable „-998" verzeichnet. Diese Variable wird übersetzt zu „nicht gestellt". Die Variable „-998" wurde für in beiden Strängen gestellte Fragen gegen ihre tatsächlichen Antworten ausgetauscht. Ebenfalls wurden die Antworten der Teilnehmer(innen) für die singulären Fragen übernommen. Für die singulären Fragen von Teil I wurde die Variable „-998" beibehalten, da diese Fragen den Befragten des Strangs II nicht gestellt wurden. Des Weiteren wurden die Metadaten über die Befragten (zum Beispiel wie letzte Position, Endzeitpunkt der Befragung et cetera) anhand der User-ID übertragen.

Da aufgrund des Beschlusses des Projektteams lediglich abgeschlossene Fragebögen in die Auswertung einbezogen werden sollen (mit Ausnahme der Freitextantworten), wurden im Anschluss alle Teilnehmer(innen) ohne Metadatum „end" (dem Zeitpunkt, zu dem der Fragebogen abgesendet und somit abgeschlossen wurde) aus der Datensammlung gelöscht.

Beruhend auf dieser Datenzusammenführung und -bereinigung wurde zusätzlich jeweils ein Excel-Blatt mit Daten zu den Strängen I und II ergänzt, für den Fall, dass Betrachtungen eines der beiden Stränge nötig werden.

Auf einem weiteren Excel-Blatt wurden die Codebücher zur Auflösung der maschinenlesbaren Variablen von Strang I und II ergänzt.

In einem nächsten Schritt wurden die maschinenlesbaren Variablen gegen menschenlesbaren Klartext aus dem Codebuch ausgetauscht. Beispielsweise für Frage I – 01 „Fallen bei Ihren Tätigkeiten Forschungsdaten an?" wurde die Variable „1" mit dem Klartext „Ja" und Variable „2" mit „Nein" ersetzt. Die Ersetzung geschah bezugnehmend auf die teilweise händisch vergebenen Variablen aus QUAMP. Das Vorgehen war mit der Suchen- und Ersetzen-Funktion von Excel halbautomatisch. Bei diesem Vorgehen wurde offensichtlich, dass die Vergabe von Variablen teilweise nicht komplett übereinstimmend zwischen Strang I und II geschah.
Ein Beispiel für diese Anomalie ist die Frage I - 28 - i beziehungsweise II - 08 - i „Bitte wählen Sie den Fachbereich / das Institut aus, in dem Sie hauptsächlich beschäftigt sind:", Antwortkategorie „Doktorand/ Stipendiat". Für den Strang I ist die korrespondierende Variable „1", für den Strang II „9". Intellektuell wurden diese nicht übereinstimmenden Variablen identifiziert und entsprechend in dem zugehörigen Teil-Codebuch ersetzt.

Diese Umwandlung wurde ebenfalls für die einzelnen Teilbetrachtungen vorgenommen.

In einem dritten Bearbeitungsschritt wurden verschiedene Vorgänge zur händischen Auszählung der Daten vorgenommen. Folgende Schritte wurden hierzu vorgenommen: Um die Anzahl der jeweils gegebenen Antworten zu identifizieren, wurde die Funktion „Zählen wenn" angewandt. Die ausgezählten Antworten sowie die Angaben „nicht gestellt" und „nicht geantwortet" wurden zur Sicherstellung, dass die Funktion korrekt verwendet wurde beziehungsweise keine Fehler übersehen wurden, aufsummiert.

Die auf diese Weise vollständig für die weitere Bearbeitung überarbeiteten Excel-Tabellen wurden für die Veröffentlichung letztmalig bearbeitet.

Die aufbereiteten Umfragedaten (Auswertungstabelle.xlsx) enthalten zusätzlich noch die Ergebnisse in Prozent. Auf diese Weise kann die Betrachtung der Ergebnisse je Frage in Bezug auf die jeweilige Anzahl derjenigen Personen betrachtet werden, denen die Frage auch tatsächlich gestellt wurde. Für die Auswertung ist dieser Schritt von Bedeutung, da die absoluten Zahlen für einen Vergleich zum Teil nicht herangezogen werden können.